U0543971

字
文 烛 照 来
未
TopBook

葛承雍

——著

中国古代
等级制度

HIERARCHY
IN ANCIENT
CHINESE SOCIETY

陕西新华出版
陕西人民出版社

图书在版编目（CIP）数据

中国古代等级制度 / 葛承雍著. -- 西安：陕西人民出版社, 2025.5. -- ISBN 978-7-224-15622-5

Ⅰ. D69

中国国家版本馆 CIP 数据核字第 2025EA2096 号

出 品 人：赵小峰
总 策 划：关　宁
出版统筹：韩　琳
策划编辑：王　倩
责任编辑：晏　藜　张可盈
装帧设计：哲　峰　杨亚强

中国古代等级制度
ZHONGGUO GUDAI DENGJI ZHIDU

作　　者	葛承雍
出版发行	陕西人民出版社
	（西安市北大街 147 号　邮编：710003）
印　　刷	北京雅昌艺术印刷有限公司
开　　本	965 毫米 × 635 毫米　1/16
印　　张	29.75
字　　数	310 千字
版　　次	2025 年 5 月第 1 版
印　　次	2025 年 5 月第 1 次印刷
书　　号	ISBN 978-7-224-15622-5
定　　价	158.00 元

如有印装质量问题，请与本社联系调换。电话：029-87205094

前言 重新思索天下世间事

时光遥远，空间咫尺。

二十世纪八十年代中后期风起云扬、百家争鸣，中国学术界当时的风向标杂志《历史研究》"吁请史学界扩大视野，复兴和加强关于社会生活发展的研究，把历史的内容还给历史"。从而鼓动社会史研究要复兴振兴，我那时研究生毕业刚刚几年，已走上教师岗位，做学问、写论文、找选题，是我们都在摸索的新方向。过去我们的学术研究写作是"窥测方向，闻风而动，言不由衷，千篇一律"。现在大家都急切地要开阔眼界，吸收精华，转益多师，博采众长，具有前瞻性的预留课题就成了我们自觉的选择。

由于中国特殊的发展历程，二十世纪八九十年代正是跨出教条、学术复兴的旺盛期，大家都在讨论中华文明最醒目的表征是什么，儒家礼制无疑是中国文化最核心的要素之一，重振儒学成为一时之选，从创立初始到立于当下研究潮头，儒学思想具有通古今之变的集大成的时代意义。

但是，受原先空洞哲学研究的制约，当时思想史并没有步入黄金时代，极端的学术争论也很多，我征得西北大学校长张岂之先生的同意，决定以中国社会史研究填补一系列关键空白，试图扭转世人对中国社会传统结构的片面认识，其中由普遍法则支配和数千年形成的等级制度，塑造了天下世间事的鲜明特色，应是具有引领意义和开创意义的研究主题。

社会史不是政治史，任何社会其实都存在不同的等级，即便在公平公正短暂实现的时候，也有相对弱势、处境低下的人群，居于底部的阶层总是历经苦难的群体，"底层人"要改变命运，就要通过不同的方式与渠道向上流动，例如造反夺权、科考应试、群体迁徙等，等级阶梯可借以改变前途命运，但其往往坚如磐石不易变化。古代中国人对财富资源的渴望，对封爵授勋的期盼和对世袭地位的向往，很难说没有受到等级制度的影响。有些既得利益者甚至迷恋等级带来的特权。如果说等级制度是天下秩序按部就班的稳定剂，那么阶层固化则是整个社会没有活力的凝固剂。

自二十世纪以来，就有些老先生从对传统社会的反思中提出"再不能搞帝王家谱史，不能搞与人民群众无关的政治史"，立志要用深入的眼光和方法改造当时的中国，他们提出既要启蒙思想充满冲击力，又要防止剑走偏锋误入歧路。二十世纪八十年代沉寂了几十年的社会史研究终于开始活跃，拉开神化的帷幕，露出世俗的舞台。然而，因为特定时代意识形态的留痕，社会史与其他学术史研究一样都不同程度地被打上了"史从论出"的概念化、教条化的印记。有人认为社会史的主要研究对象是社会形态、社会发展、社会结构，也有人认为社会史是以历史上的社会阶级、阶层状况和社会生活为研究对象，或认为社会史应该以历史上的社会诸方面问题为研究对象。由于"社会"是一个内涵相当广泛的概念，如何认识社会史与其他学科尤其是社会学、文化史、民俗学的区别和联系也成为社会史学界的热点问题，各种意见纷呈，见解迭出。

社会史可以不讲高远深邃的理论，而更多地从日常生活碎片里提炼出背后的逻辑和规律，更有条理地去看待等级社会中人和事物的联系。让人们通过了解社会历史的来龙去脉，在时空社会中找到自己的坐标，也能抚平当下的一些焦虑和褶皱。阶层固化是长期以来社会上关注的一个焦点问题，古代的等级中国，将下层永远约束在下层，连消费都会被等级化，使不同群体享受不同的生活待遇，这引起了人们长久的深思。中国历史上王朝多次变更，可是政权转移并不是国体变更，改朝换代也没有根本性的变革，等级制度仍然稳固不动。

百年来，社会史提供了一种视角，让人们看清一棵古树如何扎根于千年的土壤，又如何开枝散叶。它把一个社会的生活环境、民族特性、王朝制度、经济盛衰、宗族传统，包括以礼入法、人情面子等诸方面结合起来，就能从时间、空间的角度，展现等级差序格局从历史到如今更深远的意义和影响，成为认识中国的绝佳切入口。

社会史作为史学的一个分支，是一种实证研究学科，通变思深，以微知著，虽然不会直接帮你解决社会问题，但能告诉你思考的方向和逻辑。让你通过表面的喧嚣热闹，摸清背后的秩序规则，在不动的圈层关系中明晓阶级的利益，对社会事物有更清晰的认知和把握。特别是那些令人回味的衣食住行、婚丧嫁娶、家族世系、官制礼仪、财产法律等历史叙事，有着深入肌理的表达，不确定性的感知、不安的情绪，也会随之得到部分缓解，甚至会成为解码生命历程的钥匙。

每当社会发生深刻变革，都会强烈地触及各个阶层人们的内心世界，因为社会等级具有一定的时代共通性，但是"锦衣"与"布服"毕竟有区别，虽然每个人都拥有独一无二的个性，但是不理解等级世界的形成，就无法理解当今的世界。有人认为等级制度史在社会史领域属于民族的秘史，有着浮浮沉沉、起起落落的曲折变化，贵族跌落到下层，平民一跃到高层，升降之道并不是一成不变的，不仅等级有变化情感上也有落差，但是普罗大众的人生轨迹则通常会消失在恢宏的史书之中。

中国社会史从发端之时，就把传统政治史排除在外。但是解释等级社会所形成的种种现象时，不可能杜绝政治史的介入，不可能故作风雅，不闻窗外事。有时官僚制还会成为社会史力图说明和解释的对象，但是超越传统政治史而更注重芸芸众生的生活的研究方式，赢得了广泛的认同。这一方式与旧史学研究迥然有别，因而具有极大的魅力和社会需要，近年来这方面的研究文章备受关注，专著也进入主流，销售情况很好。

社会史最讲究牢牢把握生活的真实性，忠于生活，不去拔高粉饰，但是任何人都不可能回到历史现场，不可能超越文本去看透社会真相，史书的历史记忆是被不断删改后留下的东西，要更多地弥补史料缺陷只能依靠考古出土文物，以纠正历史的惯性，多元化增添真实信息。

每个人都无法离开自己所处的时代，研究著作也不可能摆脱时代的印记，而社会史的文本不单是一种学术象征，其视角涉及一切重叠交错的古代社会问题，我们勾勒传统的延续和发展脉络，只能依赖历史记忆，并在记忆中不断对其加以重构。历史研究可以重复既有的认识，固化某些传统，更应该追溯传统的形成与演化，创造面向未来的新知。

回首历史，古代等级社会造成的困扰，也许能为今天的人看懂千年中国提供一些有趣的参考，每个具体的人或群体，与整个社会的互动，都是社会史研究"从实求知"所关心的问题，它能让你把个人的际遇转化为对社会系统结构的思考，让你有更多的能力去遐想，在不同视域里自由穿梭，看到个人命运在国家轮盘中辗转沉浮，思索社会转型时期的变与不变。

时空挪腾，岁月如梭，愿这本书 30 年后还能阅读。

2025 年 1 月 20 日

自序

等级，是指奴隶制国家和封建制国家中一定的社会集团，这些集团享有由国家的成文法律或不成文的礼教伦常制度所规定的某种权利。

等级与阶级有联系又有区别。阶级是由经济地位决定的，阶级差别在于人们在社会生产中所处的地位，而不在于法律上的特权或政治地位。在古代社会中，阶级差别是用等级划分固定下来的，阶级表现为等级。

由于被规定的权利与义务不同，各等级之间形成不平等的高下阶梯，彼此间形成统治和被统治的关系。法权身份基本相同的同一等级成员，因其经济、政治、文化乃至仪节规范、生活行为等各方面情况仍有高低差别，又可分为不同的等第。这不同的等级和等第组成的系列，就是该社会的等级制度。

一般地说，人与人之间法律地位、政治地位和社会地位的不平等，乃是等级制度的实质。剥削阶级总是属于较高贵的等级，被剥削阶级总是属于卑贱低下的等级。高等级群体总是拥有许多超越他人的特权，加上官阶等级和爵秩等级的强化，处于统治者的地位，享受着普通民众得不到的优厚待遇和物质利益。等级把剥削阶级与被剥削阶级之间的统治关系法律化了，这样，等级制度便成为超经济的强制的，一种最一般的、最明确的社会表现形式。

等级关系由来已久，大约在家长制时代已经出现，因为没有系统文字，所以对等级划分的记载缺略，不可详考。进入奴隶制时代后，按照血缘亲疏制定的宗法制度所规定的等级关系逐渐严密起来，在适应国家机器运转的过程中，从中央到地方的一套完整的等级隶属结构也初步形成。战国时期旧的奴隶制逐渐没落以至衰亡，然而等级隶属结构并没有随之崩溃，取代旧制的是新的封建官僚政治之下的等级制度，且西周、春秋时期在土地等级占有和宗法等级从属的基础上形成的"王臣公，公臣大夫，大夫臣士"的等级隶属关系和所谓"九仪之命"的爵位制度得到巩固。我认为，等级作为一种制度在这时正式确立。

秦以前，"官"定职务的大小，"爵"定位次之尊卑。商鞅变法，废除了旧的"世卿世禄"制度，但又规定，依照新的军功授予爵位和官职，被授予官爵者按官爵等级的高低，享有政治上、经济上乃至生活上的种种不同特权，即"明尊卑爵秩等级，各以差次名田宅，臣妾衣服以家次。有功者显荣，无功者虽富无所芬华"（《史记·商君列传》）。秦时官与爵合一，建立自公士至彻侯的二十等爵体系，使等级制度逐渐严密和法律化。至两汉，随着中国官僚制度的发展与完善，又一变而使官与爵分，俸与职应，与官吏体系的等级结构相对应的既有万石之官，也有斗食小吏。魏晋南北朝时期，以"九品"定官阶，从此，品第成为区别官职高下和等级尊卑的主要标志。唐以后九品之中又分"正""从"共十八级，这九品十八级又分为高、中、低三个基本层次，四品以上为高级官吏，五品至七品为中级官吏，七品以下为低级官吏，这三个等第一直延续到明清，基本未变。由官品等级所决定的服饰、房舍、车马、坟茔等也各有严格的区别，人在社会生活中的等级地位一望即知，鲜明无比。

在以等级结构为基础的官僚系统中，上与下各自统属，内与外互相节制，名分与职责严明，权利与义务相称，身处其中的人既不许逾越，也不得专擅。为了维护这种等级制度，由秦至清各朝都进行了详略不一的确认官僚等级秩序的行政立法和"礼入于法"，保证了官僚组织的严密、特权的固定、等级的森严、运转的协调。这套金字塔式的官僚等级权力结构，使得各级官吏享有与其官品相应的政治经济特权，成为社会财富的合法瓜分者，因此，由民变为官成了社会各阶级、阶层最炽烈的向往与追求。而由小官变成大官，又是官场中尔虞我诈、钩心斗角、互相倾轧现象的根源。这种官僚等级制度弊端所造成的恶劣影响相当深远。

那么等级制度的遗传密码是什么呢？就是特权。如果说等级制度是封建特权产生的政治基础，那封建特权则是等级制度的具体表现和价值取向。等级和特权总是紧密联系的，从秦到清都是如此，只是各朝增修的规定有所不同而已。倘若没有任何特权，等级制度就失去了意义。在社会生活中，不仅有政治上的等级特权，宗族家庭中实际上也有特权，族长、家长与族众、家属，男子与妇女，长辈与幼儿，因"等级"差异而享有不同权利，甚至臣民住房的高度、门廊台阶的级数、官员马车的引马数、官民坐褥的质地都要体现等级特权，无处不在的等级现象催生着强烈的特权观念，这种观念在历史上所起的是阻碍社会进步的作用，即使在古代社会发展时期也是如此。

如果进行中外对比，就可观照各个封建国家的经济制度、政治传统、道德规范、宗教势力以及民族关系等多种因素决定的这些国家等级制度的特点。例如中国就没有中世纪欧洲各国的僧侣、贵族和骑士，也没有日本封建社会的旗本、大名、町人、秽多或者朝鲜的两班、中人层。在一个国家的不同发展阶段，随着各种因素的变化，等级制度也会发生变化。例如我国唐代的部曲、杂户，元代所分的蒙古、色目、汉人、南人四个等级，以及明代的勋贵等级，都具有时代特色，它们会随着王朝的更迭而变化或消失。

中国古代等级制度在漫长的发展过程中，形成了自己的特点：

其一，中国的等级制度贯彻着宗法伦理原则，与宗法制合为一体。君臣、父子、夫妇三纲之中，君臣之纲乃是根本。父子之纲要求子孝，夫妇之纲要求妇顺。孝和顺为了齐家，齐家又是为了治国，最终目的是巩固君权统治。因此，围绕宗法家长制而建立的等级关系在等级制度中被格外强调，宗族关系被当作等级关系来处理，反过来等级制度中也到处渗透着家族关系。

其二，中国等级制度的主宰和灵魂是皇帝，尽管政治风云的变幻使得每一朝皇帝如走马灯般转换，但等级结构从不随势而变，即便等级关系有所调整或平衡，布衣可以跻身卿相之外，大商人也可以干政为官，但旧有的贵族等级身份界限很难被打破。同时，建立在等级制度之上的官僚机构又是支撑皇帝专制统治的重要支柱，其凭借皇帝赐予的政治权势又进一步巩固了等级制度。

其三，"礼入于法"使礼变为法，从而用法律的形式来巩固中国古代等级制度。中国自秦汉起，便开始"修刑以复礼"，先是儒者以儒家章句注释现行法律，叔孙通、马融、郑玄等用礼注经，相当一部分具有法律效力。董仲舒等在律文之外，更是直接以儒家经义作为判案依据，史称"春秋决狱"。至魏晋南北朝，随着门阀士族势力的扩大，在律、典、格、令中也增加了等级礼制新内容。"唐律一准乎礼，以为出入得古今之平，故宋世多采用之，元时断狱亦每引为据"（《四库全书提要·唐律疏议解》）。这样，法须以礼为准绳，若有偏差或抵牾之处，皆依礼处断。一直到明清，法律体系中都有等级礼制这一组成部分，并形成独立形式。

其四，中国的等级制度不仅历史悠久，而且连绵不绝，从未中断。尽管其在不同的朝代各有发展增损，但是沿革清晰，内容可考，并在历代因革损益的基础上，经过几千年的积淀，形成了完备详审、独树一帜的等级制度与相应的官僚制度。当然，中国古代等级制度的发展是在封闭的环境中进行的，很少受到外部的影响，因此，其形成虽早，但却陈陈相因，充满孤立性、保守性和专断性，从这个意义上讲，中国古代等级制度可称为一种僵化的制度。

其五，中国的等级制度变化和解体异常缓慢，虽然从两汉、新莽到明清，历代统治者曾多次颁布过解除奴婢等贱民身份的命令，但那些命令从未触及等级制度，即使是对贱民等级，也只涉及其中的一部分，而对整个奴婢等级并没有实质性的影响。等级制度的总体结构，在中国古代社会从没有发生过根本的改变。当然，等级制度（包括官僚制度）的变化也是有的，它常发生在阶级矛盾、民族矛盾激化的时代，表现为统治阶级内部的权力再分配，因此，这种变化是在矛盾中发生的，具有革故鼎新、自我完善的性质。变化的速度特别缓慢，更不要说促使它解体了。

　　作为政治上层建筑和社会现象的中国古代等级制度，它的发展、演变以及显著特点，归根结底是受政治体制、经济因素的制约和影响的，特别是血缘宗法制从一开始就给它打上了很深的烙印，以儒家纲常名教学说为主导的礼制也给了它很大的影响，因而它也不可避免地暴露出种种痼疾和弊端。当然，儒家的"礼"多是反映等级制度的，但也有一系列超越阶级和制度的社会规范，如尊师爱徒、尊老爱幼以及礼义廉耻等，都是可以批判地继承的。将这些糟粕与精华糅于一体的问题，在书中都将专门讨论，希望抛砖引玉，能给人们一种深沉的思考，催生思想的共鸣和共情，让人读出历史的感悟。

2025 年 1 月 20 日

目录

绪论
儒家思想与中国古代等级社会
一、儒家社会治理的基本思想 / 003
二、等级观是孔子政治学说的支柱 / 016
三、礼制与等级观念 / 029

第一章 等级与服饰
一、服饰色彩 / 047
二、花纹图案 / 059
三、不同质料 / 070
四、冠帽绶带 / 078

第二章 等级与建筑
一、房舍定制 / 096
二、装饰造型 / 105
三、室内陈设 / 113

第三章 等级与车轿
一、乘车骑马 / 120
二、肩舆轿子 / 138
三、出行仪仗 / 148

第四章 等级与婚姻
一、通婚门第 / 169
二、聘财悬殊 / 181
三、婚礼差别 / 185

第五章 等级与丧葬
一、丧礼丧仪 / 196
二、墓葬碑碣 / 212
三、守孝祭祀 / 229

第六章 等级与官制

一、封爵授勋 / 246
二、品秩阶位 / 257
三、选官论等 / 266

第七章 等级与财产

一、俸禄差额 / 281
二、土地占有 / 295
三、官吏经商 / 306

第八章 等级与法律

一、贵贱不等 / 321
二、官当赎罪 / 332
三、良贱区分 / 344

第九章 等级与家族

一、家族裙带 / 359
二、门阀士族 / 384
三、家谱世系 / 394

第十章 等级与礼仪

一、揖拜跪趋 / 409
二、座次方位 / 420
三、称谓尊谦 / 428

余论 研究古代等级社会的历史反思

一、强化专制集权 / 449
二、官吏超额冗滥 / 450
三、阻碍经济发展 / 451
四、不利人才涌现 / 453
五、激化社会矛盾 / 454

后记 / 457

绪 论

儒家思想与中国古代等级社会

儒家思想是中国古代社会占据统治地位的思想。自西汉中期确立了儒学的独尊地位以后，尽管儒家思想曾经受到玄学、佛教、道教的冲击，但是，直到中国古代社会晚期，儒学的正统地位始终没有发生改变。就儒学自身的发展过程来看，两汉的古、今经学，唐代的道统学说，宋明的理学以及乾嘉时期的朴学，固然不能与孔孟之学等同起来，但都是先秦儒家的延续与发展，即使历史上有各种"异端"思想和思想流派挑战传统的儒学，也无法撼动其牢固的统治地位，无法损坏儒家思想的权威。特别是儒家思想成为中国古代一种理论化的社会意识形态后，对社会产生了巨大的影响，林林总总，方方面面，进入各个门槛。因此，认识中国古代等级制度，必须从体认传统的儒家思想入手。

一、儒家社会治理的基本思想

传统儒学作为系统的政治学说，贯穿着"经国家、定社稷、序民人"

的求治心理，它主张实行礼治，施行仁政，通过一系列较为完善的政治制度来治理国家和安定社会。所以，儒家思想在先秦时期出现后，不仅改变了中国古代思想文化的历史进程，使之进入了系统的整体思考阶段；而且儒家从社会整体出发，以人为社会治理的出发点，把社会看作是一个等级结构系统，注意利用心理因素和礼仪制度调节社会群体，认为个人（首先是国家统治者）的道德修养是实现社会治理的关键。

依据儒家学说，一切理论都是实践的，而不是出世的，并以维持社会、政治秩序为最后目的。儒家根本否认社会是整齐划一、人人平等，认为人有智愚贤不肖之分，社会应该有分工，应该有贵贱上下的分野。"劳心者治人，劳力者治于人。治于人者食人，治人者食于人：天下之通义也。"（《孟子·滕文公上》）"贱事贵，不肖事贤，是天下之通义也。"（《荀子》卷三《仲尼》）农、工、商等以技艺生产的"小人"必须侍奉上层君子，而士大夫以治世之术治理社会的"大人"则享有"食于人"的权利与义务，各有其责，各尽其劳，一切待遇与社会地位成正比例也是天经地义的，有人就该华衣美食，乘车居厦，有人就应粗衣素食，居则陋室，出则徒步，这种差异性的分配才是公平的秩序。在儒家心目中，贵贱不仅是"君子劳心，小人劳力"职业上的划分，同时也是才智德行的区别，社会分工、社会地位、才智德行是三位一体，互为配合的。早期儒学将理论上及事实上的等级差别说得很清楚透彻："德必称位，位必称禄，禄必称用。"（《荀子》卷六《富国》）又说："论德而定次，量能而授官，皆使人载其事而各得其所宜。上贤使之为三公，次贤使之为诸侯，下贤使之为士大夫。"（《荀子》卷八《君道》）根据这个理论，贤者必使显贵，庸愚之辈必使贫贱，这样政治上才能臻于治平定序。

在社会上下选择条件之外，还有一种分异存在于亲属关系之中——以辈分、年龄、亲等、性别等条件为基础所形成的亲疏、尊卑、长幼的分野。如果说贵贱上下决定每一个人在社会上的地位和行为，那么尊卑、长幼、亲疏则决定每一个人在家族内的地位和行为。幼事

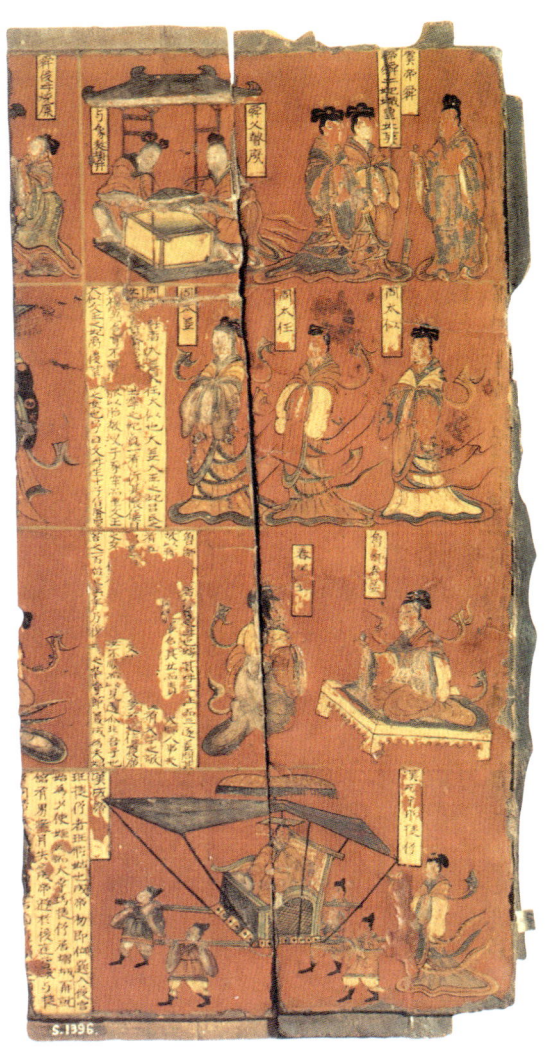

山西大同出土北魏木板漆画
山西博物院藏

长，卑事尊，饮食珍馐奉之父母，劳动杂务任之子弟，二者不仅生活方式不同，彼此间权利义务也互不一致，所谓孝悌之道、妇妾之别，无不以此为基础。

儒家认为社会中的贵贱上下区别和家族中的亲疏长幼区分同样重要，两种差异都是维持社会秩序所不可或缺的。这样有分寸、有区别的社会总和，便是儒家的理想社会。无疑，这也是宗法等级制度的典型反映。当然，无须全盘否定儒家关于上下、庸愚与智贤之说，它所包含的人的才能与懒惰的对立，以及脑力与体力劳动差别的内涵，还需要另文着重分析。

问题的关键是，这一切都不可否认地与儒家的社会治理基本思想密切联系。儒家对社会的治理，说到底是对人的治理。因此，对人的研究构成儒家的理论基础。《中庸》说："道不远人，人之为道而远人，不可以为道。……故君子以人治人，改而止。"意思是治世之道即治人之道，必须以关于人的道理来治人，离开对人作为社会治理对象的研究，就谈不到治世。其实，诸子百家普遍关心"人"的问题，这是中国古代学术的特点之一，但比较起来看，儒家对人的研究是最深入的。说儒学对人的价值的探讨是其重大的课题，这话不错；说儒学本质上是"人学"[1]，我认为也是精辟的论述和见解。

人的问题成为春秋战国时期政治家、学问家共同关注的问题，不是偶然的。随着当时生产力的巨大飞跃和社会关系的深刻变革，

---

[1] 张岂之：《儒学思想的历史演变及其作用》，《人民日报》，1987年10月9日。

以及思想文化领域的百家争鸣，为封建社会的崛起铺平了道路。作为历史主体的人，对于自己的力量、命运和在社会中的地位，都有一次新的认识和一个逐渐深入的反省，人的问题就以与当时社会发展程度相应的水平被提了出来。儒家的社会治理思想恰恰鲜明地体现了春秋战国这一特殊历史时期的特征。

儒家对人的研究有两个特点。其一，是从社会内部各个等级的总体出发，清醒地看到人是社会真正的基础，认为人比土地、财货更重要，如果老百姓都逃亡他国了，也就无所谓对社会的治理了。"得其民，斯得天下矣"，"得其心，斯得民矣"（《孟子·离娄上》）。能否争得人心是社会治理成败的关键。其二，是从人的等级关系出发，偏重考察事物结构和人的社会特质。儒家认为社会是一个等级结构体，最上层是"天下"，其次是"国"，再下是"家"，底层是"人"。这四个层次由君臣、父子、夫妇、兄弟、朋友五大关系所维系，每一个人都处于这种关系之中，正如孟子所说："天下之本在国，国之本在家，家之本在身。"（《孟子·离娄上》）据此，儒家提出了他们关于治理社会的逻辑次序，认为"个人"是治理社会层层上推的起点。"古之欲明明德于天下者，先治其国；欲治其国者，先齐其家；欲齐其家者，先修其身；欲修其身者，先正其心；欲正其心者，先诚其意；欲诚其意者，先致其知；致知在格物。物格而后知至，知至而后意诚，意诚而后心正，心正而后身修，身修而后家齐，家齐而后国治，国治而后天下平。"（《礼记·大学》）这就从理论上表明，社会等级结构的组织过程，是最后达到全社会

江西南昌海昏侯墓出土简牍

治理有序的必由之路。

那么要使人们能够过井然有序的社会生活，或者说，社会要形成并保持一定的等级组织，依照儒家的理论，必须做好"分"与"和"两个方面的工作。所谓"分"，指等级的划分、社会的分工，以及伦理规范中的其他划分，如父子、长幼、男女的分别等。社会分工主要是指治理者与被治理者即脑、体劳动的明确划分。所谓"和"，就是要求在各种社会规范中处于不同等级的人们和亲相敬，分而合作。"分"与"和"是使社会结构既具有一定等级，同时又能保持稳定而不瓦解的两个基本要素。

孟子认为，要把社会治理好，必须将治理社会的人员与其他职业划分或独立开来，并理应由从事物质生产的劳动者为治理者提供生活资料。他说："然则治天下独可耕且为与？有大人之事，有小人之事。且一人之身，而百工之所为备，如必自为而后用之，是率天下而路也。"（《孟子·滕文公上》）所以，"君子务治而小人务力"（《国语·鲁语上》，严公语）；"君子尚能而让其下，小人农力以事其上"（《左传·襄公十三年》）。孟子从一般社会分工的不可避免，有力地论证了社会治理者和脑力劳动专门化的必要性，因为没有这样的"分"，人们就会盲目忙乱，倒退回野蛮时代。但由于时代局限，孟子把"大人"与"劳心"、"小人"与"劳力"等同起来，这样就将脑体分工与阶级划分、等级构成混淆在一起了，这一错误是整个儒家都难以避免的。

荀子比孟子站得更高，他从更一般更广阔的意义上，从人与动物的根本差别上,说明社会必须有所"分",同时又必须有所"和"。他说:人"力不若牛,走不若马,而牛马为用,何也?曰:人能群,彼不能群也。人何以能群?曰:分。分何以能行?曰:义。故义以分则和,和则一,一则多力,多力则强,强则胜物。故宫室可得而居也。故序四时,裁万物,兼利天下,无它故焉,得之分义也"(《荀子·王制》)。荀子的"群",显然不是乌合之众,而是一个有秩序的社会结构,他的高明之处,在于指出了社会结构形成的前提是"分",而分中又有"和"。由于有了"分"与"和",再通过"义"的伦理特殊规范,人们形成确定的等级差别界限,却又能在人与人之间相互合作,从而变为有秩序的社会群体。荀子关于君臣等级制度形成的原因分析是不对的,他认为人的聪明才智有别,要把有才能高见之人选拔出来,提供条件让他们创造成就、树立威信,形成君臣上下的治理关系,否则就会出现争财物、强凌弱、众暴寡以及"争色之祸"。但是,荀子指出"分均则不偏,执齐则不壹,众齐则不使""两贵之不能相事,两贱之不能相使"(《荀子·王制》),在当时是合理的。建立良好的社会秩序,产生战胜自然的威力,"则莫若明分",这一原则至今仍包含着科学的道理。

关于治理社会,必须坚持"分"与"和"的原则,其实在孔子学说中已经涵纳。如他主张为政必须维持君臣父子的伦理差别,同时又提出"礼之用,和为贵"(《论语·学而》)。孔子的主旨就是要在等级制度的基础上,把社会的"分"与"和"统一起来。实际上,"分"与"和"的对立统一是中国古代哲学的传统观念,和以分为前提,先有分才谈得上和；而分又必须含蕴着和，有和才能成就好的结果。孔子把这一思想应用于社会治理，认为君臣等级、父子差异和上智下愚的区分，并不影响人们之间普遍的相亲相爱，因此儒家主张"四海之内，皆兄弟也"（《论语·颜渊》）。但是同时爱必须有差等，以"亲亲"为原则，不能越过礼的界限，体现"分"的礼是形成社会秩序的基础。所谓"君子和而不同"（《论语·子路》），意即"和"

山西长治出土战国铜牺立人擎盘
山西博物院藏

江西南昌海昏侯墓出土编钟

绝不意味着取消等级差别与伦理差别。中国哲学认为只有这种分中之和、和中之分才能在整体上产生新的更高的品性，使事物繁茂昌盛。孔子正是要追求这样一个既有等级又有仁爱的社会。

如何才能实现社会整体既有所"分"又有所"和"呢？儒家认为"礼"和"乐"是实现这一目标的两大杠杆。孔子说："立于礼，成于乐。"（《论语·泰伯》）《礼记·乐记》对此做了进一步阐发："乐者，天地之和也；礼者，天地之序也。和，故百物皆化，序，故群物皆别"，"乐者为同，礼者为异。同则相亲，异则相敬。……礼义立则贵贱等矣，乐文同则上下和矣"。

礼，在西周已演变成为一套十分烦琐的标志血缘关系和等级差别的仪节规范和典章制度，它们有一定的强制性，成为维持等级制社会秩序的手段。所有人的社会地位和从属关系，在社会生活中将

通过不同的礼仪被表现出来，儒家主张把礼制作为一种社会治理形式继承下来，赞扬"礼达而分定"（《礼记·礼运》）。

乐，包括音乐、舞蹈和诗歌。音乐和舞蹈虽然是由众多疾徐、高下、短长各不相同的音调和动作组成，但它们有音律编排，能模仿天地自然的和谐，构成一个具有统一节奏的协调整体。在儒家看来，乐是最高尚、最典型的分中求和的体现物。"故乐在宗庙之中，君臣上下同听之，则莫不和敬；闺门之内，父子兄弟同听之，则莫不和亲；乡里族长之中，长幼同听之，则莫不和顺"（《荀子·乐论》）。和谐之音，一唱三叹，具有很强的感召力，这正是儒家所期望的被划分为等级的人能像五音、六律那样协调起来，构成一部大型的音乐之声。

儒家主张的礼乐，固然包含着对周朝礼乐继承的一面，但已有很大不同，更多表现在通过行礼作乐，使人内心受到教育。孔孟以后，礼乐作为教化手段的意义在儒家学说中变得更为突出。尤其是"礼"，它包括遵守一定范式的动作和仪节，"雕琢刻镂，黼黻文章"的服饰、祭器、仪仗和用品，以钟鼓管磬琴瑟竽笙装备起来的乐队演奏，以及由这一切所造成的"分"与"和"的特殊氛围，使人们在举行礼仪的过程中，不光是按规定去演示，而且还对礼仪本身进行欣赏，产生愉悦的内心感受，这正符合儒家所主张的人不应做受礼摆弄的对象，而要做完成礼的主体。这样，由礼仪庄严气氛所显示出来的各种社会关系的差别，与种种社会规范，能够让人在默默遵守之时，感到心悦诚服，而不是被迫服从；使人觉得服从等级区别威严，又在自己人格上受到了尊重。"分"的礼与"和"的乐，成为一种潜移默化的陶冶，成为儒家所崇尚的一种教养。

当然，光有礼乐是不够的，要将"分"与"和"原则进一步化为社会的实际治理措施，还要处理好君、臣、民的协同，"民以君为心，君以民为体"（《礼记·缁衣》）。儒家意识到，君主必须带头"修身"，所谓"修齐治平"的治理社会过程，就是以君主作为各个等级修养的起点，因为下层对上层的支配绝不会像工具那样漠然接受，如孟子说："君之视臣如手足，则臣视君如腹心；君之视臣如犬马，则臣视君如国人；君之视臣如土芥，则臣视君如寇仇。"（《孟子·离娄下》）只有使等级中的人际关系更为和谐，才能维护社会治理体系的稳定。汉儒董仲舒在《春秋繁露》和《贤良对策》之中对君、臣、民的协调以及社会治理做了论述，并显露出一些有价值的思想，进一步发展了儒家"分"与"和"的思想体系。

综合上述儒家社会治理思想特点，可以看出儒家重视社会整体调节，在等级制度的范围内，允许个性发展。儒家主张以"君臣父子"的等级规范限制人们的精神与行为，这是主要方面。与此同时，

浙江杭州余杭区出土玉琮上的神人兽面纹
浙江省博物馆藏

倡导中庸的儒家还主张把教育普及民间。孔子提出"有教无类"(《论语·卫灵公》),"学而优则仕"(《论语·子张》)。这对每一个人都是适用的,允许个人通过自己的努力改变自己的社会地位,这样,等级界限就带有了相对性,使等级制度造成的紧张关系与对立程度得到缓解,给社会带来了一定活力。诚然,在春秋战国时期,原有的社会秩序已从整体上被瓦解,各诸侯国战争连绵,争夺霸业,因而儒家的"分"与"和"思想,和以礼乐教化为主要手段的治国方案显得苍白无力,这就是为什么儒学大师们尽管博学多才,在几百年间奔走游说,却四处碰壁。他们没有意识到,儒学本质上是社会治理学说,而不是夺取天下学问。当时的社会大变革只有依靠战争解决,所以法家"当今争于气力"和"奖励耕战"的主张战胜了儒家,得到了统治者的青睐。直到汉武帝时期,统治者才认识到儒家那套确认等级、调和矛盾、维持社会稳定的主张,对于处于和平时期的封建等级社会是再合适不过的。自此,儒家被当作官方正统学术直至中国古代社会寿终。儒家从其诞生遭受冷遇,到后来战胜百家得享独尊,绝不是偶然的,这是历史的选择。

二、等级观是孔子政治学说的支柱

孔子是我国历史上著名的教育家、思想家,他对尧舜以来夏商周三代的文化成就进行了一番系统的整理,并对后世社会发展产生了深远的影响,成为一个继往开来的人物。孔子的思想则是中国古代社会的正统思想，对于中华民族心理的形成起过很大的作用。特别是他的政治学说，受到历代统治者的尊崇，因为古代社会重视等级和名分，君权神圣国家尤重一尊和威权，而孔学恰恰严等差、贵秩序，向老百姓讲服从，同君主讲仁义，以宗法为维系社会的手段，用以达到巩固专制君权的目的，这与当时的社会最为合拍，帝王驭民之术，再也没有比这更好的了，这也是孔子政治学说受尊崇的根本原因。

关于孔子政治学说的核心体系，是孔子研究、儒学研究乃至中国传统文化研究中争论最激烈的问题，它直接关系着对孔子及中国传统文化的评价问题。一种意见认为：孔子政治学说是以仁为内容，礼为形式，以仁政礼治为根本原则，体现着仁道的小康、大同政治思想，崇尚文德，贬抑暴力，设计了以修身齐家到治国平天下的改良主义政治路线，强调了人的道德自觉与遵守礼制的统一，人道主义与等级宗法社会结构的统一[1]。另一种意见认为：维护周礼是孔子政治学说的出发点与归宿。孔子主张以礼治国，其目的为挽救礼坏乐崩，恢复西周礼制，维护贵族奴隶主阶级的等级统治；他要求人们严格遵守礼的规定，按照自己的等级名分实行财产分配，连祭祀也是"尊者事尊，卑者事卑"，不能僭礼越分。至于仁、忠、孝、中庸、义、勇、直等，更是孔子复礼的道德手段，因此，孔子整个思想体系的中心是礼，《论语》全书所载孔子的言行，多在"礼"的范

---

[1] 匡亚明：《孔子评传》外文版序，《文汇报》1987年1月27日。

围之内。孔学主要是礼学。[1] 此外，还有意见认为，除了"仁"和"礼"这两大方面，孔子的政治学说是大同思想、大一统思想等。[2] 张岱年先生断言孔子政治思想主要有三点，即为政以德，君主集权，反对个人独裁与大臣专权。[3] 真可谓是仁者见仁，智者见智；争长论短，莫衷一是。

我认为，"礼""仁"是组成孔子思想体系的重要内容，孔子虽然主观上想把"礼"与"仁"结合起来，但事实上礼是占第一位的。在分析仁、礼的关系上，确实要注意礼比仁广，礼比仁高，仁以礼为重要内容等问题。仁与差等爱是受礼制约，孝也以礼为主要内容，礼的枝叶可以有所损益，但周礼作为主干到百世也不会改变，因此要以礼治国，"事君尽礼"，主张君主亦要好礼："上好礼，则民易使也。"（《论语·宪问》）

孔子所谓的"礼"，是一种政治秩序和社会治理之道，主要指周初所确定的一整套区别等级名分的制度典章和仪文习俗。礼是维持社会等级差异的工具，"名位不同，礼亦异数"（《左传·庄公十八年》臧宣叔语）。

江西南昌海昏侯墓出土西汉《礼记》竹简

---

[1] 蔡尚思：《孔子一生都尚礼》，《哲学研究》1986 年第 6 期。
[2] 见《孔子研究》创刊号陈景磐、王彬文章与《齐鲁学刊》1984 年第 3 期吕文琢文章。
[3] 张岱年：《孔子与中国文化》，《清华大学学报》1986 年第 1 期。

借礼的不同内容便足以显示人的特殊地位，因而加重贵贱、尊卑、长幼之别，所以，作为儒家治平工具的"礼"，其正确含义应为"异""差""别"，"故制礼义以分之，使有贫富贵贱之等"（《荀子·王制》）。至于孔子所谓的"仁"，是最高道德范畴，主要是说人们之间应该相爱、和睦共处。当然，"仁"不是孔子最先提出的，而是他根据旧说损益而成。其中最为重要的，是用"仁"来充实"礼"，以"孝"作为"仁"的根本，用爱人解释"仁"。孔子正是经过损益，把"仁"提到了新的高度。孔子说："克己复礼为仁。"这固然是用"礼"规定"仁"，同时也是以"仁"充实了"礼"。孔子的理想是"君君臣臣父父子子"，上下相安，社会在宗法等级制度之下和谐地发展。他用"仁"充实"礼"，也是为了维护宗法的等级制度，以建立良好的秩序，实现自己的政治理想。

孔子认为，"礼"和"仁"两者是互相补充、互相包含、互相制约的。礼是外在的行为准则，仁是内在的精神状

江西南昌海昏侯墓出土
西汉《论语》竹简

绪论 / 儒家思想与中国古代等级社会　　019

态；仁以礼为思想基础，而礼则是仁的最好形式。孔子说过："孝弟（悌）也者，其为仁之本与！"这与"克己复礼为仁"异曲同工，从不同的角度，维护宗法等级制度。用"孝"说明"仁"也有本身的特点，即从伦理方面来说明"仁"、充实"仁"，而且通过"仁"，又把"孝"和"礼"联系起来，使宗法的伦理道德同政治的等级制进一步理论地、牢固地结合在一起，这对我国古代社会影响很大。对"仁"的解释中，最有新意、争论最多的是"樊迟问仁，子曰'爱人'"。"爱人"释"仁"，并不说明孔子具有平等的观念，他只是要求统治者要爱护人民。而这一思想，同样是为了宗法的等级制度能够长期存在和更好地发展。当然，它在当时还是具有一定进步意义的。

通过"礼""仁"两个角度的观照，可以看出孔子在结合两者时，还是以"礼"为中心，也就是赞赏用礼的宗法等级制度，这揭示了孔子政治学说的基本支柱是等级观。下面我们来具体分析。

众所周知，春秋末期是被孔子经常长吁短叹为"礼崩乐坏"的时代，因为自西周以来，在全国范围内形成了一个像大树似的宗法等级系统，实行宝塔式的等级统治，从最高层的天子到诸侯臣属，再到最底层的农民奴隶，都处在鲜明的阶级社会中。为了防止权力与财产再分配的纷争，孔子制定了一整套固定不变的等级统治秩序：土地国有，不得买卖；士农工商，世袭其业；贵贱之序，不能改变。对这种制度，孔子称之为"天下有道"。而这个"有道"，是植根于"为国以礼"（《论语·先进》）之上的。"礼"是宗法等级关系加以规范化的准则与仪式，而周公"制礼作乐"是我国第一次对于"礼"的加工和改造，他开始用"德"字来概括原始礼的全过程，使礼纳入道德范畴。如果说周公是一位思想家，那么从政治角度看，他是以德政作为操持政治的机柄，这正是后来孔子提出"仁"和礼相辅而行的渊源。对于"三礼"（《周礼》《仪礼》《礼记》），文学派和疑古派史学家曾长期怀疑，现在许多证据说明它不可能是后人的编造，确实在西周到春秋时代实行过。[1] 孔子是一个"信而好古"的人，是一个"学周礼"而要"从周"的人，他把周礼作为观察各个时代盛衰变迁的标志，相信等级礼制"万世不衰"。自然，孔子比周公又进了一步，他认为："殷因于夏礼，所损益，可知也；周因于殷礼，所损益，可知也；其或继周者，虽百世，可知也。"（《论语·为政》）孔子一方面承认三代以至今后周礼相因有"损益"，说明他并非是顽固保守派；但另一方面又认为周礼万古长存，"百世可知"。这正代表着他既维护旧制度又赞成做某些改良的总倾向。这种既维护宗法等级制，又主张有所损益的学说，后来却很符合封建统治者的需要，所以，孔子生前不得意，死后却越来越走运，一直被抬到吓人的高度。

由于孔子从小好礼，入周公庙问礼，所以他迷恋周公事业，固守周礼，对更上一层楼的社会变革似乎缺少理解，反而认为社会变革是"礼崩乐坏"，"天下无道"。他希望恢复"礼乐征伐自天子出"的大一统局面，那么怎么变"无道"为"有道"，达到安定等级秩

---

[1] 杨向奎：《关于周公"制礼作乐"》，《文史知识》1986年第6期。

序的目的呢？在孔子看来，自己生长于鲁国，那里是西周周公儿子伯禽的封地，鲁国虽然逐步变弱，却是最守旧礼的地方，所以"周礼尽在鲁"。他认为"三十而立"（《论语·为政》），"不学礼无以立"（《论语·季氏》），"不知礼无以立也"（《论语·尧曰》）；因而鲁大夫令其二子"往学礼焉"。鲁君又给他车马竖子"适周问礼"。可以说，显示贵贱、尊卑、长幼、亲疏分别的"礼"，在孔子青少年时期就打下了深深的烙印。

孔子中年时期到处宣传和实行以礼治国的内外政治活动。齐景公问政，孔子回答："君君，臣臣，父父，子子。"意思是人君为政，必须端正好君臣父子的等级名分，使各自循礼而行，国家政治就达到理想状态。齐景公当时连呼"善哉"，后因晏子对景公指出"今孔子盛容饰，繁登降之礼，趋详之节，累世不能殚其学，当年不能

山西曲沃出土
春秋窃曲纹簋
山西博物院藏

究其礼",这样景公见孔子才"不问其礼"。鲁定公以孔子为大司寇,孔子随他与齐侯会于夹谷,以礼办外交。而"坠三都"也是以礼办内政。孔子五十六岁时摄相事,"与闻国政三月","男女行者别于途"。男女走路有别,正是礼教家心目中政治上的一件大事,难怪孟子也说:"男女授受不亲,礼也。"在鲁国遭季氏斥逐后,孔子漂泊十四年,适卫至齐。卫灵公夫人南子,孔子"见之礼答焉"。进宋国,孔子"与弟子习礼大树下"。卫君欲得孔子为政,孔子答道:"必也正名乎!"正名即正名分,定等级,要以礼治国。他大谈不正名、不兴礼乐,就会使"民无所措手足"。新筑大夫仲叔于奚因救过卫军统帅孙恒子,卫侯同意在他朝见时使用一次诸侯用的乐队和马饰,对此孔子大发了一通"正名分"的议论:

> 惜也,不如多与之邑。唯器与名,不可以假人,君之所司也。名以出信,信以守器,器以藏礼,礼以行义,义以生利,利以平民,政之大节也。若以假人,与人政也。政亡,则国家从之,弗可止也已。(《左传·成公二年》)

诸侯的爵号(名)与车服(器)借给大夫使用一次,孔子就认为是意味着政亡国灭,所以主张非争不可,哪怕用几倍土地做交换,也不同意这一违礼僭越的行为。可见,"正名"就是孔子等级观的直接反映。

实际上,孔子"正名"等级观是对尊卑等级观念和规定十分严格的周礼的发展,"天子祭天地,诸侯祭社稷,大夫祭五祀。天子祭天下名山大川,五岳视三公,四渎视诸侯,诸侯祭名山大川之在其地者"(《礼记·王制》)。领主有了名分,山川也有了名分,无非是划定等级的剥削范围,越级主祭,就是非礼,不管是武器、祭器、乐器,还是房基、服饰、车舆,都不得随便"非礼"占用。春秋后期名存实变现象十分普遍,周礼规定也入乡随俗,违礼僭越行为也顺理成章,孔子要"正百事之名"。"名不正则言不顺,言不顺则事不成",它寄托着孔子重新稳定等级制统治秩序的主旨,他要用周礼去纠正人们"名"存"实"变的行为,要求与个人世袭的传统地位、等级身份、权利义务相符,不得有半点僭越。就是提升孔子为大夫的季桓子,也因为"八佾舞于庭",在鲁昭公举行祭祖典礼时将公室舞队调到家中演出,孔子就大声指责他"是可忍也,孰不可忍也!"认为三桓家族没有资格越礼享用礼乐。孔子认为人们安于自己的等级名分,不互相侵夺,上下才能平安无事。这对安定条件下社会生产的发展不能说完全无用,但遗憾的是,孔子不能区别春秋与西周的不同条件,一味想用"正名"来稳定等级制统治秩序,甚至主张"兴灭国,继绝世,举逸民"(《论语·尧曰》),这就说明他的根本目的还是要为宗法等级制度服务。

孔子晚年不再四处活动做官,返回鲁国后专门从事以礼为中心的文学、艺术、哲学、史学与教育活动,"孔子以诗书礼乐教,弟子盖三千焉,身通六艺者七十有二人","颇受业者甚众"(《史记·孔子世家》)。但被孔子赞美为"好学"和"贤哉"的高足,却只有颜回一个。孔子教颜回"克己复礼",颜回也说孔子"约我以礼",孔子经常教学生的是"博学于文,约之以礼,亦可以弗畔(叛)矣夫"(《论语·雍也》)。于此可知"礼"是孔子教育的宗旨,他不仅衣、食、坐、行等都讲究礼,要用等级礼制要求国君、大夫等,而且要使所有的人都能"克己复礼","非礼勿视,非礼勿听,非礼勿言,非礼勿动";把"礼"列为人人可学的对象,求仁复礼不假外求而完全取决于自己,"一日克己复礼,天下归仁焉"(《论语·颜渊》)。不论门等出身,职位高低,谁具有克己复礼的功夫,谁就是仁人。一家仁,一国兴仁,把治国治政的途径,引向诲人自省的等级礼制修养中,连精通全部《诗》《书》《礼》《乐》《易》《春秋》等"六艺"(后称"六经"),也是以"礼"为思想体系,从而构成儒家政治学说的中心内容。

严格地说,孔子晚年因史记作《春秋》,文成数万,要旨仍在"正名""复礼",对周天子就讳,对新兴王公就贬,"以绳当世",使"天下乱臣贼子惧焉"。孔子说:"后世知丘者以《春秋》,而罪丘者亦以《春秋》。"《庄子·天下》也说:"《春秋》以道名分。"《春秋》确实是一部礼教书,孔子一生都离不开礼,礼伴随着他走完生命的全程。

必须指出的是,孔子的礼,并不是后世提出的"孔学是礼学""孔子思想是礼教","布衣孔子"确实与后来被统治者神化了的孔子是有区别的。[1] 因为孔子以复周礼为己任时,提出仁的命题,并以仁

---

[1] 见《孔子研究》创刊号杜任之文章。

释礼，又使周礼在人与人的组合中有所发展，赋予道德属性，"人而不仁如礼何？"（《论语·八佾》）这种仁者爱人的观点，用爱亲人之心推及他人，以血缘为纽带又不拘守血缘的限制，从而把周礼推到了社会的下层，使古礼出现了新的面貌。但值得注意的是，孔子"仁爱"毕竟是以血缘性爱人为中心的，是等级性的爱人，是受礼制约的"仁爱"。对孔子所说的"仁者，人也，亲亲为大"（《中庸》），并不能理解为孔子博爱人类的"兼爱"，这话语是重在爱父母，以爱父母为仁，其实也是差等爱，在人类当中主要是爱父母。孟子所说"亲亲，仁也"，"人人亲其亲，长其长，而天下平"，就是"亲亲为大"的意思，这说明孟子的解释更忠实于孔子的原意。

孔子的仁爱，不仅有横的等级，如亲、人、物；而且有纵的等级，如说："夫礼，天子爱天下，诸侯爱境内，大夫爱官职，士爱其家，过其所爱曰侵。"子路则认为："仁义者，与天下共其所有而同其利者也。"（《韩非子·外储说右上》）不以孔子所说为然。孔子以等级礼制为理由，去反对子路比较平等的仁爱观。孔子认为爱人也须守己安分，如果自由去爱人，就是侵犯等级的范围，这充分说明孔子表现的仁爱在根子上仍是等级观的特点。"等级礼治"是孔子最强烈的观念形态。

对于孔子十分理想的等级社会，孟子从各个方面加以论证，虽然他把孔子的"仁"发展、扩充为有系统的"仁政"学说，然而他仍在孔子"君使臣以礼，臣事君以忠"的范围之内，还是以君为主导的上下关系，而不是平等关系。孟子某些思想，"民为贵，社稷次之，君为轻"，无疑把"民本"思想推向高峰，但究其实，仍是为了劝说统治者"施仁政于民"。可见，他同孔子一样，为的是宗法的等级制度长期存在，和谐发展。作为儒家大师的荀子也是如此，他说："礼者，贵贱有等，长幼有差，贫富轻重皆有称者也。"(《荀子·富国》)"故人道莫不有辨，辨莫大于分，分莫大于礼。"(《荀子·非相》)把"礼"的内容和功用概括为区别贵贱、长幼、贫富，这同孔子的等级

河南郑州张寨南街出土
商代兽面纹青铜大方鼎
中国国家博物馆藏

甘肃武威磨嘴子汉墓出土
东汉《礼记》木简

观不仅没有多大的不同，而且更为明确。荀子也有超过孔孟之处。孔孟不仅维护宗法等级制，而且维护世卿世禄制。荀子则不然，他认为宗法等级制虽然"与万世同久"，不会改变，但什么人处于什么等级，则是可以而且应该随时改变的。中国古代社会，这方面基本上是按荀子的设计和主张进行的。统治集团中，平时不断增添一点新的血液。在改朝换代时，统治集团的成员变化更大。这对于封建制度的调整发展和延续，是有利的。从这一点看，荀子在对孔子学说的损益上，是朝着进步的方向进行的。

董仲舒适应西汉时期大一统的客观要求，提出"天人感应""阳尊阴卑""性三品"等学说，吸取了先秦阴阳家、道家、法家的一些观点，其理论比之孔、孟、荀有很大差异，但他主张的仍是儒学，这不仅因为董仲舒根据的是儒家的经典，更重要的是儒学的维护宗法等级制，仍是董仲舒"三纲"学说的核心。所以，董仲舒一贯被目为"醇儒"。

作为我国封建后期统治思想的宋明理学，虽然分为"理学"和"心学"两派，有些内容也超出传统儒学，但又是依据传统儒学立论的。更重要的是，理学家所创立的庞大、精致的理论体系，其归宿和目的，仍然是维护封建的宗法等级制。"序君臣父子之礼，列夫妇长幼之别""存天理，去人欲"为社会重要教条，人人必遵而行之以符合等级礼治制度。

由上可见，影响及于近代的儒学，始终没有突破孔子等级观的规范，这是因为儒学植根于宗法等级制，必然又为它服务。只有封建的宗法等级制不存在了，儒学才能失去依据，才可能不像过去那样延续下去。

三、礼制与等级观念

古代中国的太平盛世，往往以礼义之邦为标榜，这是历代统治阶级治国的最佳蓝图，这种蓝图无疑就是源于儒家等级礼治的理想。"礼"在古代有多重含义，礼貌之礼，仪节之礼，伦常制度之礼，从春秋以来就有这样的区分。礼治、礼法、礼教、礼律等从不同层次表述"礼"的内容和功能，礼涵盖意识形态和社会制度的众多内容，几乎成为传统文化的同义语和一大特色。

礼，据后人考证，本源于古时祭神活动，原型甚至可以追溯到原始氏族社会的礼仪巫术，以后逐渐由祭神仪式衍为行为规则，遍布于社会的各个领域：成人之制有冠礼，婚姻之事有婚礼，亲疏远近则见于丧葬之礼。这样，礼就成为来自远古的意识形态。古人所谓"礼"始诸饮食而本于婚，揭示了礼是从饮食男女中萌生的文化现象，是合乎中华民族自然生态的行为。尤其是古人的三大祭——祭天神、地祇和人鬼，以对人鬼的崇拜最切合氏族的生聚和繁衍，人们通过祭祀祖先以敬天事神，这对维系以血缘为基础的氏族社会有很大的实用价值和宗教意义，所以原始的"礼"是全民的意向和同一的活动。

这种情况从进入阶级社会以后就发生变化。商代人创造了最高权威上帝，只有君主的祖先，才能面见上帝。祭祖是沟通人间与上帝的联系，祭祖的重点是祭君主的祖先。人们按照对君主血缘关系的亲疏远近分别到宗庙、祖庙、祢庙祭祀，以此界定尊卑、主从的人际关系，奴隶则被剥夺了祭祖的权利。全民性的礼仪被君主贵族垄断，神权与政权合一，原始的"礼"改铸为尊君的仪礼，现实的阶级观念改变了"礼"的本义。

到了西周，礼演变成一套十分琐细的标志血缘和等级差别的日常生活规定，同时更重要的还是治理国家的准则。周代行宗法制度，家与国不分。"家"之礼亦即"国"之法，逾越礼制便是对国家政治秩序的破坏。因此，当时确立亲亲、尊尊的规范，即以自身为起点上溯父亲、祖父、曾祖、高祖，下延亲子、孙子、重孙等九代亲属关系，以嫡长子为中心成为一脉，由此发展成宗法制、分封制和继承制，确定尊卑贵贱不同等级的物质权益和交往方式。以血缘为基础的礼和权力、财产再分配相结合，形成系统的典章制度和各种繁文缛节，礼制在周代遂发展完备。

古人谓大礼有三百，小礼多至三千，从吉庆、祭祀、迎宾、乡饮到日用起居和军事、外交，莫不讲究礼仪，以礼的形态交往。当然，繁杂万分的礼仪不是可以随意贸然运用的，每个人必须按着他自己的社会地位去选择相当的礼，合乎贵贱尊卑长幼条件的就为礼，否则便为非礼。春秋之时称为乱臣贼子时代，就是因为贱用贵礼、卑用尊礼，僭越谬乱，不如其分。例如辟雍、八佾、树塞门、反坫的本身并无所谓好坏，原皆为礼；但辟雍、八佾是天子之礼，三家以卿行天子之礼，所以孔子认为不可容忍。树塞门、反坫是国君的礼，

西安蓝田出土
西周永盂

齐侯行之则是，管仲为之便不合于礼，故孔子说他不知礼。(《论语·八佾》)君臣之礼、贵贱上下是不容混淆的，这正是孔子明礼之处。可以看出，一部《周礼》不仅成为周代政治制度的典范，也成为以后社会生活的百科全书。在中国古代社会的漫长过程中，礼始终渗透于社会生活中，成为制约人们思想、行动的主要规范。

如前所述，礼在周代形成系统的制度后，经过孔子、荀子等儒家大师的补充发展，内化为修己之道，外化为治人之政，寓强制于教化，使国家法权与道德修养融为一体，兼有德与刑的二重功能，礼制作为礼的实施条例，从而具有德与刑的两重威力。在这个问题上，法家的主张与儒家理论相左。法家并不全盘地否定礼，它所反对的，是把礼应用于政治领域，是与"礼治"联系在一起的"德治"。在法家看来，礼的准则也好，道德教化也好，都是政治以外的事情，可以行之于家，不可推之于国。治理国家非有赏罚分明的刑法强制手段不可，这就产生出最早的礼与法、德与刑的对立。这种对立在当时还有另一重含义，即法家理想中有个"一刑"思想，所谓"刑过不避大臣，赏善不遗匹夫"。一切人在法律面前均须平等，不能有等差待遇。商君云："所谓一刑者，刑无等级，自卿相、将军以至大夫、庶人有不从王令、犯国禁、乱上制者，罪死不赦。"(《商君书·赏刑》)这种"刑无等级"的理想虽然不能够真正付诸实践，但对于儒者们奉而敬之的"礼"却已是大大的背叛了。因为，礼最鲜明的特征正在于"别异"。"亲亲之杀，尊贤之等，礼所生也"(《中庸》)，"礼者所以定亲疏，决嫌疑，别同异，明是非也"(《礼记·曲礼上》)，礼者"序尊卑、贵贱、大小之位，而差外内、远近、新故之级者也"（董仲舒《春秋繁露》卷九《奉本》），"上下有义，贵贱有分、长幼有等、贫富有度，凡此八者，礼之经也"（《管子》卷三《五辅》）。在家里，礼以正父子，定夫妇，序长幼；推之于社会，礼则要分君臣、明尊卑、别贵贱。从历史上看，这一套等级差别规范原是社会的稳定因素，有着深厚的民族文化底蕴，但它却不及法家的种种急功近利措施来得有效，更不把儒家"刑不上大夫"列为教条，这也加剧了二者的对立。其实，如果撇开上述各种时代因素，单就理论本身来说，儒、法两种学说也不是水火不能相容的。《史记·太史公自序》云："法家严而少恩，然其正君臣上下之分，不可改矣。"又说，法家"若尊主卑臣，明分职不得相逾越，虽百家弗能改也"。可见法家骨子里也是要分贵贱尊卑高下的。只不过，它要的是一种新的等级秩序，而不是周礼所代表的那套旧秩序。再者，礼与法同为行为规范，本无不可逾越的界限，何况"礼"本身也有"禁乱止恶"的功能，在这个意义上，礼与法并无根本的不同。如果说"礼者禁于将然之前，而法者禁于已然之后"（《大戴礼记》卷二《礼察》），那么一为事前的预防，一为事后的补救，二者的价值应该是相同的。

经过儒、法对比之后可知，儒家着重于贵贱、尊卑、长幼、亲疏之"异"，故不能不以等级差异性的、内容琐杂的、因人而异的、个别的行为规范——"礼"，作为维持社会秩序的工具，而反对不加区分同一的法。法家却以同一的、单纯的法律，约束全国人民，着重于"同治"，希望以没有异别的法治、法网强人为善，威吓作恶。

河南洛阳偃师二里头遗址出土
镶嵌绿松石兽面纹青铜牌饰
中国社会科学院考古研究所藏

两家出发点不同，结论自异，但目的都是维护君命伦常的等级制度。所以说，礼治、法治只是儒、法两家为了达到其不同的理想社会秩序所用的不同工具。

礼的制度化的概称就是礼制，它指规范人们生活、行为、人际关系的各种具体措施。历代王朝或以"会典""律例""典章"，或以"车服志""舆服志""丧服志"等各式条文颁布礼制的条款，管理和统治人们的物质生活与精神生活。

礼制首先从生活方式着手，不遗琐细地区分君臣官民士庶日用消费的差异，这是因为礼制是对当时社会关系的抽象总结和概括而形成的，反过来，它又渗透于社会生活中，成为社会中的准则。人们生活中自幼到老的各种重要活动和仪式，都体现了礼的规定性。所谓礼"始于冠，本于婚，重于丧祭，尊于朝聘，和于射（射礼）乡（乡饮酒）"（《礼记·昏义》），就是对各阶层生活中的礼的规定性的概括。在祭礼过程中，"必有齐庄之心以虑事，以具服物"，"颜色必温，行必恐"，要做到"忠善不违身，耳目不违心，思虑不违亲。结诸心，形诸色，而述省之"（《礼记·祭义》）。在宴享中也是如此，"飨以训恭俭，宴以示慈惠"。但无论是飨、是宴，其目的都是"和协典礼，以示民训则"，因此要"服物昭庸，采饰显明，文章比象，周旋序顺，容貌有崇，威仪有则，五味实气，五色精心，五声昭德，五义纪宜"（《国语·周语》）。由此可见，无论宗庙祭祀，还是朝聘宴享，都是习礼、用礼、按礼的规定行事的重要场合。行礼的过程，便是使心灵精洁的过程，也是对礼的再认识，对自己的等级名分的再肯定。处处事事都要做到贵贱有等，长幼有差，贫富相称。

　　生活方式也是一种文化模式，对民族性格的养成有重要的影响，长期生活在古代社会的中国人，生活方式自然与氏族性格的特征息息相关。这样，社会生活中所渗透的礼的规定性，表现为外在的约束力，其作用在于通过长期的约束，使礼的规定性变为人们的日常习惯。同时，礼制又要求人们发挥内在的积极性与自觉意识，以配合外在的约束力。因此，礼特别强调修身，把它置于治国九经之首。（见《礼记·中庸》）修身就是严格地以礼自饬，使自己的言行、服饰、仪容都合于礼所规定的威仪，以达到"内省不疚，无恶于志"，做出常人所不可及的自我整饬。于是，在外在的礼制束缚与内在的自觉努力下，逐渐将人们的思想和行为纳入礼的规范中。礼在这种情况下，不再是单纯的生硬约束，人们也不只是勉强地去适应礼，而是自觉地遵从它、赞美它，误以为自己在礼的规范中能享有传统的充分的自由。

　　礼制又是用权力统治财产的体现，有财产并不能随意享用消费品，必须受到身份品级的限制，这是实施礼制的通则。各阶层的等级名分常常通过土地分封而形成，他们的财产和政治地位最初都是由君主赐予的，这种关系最终决定了他们在君王面前不能不居于从属的地位。经济上，要献纳贡赋；政治上"出纳王命"，充当"王之喉舌"(《烝民》)。他们只有效忠于君王的义务，而没有分庭抗礼的权力。礼制作用最重要的就是强化各阶层的从属意识，限制乃至消灭他们的独立性意识。例如晋厉公欲诛群大夫而任用其宠幸之臣，他先从郤氏家族下手，听到这个消息后，郤锜欲攻公，郤至却说："人所以立，信、知、勇也。信不叛君，知不害民，勇不作乱。"并且认为，自己若有罪，早就该死；若自己无辜被杀，暴君则会失其民而不得安其位。他把自己的命运系于礼的某些观念上，把其间的是非曲直交给后人去评价，结果自己终于被杀。(见《左传·成公十七年》)在礼的思想中，臣就没有维护自己的利益乃至生死之"理"。周代《逸书》就说："勇则害上，不登于明堂。"(《左传·文公二年》所引)不管君主贤明与否都是不可侵犯的，否则生时要受到社会舆论谴责，死后也不准供奉于家庙之中，这就是"礼"的"公理"。

然而，仅仅认为礼制排斥并压抑天性，使个人屈从于身份品级之下，未免有些简单化。因为生活在古代社会的中国人毕竟还有个性，只不过这种个性受到非常具体的阶级关系的制约和决定，他们不是作为独立的个人，而是作为阶级的成员处于环绕着他们的社会关系中，是个性化了的阶级性。像大、中、小宗室贵族，地主绅士，文武勋臣等，他们分别居于不同的等级，因而具有双重身份。对神圣的君主来讲，他们是臣，土地和政治地位得之于君主的恩赐，因此表现出附庸关系；对自己的仆奴来讲，他们又是君，不仅占有土地还支配奴仆的人身。即使暂时失去了优裕的生活条件，他们仍是贵胄高门子弟，并不丧失贵族出身和等级，只要整个社会制度不发生变革，等级身份始终自居不变。而且一出生，就会取得社会的承认，从小保持着华贵的等级外衣，不管是有才还是平庸，阶级性与等级性的个性形式是不会变化的。

由此分析礼制，其核心是以人身的依附关系与严格的等级关系为特征，向上扩展为社会各阶层间的等级差别，向下衍化出被压迫阶级中的层次结构。礼的作用就是维护现存的人身依附关系与等级关系，并突出表现在它要求把社会生活中的尊卑贵贱差别显露出来，使其在认识中更加鲜明醒目。因此，礼强调"章疑别微"。章，明也，章疑就是使纷繁的令人疑惑的事物明显可辨；别，分也，别微就是使隐约微末的关系剖分离异。"章疑别微"就是使现实的等级关系在人们的认识中得到强化，从而强调差别，以便使人们认识自己的和他人的等级名分，使卑贱者恭恭顺顺地侍奉高贵者，而不至于非礼僭越，更不会犯上作乱。礼制的本质就在于此。特别是礼制用立法的形式划定各阶层的消费标准，由此形成"贵贱不相逾"的生活方式，这对一般人民来说，是用物化的形态体现阶级的垄断与压迫；对官僚权贵来说，则要求节制，使尊卑贵贱的等差得到稳定和巩固。古代统治者往往以此作为衡量世风良莠、名教盛衰的准绳，用教育的、道德的、哲理的各种手段进行守礼的说教，以实现尊卑贵贱各安其位，循礼蹈规的等级社会秩序。虽然在阶级对立的古代社会，追求长治久安的治国理想不容易实现，社会动荡总要周期性地打破尊卑贵贱的统治秩序，即使统治阶级内部也不能信守礼制的约束，经常发生越礼逾制的行为，导致礼制的败坏。但是古代社会的结构就是等级统治，只要这个结构不变，礼制就将代代相承。人们生存在这等级序列中，无不受其生活方式和外在环境的濡染，养成事事有等级、物物有等级、无处没有等级的等级隶属观念。

还应注意的是，礼制对古代中国人的制约作用，是从礼的"尊尊"本质中引出的。礼要把"尊尊"的宗旨变成人们日常的行为乃至心理积淀，于是在人与人的关系中，便强调敬与让的观念。"礼，国之干也。敬，礼之舆也，不敬则礼不行，礼不行则上下昏，何以长世？"（《左传·僖公十一年》）"敬让也者，君子之所以相接也。"（《礼记·聘义》）敬，就是敬人、贵人；让，就是卑己、贱己。敬让之道，在当时无非就是从各个方面把政治上、经济上的等级差别加以凝固，使之鲜明。这样，"不自尚其事，不自尊其身"，"卑己而尊人，小心而畏义"（《礼记·表记》），既维护了尊者的威望和利益，又显现了等级名分的从属关系，使礼的规定性在"尊尊"的旗帜下发挥着特殊的社会作用。

纵观中国古代社会，"天有十日，人有十等"，这种从周代以来就有的强烈的等级观念，是和礼制相连难分的。王臣公，公臣大夫，大夫臣士……一层驭一层，层层相隶属。君臣、父子、夫妇、兄弟、朋友的"五常"关系中，又由汉儒提炼出君为臣纲、父为子纲、夫为妻纲的"三纲"，而三纲五常的内核，即等级隶属关系，是贵贱、尊卑、长幼、亲疏的纲要。如果说君臣、父子、夫妇只是笼统的概括，那么五伦三纲则是具体的分类和范畴。由君臣父子推演的尊卑贵贱的诸多社会关系，形成强大的关系网，尤其是政治、经济的严格等分，附以血缘的纽带，使个人有强烈的隶属感。所以礼制对社会生活及方式的控制，不单是用人们的消费等级分配来体现人对人的统治意志，而且强化了等级统治的序列，实际上代行了宗教的职责。在中国古代社会，人们在礼制重重网罗的管制、说教和熏陶下，民族心理愈来愈趋向克己、苟安、知足。在谨守礼制的情况下，当然很难有独立自足与人人平等的意识崛起。直到近代中国觉醒时，变革才从反礼教开始。

通过以上探讨，可知礼制与等级观念以及相应的儒家理论，不仅把君王抬到了金字塔顶，而且也使所有的臣民变得既不自立又无自由，相应的等级制度统治一直束缚着古代的中国人。并且在等级制的顽固存在和发展下，在观念上论证等级合理性遂成为统治阶级代言人的一大任务，这从儒家关于讲"分"、讲"别"、讲"贵贱"的礼的理论中得到集中反映，而且这种等级理论十分发达，同时又贯彻到社会实践之中，儒家思想能走向独尊的地位并统治中国社会两千多年，社会等级结构稳固不能不说是一个最重要的原因。

我不否认儒家有些理论在中国历史上曾起过有益作用，但儒家等级贵贱的理论与规定也确实对中国古代社会产生了消极的影响。我认为，中国古代的等级制度不像西欧中世纪那样僵化和稳固，但并不影响它的发达和具有自己的特点。这个特点前面已有论述，就是多元性和成员的流动性。多元性表现在不同的等级系统，如爵制、官品、门第、户等、职业贵贱及民族等差等；流动性指等级中的成员因种种原因有升降和贵贱对流。等级的多元性和成员的流动性并没有打破等级，反而使等级制度更加坚固，成为中国政治制度史和社会文明史上一个突出的历史现象。其中的妙道恐怕与儒学的统治地位不无关系，也与儒家思想自身的发展演变有关。

第一章 等级与服饰

在中国古代社会中，衣冠服饰占有极其特殊的地位，它不仅被用来御寒护肤，美化生活，而且是区别社会等级、维护皇权的一种重要手段。在"二十四史"中，几乎每部都有专门记载服饰盛典的"舆服志"，故人们把古代中国称为"衣冠王国"。

《左传·定公十年疏》云："中国有礼仪之大，故称夏；有服章之美，谓之华。""华夏"名称与服饰衣冠同条共贯。从夏、商时发展的服饰产物，到西周时逐渐形成冠服制度，秦汉时期基本完善。从此，帝王后妃、达官贵人以至黎民百姓，衣冠服饰都有了一定的区别。历代统治阶级依据一套礼制来实现对社会的管理，装饰于人体外表的重要生活必需品——服饰，在社会生活中自然成了表示身份、区别等级的标志。关于服饰"尊卑有序、上下有别"的印记，《后汉书·舆服志》说得十分明确："夫礼服之兴也，所以报功章德，尊仁尚贤。故礼尊尊贵贵，不得相逾，所以为礼也。非其人不得服其服，所以顺礼也。顺则上下有序，德薄者退，德盛者缛。故圣人处乎天子之位，服玉藻邃延，……所以副其德，章其功也。"皇帝处于等级社会的顶点，掌握着最高的权力，在服饰标志上自然最为显著，周代就有了天子专用的衮冕服，《左传·桓公二年》说："衮冕黻珽，带裳幅舄，衡紞紘綖，昭其度也。""火龙黼黻，昭其文也。"衮即画卷龙于衣；冕即头上戴的冠类首服；黻即佩带下的蔽膝；裳即下身着的裙子；舄即厚底鞋；衡，维持冠者；紞，悬瑱的丝绳；紘，垂绕笄的饰物；綖，冕板。这些饰物都是昭明其制度，有尊卑等差之别。再加上冕服上的十二章纹饰、日、月、星、龙、山、华虫（雉）、宗彝（宗庙祭祀用的虎蜼纹樽）、藻、火、粉米等，含有规劝人君不尊大、不听谗、明是非、求大德、安镇四方、应机布教、率土归命等多重意义，不仅象征仰视俯察天地万物之象，而且显示最高等级的隆贵。

唐代高髻女立俑

唐代红袍男立俑

唐代蓝袍男立俑

尽管后世历代的冕服有所演变，但帝王唯以衮冕为尚，无论是祭祀天地、五帝，享先王、先公，飨射，祭社稷；还是群小祀，等待诸侯的朝觐等活动，都要使用冕服，尤其是在婚礼、朝会、朝贺、册封、登基之时，更突出帝王至高至尊无比的地位。这样，衮冕成为一种区别等级的政治工具。

古代中国人对服饰形式的等级区分，与当时对世界模式的认识有很大的关系。阴阳概念是古代中国人对世界的一种朴素的辩证概括。他们不仅用阴阳解释天地万物等具体现象，而且以此解释动静刚柔等抽象事物，自然也将这种思想推及服饰。把服饰与皇权、等级正式联系起来的文字记载，最早见于《易经·系辞》："黄帝、尧、

河南洛阳龙门安菩墓出土
唐代三彩文吏俑
洛阳市文物工作队藏

河南洛阳出土
唐代三彩武士俑
河南博物院藏

舜垂衣裳而天下治，盖取诸乾坤。"后人对此解释道："乾天在上，衣象，衣上阖而圆，有阳奇象。坤地在下，裳象，裳下两股，有阴偶象。上衣下裳，不可颠倒，使人知尊卑上下，不可乱，则民志定，天下治矣。"（《古今图书集成·礼仪典》）衣裳具有区别尊卑、昭明等威和治理天下的功能，这无疑是受到中国古代特殊的社会等级结构和意识形态的深刻影响。

"五行说"也是古代人们对自然现象的一种认识。此说认为世界是由金、木、水、火、土五种物质构成的。后来五行的内涵逐渐丰富，春夏秋冬、东西南北、酸甜苦辣等均为五行说所辖。战国时齐国人邹衍提出了"五德终始说"，进一步把五行与皇权、道德以及颜色联系起来，他认为古代帝王的更迭递嬗是按五德相胜的次序进行的，即依土—木—金—火—水的次序循环更替。黄帝居土德，夏禹居木德，商汤居金德，周文居火德，而水德在战国时还没有找到合适的代理者。秦始皇统一全国后，推终始五德之传，以周为火德，秦代周德，从所不胜。方今水德之始，改年始，朝贺皆自十月朔，衣服旄旌节旗皆上黑（《史记·秦始皇本纪》）。可见，从秦代开始，衣冠服饰颜色的演变便与政治生活正式发生了密切联系。

在长达两千多年的封建社会里，服饰的等级规范化成了大一统政治和道德秩序的体现，会同中国文化中的其他特征，对中国古代社会的生活习惯、风俗传统、社会发展有着不可忽视的影响，特别是服饰类型、颜色和式样与官位等级连为一体，更将政治状况渗入服饰之中。因此，每一朝的服饰变化常常是新观念的象征，没落的等级和保守的阶级自然要把突破传统规范样式的服饰视若洪水猛兽了。尽管服饰并不是意识形态本身，但在等级社会形态相对稳定的漫长岁月中，它恰恰充当着政治要求和道德伦理的象征，成为中国古代等级社会外在形制的标志。

一、服饰色彩

服饰与色彩总是不可分割的，但颜色本身的分别却是很重要的，不管是婚礼、丧礼、祭祀等活动时穿着的公服，还是日常居家穿着的私服，都以颜色来指示穿衣者的等级身份和社会地位。虽然关于服饰色彩的限制因各代所崇尚的颜色有所不同，因而也规定不一，但其意义相同，无非就是标识贵贱尊卑。

据文献记载，衣裳最早的颜色为上元（玄）下纁。选择这样的色彩，也是基于古人的阴阳观念，"帝作冕，垂旒充纩，为玄衣黄裳，以象天地之正色"。"作衣裳以被之于身，垂绡为衣，其色玄而象道；襞幅为裳，其色纁而象事。法乾坤以示人，使民知君臣父子尊卑贵贱，莫不各安其分也"（《古今图书集成·礼仪典》）。元（玄）色是黎明前天空的颜色，而纁色则是大地的颜色，如此，服饰便与天地尊卑结合在一起，当君主穿着黑色上衣（即玄衣）与绛色围裳（纁裳）时，级别的高贵自然显露。

先秦时期以长幼而言，年长者衣长，而少者衣短；以地区而言，南方以气候炎热其衣多宽大，北方寒冷而衣服多窄小；以男女而言，男人衣裳皆异色，唯妇女之服则上下同色。《礼记·王制》中有："殷人冔而祭，缟衣而养老。"故说明殷人穿衣崇尚白色。《周礼》则说周人崇尚紫色。有些上色是贵族或有官位的人专用的，所以这几种颜色对于庶人便是禁忌，不许服用，他们只能穿用这些上色以外的颜色，以标示官吏、士庶、贱民之间的界线。

按"五德终始说"的观点，帝王应各据一德，如此循环往复。周为火德，秦既代周德，灭火者水，故秦得水德，崇尚黑色。但不是衣服旌旗一切均黑，不杂以他色，因为"玄"色虽指黑色，也指黑红色，绛裳就纯粹为红色的下裙了，秦始皇陵出土的彩绘陶俑进一步证实了这一点。至于后宫中"宫人令服五色花罗裙"亦较普遍。一般来说，秦官三品以上者规定服绿袍深衣，以绢为之，而庶民则只能穿白袍。（见《中华古今注》）汉承秦制，百官服色基本沿用秦时服制，虽有四时服色，但凡朝会必穿黑衣。自高祖至景帝均未采用"五德终始说"。一直到汉武帝时，海内升平，疆域大扩，汉武帝便自比黄帝，确立汉居土德，"正历，以正月为岁首，色上黄，数用五，定官名"（《汉书·武帝纪》）。黄色于是成为汉代皇权的象征，皇帝祭后土、拜泰皇、禅泰山等典礼均"衣上黄"，因而这一时期正朔服色尚黄。至成帝时又申禁奴婢、女乐等被服绮縠等，又说青、绿两色为民所常服，可勿禁；大抵以青、紫为贵者燕居之服，微贱者不得用此二色，因为青、紫色与高官所佩的绶色相类似。

东汉建立后，确定汉乃应火德而有天下，所以以红色为最尊，在车旗服饰上用红色正式取代了秦代以黑色为尊和西汉一度以黄色为尊的地位。东汉百官服色分五色,随季节更换,与四时迎气之制相适应。据《后汉书·舆服志》记载,五时色朝服,就是春用青色,百官戴青帻,穿青衣,立青色幡;夏用朱色和黄色,车旗服饰全又换成红色;郡县官吏服色为黄;秋用白色;冬用黑色。礼仪迎毕再换成绛红色。但上朝入署则皆穿着皂衣,如《汉书·萧望之传》"(张)敞曰:敞备皂衣二十余年"。又如淳曰"虽有五时服,至朝皆著皂衣"即是。至于一般吏士衣裳的颜色也有变化,如骑士在秦代用皂裤,在汉改用绛裤。伍伯等服缇衣(丹黄色),缥衣赤帻,其他如奴客缇骑、武士亦可服此色。卫士等则服黑衣。官府趋走贱人或奴客普遍用白衣、白巾,不戴冠。等级身份的差别一看服饰色彩便可清楚。

当然,人们为了追求新奇,对服饰颜色也多有变更。如汉灵帝喜好胡服,遂使之成为一时流行的服装。外戚骄纵无度,他们往往别出心裁,如梁冀就"作平上軿车,埤帻,狭冠,折上巾,拥身扇,狐尾单衣"(《后汉书·梁冀传》)等。京师贵戚及地方豪富竞相效法。士林中的清谈之士,为了显示自己的清高和儒雅,则又多以葛巾和深衣作为装束。连仕宦之人为了附庸风雅,招揽名誉,也戴葛巾,穿深衣,而公卿之类却往往弃而不服。其结果,一方面正式礼仪上服饰色彩等级制度十分完备,一方面日常服饰色彩则发生了很大变化,流行颜色变化多端,在社会各个阶层中引起强烈反响。[1]

两汉之后,阴阳五行学说已非昔日那样走红和受宠,人们对服

---

[1] 林剑鸣:《秦汉社会文明》,西北大学出版社,1985年,第188页。

饰颜色的选择也不像秦汉时那样受到严格限制。魏晋时代统一的中央集权统治崩溃，割据集团斗争日益残酷，各阶层逃避现实矛盾，生活上重在消遣颓废，加上佛道对社会风俗的影响，彼时人们衣着的色彩与秦汉时期流行的色彩大不相同。如上自王公名士，下及黎庶百姓，皆以宽衫大袖、褒衣博带为尚，服装色彩则崇尚素雅，尤以白色为多，即便在喜庆婚宴等场合，亦多穿着两襟敞开的白衫。《东宫旧事》记载："太子纳妃，有白縠、白纱、白绢衫，并紫结缨。"可知白衫不仅用作便服，也可当作礼服。

如果说魏晋历史短促，那么自南北朝以来，北方各族入主中原，不免将北方民族的服饰带到了这一地区，同样，汉族的服饰制度也被他们大量接受，北魏孝文帝太和十年始服衮冕服饰，十八年革其本族的衣冠制度，十九年引见群臣时并班赐百官冠服。这一时期服饰中突出的是"裤褶服"，因为北方民族习于骑马，衣着大多以衣裤为主，即上身着褶，下身穿裤。此种固有的北族常服，用皮或罽制作，颜色有黑、黄、青、白诸类，贵族常常选用锦绣织成，色彩更是斑斓多姿。一般人则上身服朱衣而下着白裤，就是朱衣大口裤。《旧唐书·舆服志》载："北朝则杂以戎夷之制。爰止北齐，有长帽短靴，合袴袄子，朱紫玄黄，各任所好。虽谒见君上，出入省寺，若非元正大会，一切通用。高氏诸帝，常服绯袍。"北齐天子着绯绫袍，百官士庶也穿同服，只不过有些贵臣多着黄文绫袍罢了。这说明北朝服饰是并用各种颜色的，没有固定服色等级的特点。到北周时，才用五色或红、紫、绿等色作为官品等级区别，并且镶滚以杂色的领边和衣裾,他们称之为"品色衣"。《周书·宣帝纪》载:"(大象二年)诏天台(宣帝传位后所居之处)侍卫之官,皆著五色及红紫绿衣,以杂色为缘,名曰品色衣。有大事,与公服间服之。"据此可知品色衣在北朝作为朝会时官员之服。

南朝的衣式大抵趋尚于博大,人们虽内里穿着衫、袄(襦)、裤等,但外面也必以裙笼之,服饰受东晋影响较大,故色彩也以白色为多。帝王百官平时穿着一种类似短袖的衣服,称"半袖",颜色用缥色(淡青色),因不是正式会见中穿着的正服,所以后世史家称之为"服妖",这也反映出当时色彩制度不定,色泽的特点并没有和阴阳五行说密不可分。

隋代服饰在初期除妇女犹受齐梁风气影响外,其余均保存北齐以来北方民族的习惯形制,没有特殊变化。因为《隋书·礼仪志》重定服制,主要是社会上中层官服有了统一式样,实总结汉晋南北朝以来有关舆服叙述,加以概括,裁长补短而成。事实上两晋南北朝流行衣着部分还在应用,彼此虽小有差异,基本上是相同的。[1] 当然,在重新厘定汉族的服饰制度过程中,隋朝也考虑过阴阳五行说的影响,"汉尚于赤,魏尚于黄"(《隋书·礼仪志》);隋文帝认为自己"初受天命,赤雀来仪"(《隋书·礼仪志》),"五德相生,赤为火色"(《隋书·高祖本纪》)。这样应该依火德而崇尚红色,但实际上"尚色虽殊,常兼前代"(《隋书·礼仪志》),只是"朝会之服、旗帜、牺牲尽尚赤"

---

[1] 沈从文编著:《中国古代服饰研究》,商务印书馆香港分馆,1981年,第158页。

(《北史》卷十一《高祖文帝纪》)。后来裴政认为"以赤为质，既越典章"，将崇尚红色作为谬误革除。平定陈朝之后，因陈朝"百官常服，同于匹庶，皆著黄袍，出入殿省"。所以"高祖朝服亦如之，唯带加十三环，以为差异，盖取于便事"(《隋书·礼仪志》)。关于隋文帝穿黄色朝袍一事，《隋书·高祖本纪》还特别记载："(开皇元年)秋七月乙卯，上始服黄，百僚毕贺。"可见当时服饰色彩并没有按五德相胜的次序进行。

隋代在中国古代服饰史上最重大的变革，是以固定的颜色来区别等级。大业六年隋炀帝正式下诏："贵贱异等，杂用五色。五品以上，通著紫袍，六品以下，兼用绯绿，胥吏以青，庶人以白，屠商以皂，士卒以黄。"(《隋书·礼仪志》)从此，人们改变了以"五德终始说"来确定服饰颜色的做法，而代之以按官职品级各具色彩，紫色成了高级官僚的特许服色。正如后人所说："以紫、绯、绿三色为九品之别，本非先王之法服，亦非当时朝祭之正服，今杂用之，亦以其便于事而不能改耳。"(《文献通考》卷一百二十二《王礼考》)

唐承隋制，服饰仍以"贵贱士庶，较然殊异"为目的。因隋朝帝王听朝用赭黄文绫袍，唐高祖也以赭黄袍巾带为常服，其带以一、二品用金銙，六品以上用犀，九品以上用银，庶人用铁来分等级。不久因天子穿着的黄袍渐转为赤黄色，"遂禁士庶不得以赤黄为衣服杂饰"(《旧唐书·舆服志》)。武德四年规定三品以上着紫色绫罗袍衫，带饰用玉；五品以上穿朱色细绫袍，带饰用金；六品以上服黄色丝布绫；六品七品穿绿色袍衫，带饰用银；八品九品用青色，饰以鍮石。

流外官员以及庶人可穿紬、丝、布，饰用铜铁，通用黄色，乌皮靴也可贵贱通用。这就比隋朝旧制又进了一步，为官服色彩与官品地位联系起了承上启下的作用。

随着政权巩固，官署机构稳定，贞观四年又规定：三品以上服紫，四品用绯色，五品用浅绯，六品服深绿，七品服浅绿，八品用深青，九品用浅青，流外官及庶人用黄色。妇女随从丈夫官品服用相应的色彩。"虽有令，仍许通著黄。"（《旧唐书·舆服志》）这就详细地划分了服饰色彩代表的等级。高宗龙朔二年曾因"深青乱紫，非卑品所服"，一度改八品九品着青为着碧，但十年后又恢复八品九品穿着青色的制度。唐代的服色虽各个时间有所变更，但大抵以紫、绯、绿、青四色作为官品高卑的规定，流外官及庶民便不得混用此类色彩，只能穿用黄、白二色。紫、绯、绿、青四色不但不许僭用为衣，就是以这类颜色作为里衣、内衣亦所不许。咸亨五年因在外官人和百姓不依令式，袍衫外衣如制，而内穿紫、绯、绿、青等色的短衫袄子，有的人竟在闾野公然露服，贵贱莫辨，等级不分，因此下敕严禁。（《唐会要》卷三一章服品第）马端临《文献通考》曰："按：此紫、绯青、绿为命服，昉于隋炀帝巡游之时，而其制遂定于唐。"《唐音癸籖》也说："唐百官服色，视阶官之品。"都是说从隋唐开始，以服色定等级，以颜色别官职的。

令人瞩目的是，高宗总章元年因洛阳县尉服黄，夜行被人击殴，所以禁止一切人不得着黄。当然，天子常服还是赤黄、浅黄袍衫，并从此后黄袍逐渐成为皇帝的专用服饰，"黄袍加身"，就意味着登上帝位。五代沿袭唐制,皇帝穿赭黄袍。赵匡胤在统军夜宿陈桥驿时以黄袍加身而称帝,所以宋代除帝王外,其他臣僚是不准用黄颜色的。黄色与皇权的对应关系,真正确立始于元代。元朝在勘定服色等级时明文规定:庶人不得服赭黄、浅黄。明代又将黄色的禁忌进一步扩大,官民一律禁用黄色。在明、清两朝,明黄色成了皇权最高等级的象征,这种情况一直延续到清朝灭亡才告终止。

宋代的公服(也叫从省服)继承唐制,以服色来分别官职的大小,三品以上用紫色,五品以上朱色,七品以上绿色,九品以上青色。宋神宗元丰年间服色略有更改,四品以上紫色,六品以上绯色,九品以上绿色。(《宋史·舆服志》)到南宋时,百官的衣服由公服改为紫窄衫,号

宋太宗像

为"穿衫尽巾"。有时甚至"公卿皂隶下至闾阎贱夫皆一律矣"(《云麓漫钞》卷四)。据研究,这种"衣服无章,上下混淆"的情况在北宋、南宋许多地方都不断出现过。[1]这或许是战乱造成的衣冠"逾僭",毕竟是不合制度的。正常情况下,"自缙绅而下","衣服递有等级,不敢略相陵躐"。《石林燕语》载:"国朝既以绯紫为章服,故官品未应得服者,虽燕服亦不得用紫……(太平兴国中)禁品官绿袍,举子白纻,下不得服紫色衣。"至道中,弛其禁。举人服皂,公吏、工商、伎术,通服皂白。燕服即所谓在家时穿的私服。因此,一般人的服装只能用黑、白二色。《宋史·舆服志》云,皇祐、至和年,禁

---

[1] 朱瑞熙:《宋代的服装风尚》,《文史知识》1989年第2期。

清代绿色缎绣缀砗磲珠璎珞衣
故宫博物院藏

清代云龙纹缂丝龙袍
美国波士顿美术馆藏

天下衣黑紫服者。天圣年间则"不得衣黑褐色地白花衣服,并蓝、黄、紫地撮晕花样"。这都是对服色与纹样的禁例。《东京梦华录》中描述:"其士农工商,诸行百户,衣装各有本色,不敢越外。……街市行人,便认得如何色目……"可见,从各色人物的衣着颜色,即可知道他们从事哪行哪业,可见通常的装束可以体现等级制度。

明朝建立后,首先禁止蒙古族的服饰,衣冠悉如唐代的形制,洪武二十六年规定,官员公服一品至四品绯袍,五品至七品青袍,八品、九品绿袍,未入流杂职官员八品以下同。儒士、生员、监生要穿着玉色襕衫,宽袖皂缘,戴软巾垂带,后改为青团领。各衙门小吏则穿皂衣,洪武十四年又改为淡青色。宦官内臣们穿二色衣,即上身用

清代龙纹女夹龙袍
故宫博物院藏

第一章 / 等级与服饰

葛，下折则用深蓝或玉色的服装。崇祯末年，曾命其子易服青布棉袄，紫花布袷衣，白布裤，蓝布裙，白布袜，青布鞋，戴皂布巾，扮作百姓的装束以便避难，这也就指出了当时人民的一般服饰。明代对服饰制度的厘定，整整用了三十年，从洪武二十六年确定主要服装后，数百年间没有大的变动，像不许官民着用黑色、黄色和紫色等，一旦出错，处罚都是很严厉的，直到万历年间以后，禁令才逐渐松弛。但市井富民虽穿纱䌷绫罗，颜色却只用青、黑，不敢标新立异，往往只在领上用白绫或白绢护之，示与仆隶有别。明代民间妇女的袍衫只能用紫、绿、桃红及诸种浅淡颜色，不许用大红、鸦青、黄色，他们的礼服也只能用紫染色。（《明会典·冠服二·士庶巾服》）

清代官服上分别官职品级的，主要视其冠上的顶子、花翎，补服上所绣图案和褂服质料，不完全像前代用服饰色彩来辨认等级，但服装颜色仍有严格的禁例。顺治时期规定：公、侯、伯、一品、二品、三品、四品等官，凡黄色、紫色、秋香色、玄色、米色俱不许穿，除上赐者才能穿。嘉庆以后庶民渐渐有用秋香色为衣者，其后玄色、米色陆续解禁。品官的行褂有一个时期称得胜褂，自傅恒征大小金川回京后，此褂风行一时。最初喜欢穿天蓝色的，后来崇尚玫瑰紫；福康安爱穿深绛色的，效仿者称之为"福色"。嘉庆、道光以后，民间也普遍采用了这种颜色。（《啸亭续录》卷三）

在服饰色彩的规定中，有时对商人特加贱视，不与庶人同列，因之服色别有限制。至于奴仆、娼优、皂隶原为人所不齿的贱民，服色更是不同于常人，以区别良贱等级。汉时，苍头（黑巾）白衣为奴隶之服；隋代屠商必须服皂色；唐代的部曲、客女、奴婢则通用黄、白，客女及婢女通服青、碧两色；元时，以娼妓多与官员士庶同着衣服，难分贵贱，遂制定娼妓服色，穿着紫皂衫子，戴着冠儿，连娼妓家长与亲属也必须男裹青巾，妇女戴紫抹。明制，教坊司伶人，常服绿色巾，乐人衣服限用明绿、桃红、玉色、水红、茶褐颜色，系红绿褡襻；乐伎穿皂褙子；皂隶公使人穿皂衣（后改用淡青色）。清代，奴隶、优伶、皂隶不得穿石青色衣服。关于服饰色彩的清规戒律以及逾制惩罚的条款还有许多，但都集中反映了官位与服色的政治关系，表现了等级制度的森严万象。

二、花纹图案

在中国古代等级社会中，服饰上的花纹也是区分尊卑、辨别等级的重要标志。花纹用在服饰上被赋予等级的含义，不仅是中国等级社会结构所致，也是中国古代文化中一枝畸形的花朵。

现有考古资料表明，纺织品上最早出现的纹饰是战国织锦上双菱形内夹小花图案。[1]但从商代墓葬中的玉石陶铜雕像俑和玉佩来看，当时已有精美的花衣，据分析是提花织物做成，并根据"俑"象征的权威，说明商代已用不同质料、色泽、花纹来表现本人的"等级"。西周墓葬出土的玉人衣着，更说明已出现叫"黻"的丝绸绘织绣花纹，

---

[1] 吴淑生、田自秉：《中国染织史》，上海人民出版社，1986年。

黼纹锦绣成为象征特殊身份的重要凭证。所以《虞书·益稷》篇中记有："予欲观古人之象，日、月、星、辰、山、龙、华虫作会，宗彝、藻、火、粉米、黼黻絺绣，以五采彰施于五色作服，汝明。"这十二种花样（即十二章花纹）的记载，应该说大体上是有依据的。《周礼·司服》说当时纺绩、练漂、染色以至服装制造都设有专门机构，并与西周等级制度相适应，产生了完整的冠服制度，作为礼仪的表现形式。特别是由冕冠、玄衣及纁裳等组成的冕服，成为帝王百官参加凶礼、吉礼、军礼、宾礼和嘉礼必不可少的表示身份的服饰，而冕服上的"十二章花纹"也成为以后皇帝服饰的专用花纹。为何选择这些花纹作为标志，后人解释道："日月星辰取其照临也；山取其镇也；龙取其变也；华虫（雉）取其文也，会，绘也；宗彝（宗庙祭祀用的虎蜼纹樽）取其孝也；藻（文草）取其洁也；火取其明也；粉米（白米）取其养也；黼若斧形，取其断也；黻为两己相背（亚形），取其辩也。"（《古今图书集成·仪礼典》）这样天子就如日月星辰，光照大地；如龙，应机布教，善于变化；如山，行云布雨，镇重四方；如华虫之彩，文明有德；如虎蜼，有知深浅之智，威猛之德；如水藻，被涤荡洁净；如火苗，炎炎日上；如粉米，供人生存为万物之依赖；如斧，切割果断；如两己相背，君臣相济共事。把这"十二章"的含义综合起来，就是皇帝应具备的至善至美的品德。冕服上隆重的纹饰含义，绝不是随意的附加物或对服饰的美化，而是身份等级的标志。

《周礼·司服》云："公之服，自衮冕而下如王之服；侯伯之服，自鷩冕而下如公之服；子男之服，自毳冕而下如侯伯之服；孤之服，自希冕而下如子男之服；卿、大夫之服，自玄冕而下如孤之服。"这是以职位高低而定各官的冕服。这样，公与天子则可同服衮冕，侯伯可同服鷩冕等，但绝不是没有分别，除所戴的冕旒玉数量各有不同外，最明显的是天子衮服有升龙、降龙的纹样，而公则只有降龙的纹样，余下依次降等。秦、西汉的冕服制度言而不详，王莽改制时有拜受衮冕衣裳及皮弁素积，因战乱又失其形制，后汉孝明帝永平二年重订古制，天子冕服备绣日、月、星辰十二章，三公、诸侯用山、龙九章，九卿大夫以下用华虫七章，这样不仅视礼节轻重而递减，也使章纹有了"昭名分，辨等威"的作用。魏晋因袭东汉制度，唯天子冕服用刺绣，公卿等用织成的纹样，其间南北朝对章纹各有损益，北周之制，以冕数和章纹分别降差，以九章、八章、七章、六章、五章、四章、三章作为区别公、侯、伯、子、男、上大夫、下大夫、士的服装标准。自隋以来，天子只用衮冕，自鷩冕以下不再使用，但却以官品厘定章纹等级。唐代继承并发展了隋制，用衮冕九章、七章、五章、三章、一章的衣裳纹样，来区分一品、二品、三品、四品、五品官员的等级，从而使章纹花样与官品等级的配合成熟完备。此后，章纹前衣后裳虽有所变异，但冕服等级的形制大体上没有更动。明代加强皇权专制后，除天子及皇太子、亲王、郡王、世子有冕服外，公侯以下皆不许用冕服。[1] 显然，汉代以后"十二章"的作用已远远超出了花纹的寓意和修饰功能，体现出鲜明的等级色彩，上下有序、

---

[1] 周锡保：《中国古代服饰史》，中国戏剧出版社，1984年，第24页。

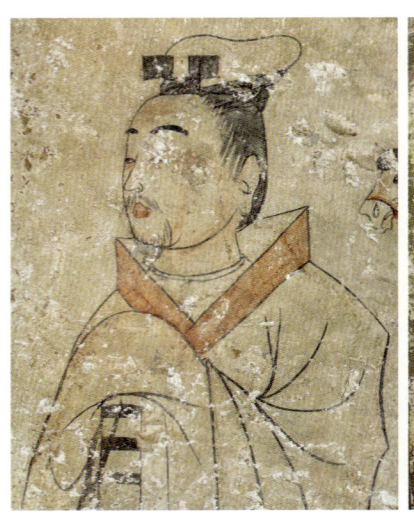

北齐文吏服饰
山西朔州水泉梁北齐墓壁画

唐代文吏服饰
陕西富平节愍太子墓壁画

唐代内侍服饰
陕西乾县懿德太子墓壁画

  贵贱尊卑的等级意识借完善的品、阶、爵、勋与公、孤等官僚制度得到了保障，表明以皇权为中心的等级制度日趋巩固。

  从文献记载来看，帝王使用除"十二章"以外的纹饰在南朝萧梁时期已有。天监七年"诏旨以王者衮服，宜画凤皇，以示差降"（《隋书·礼仪志六》），并根据"十二章"纹饰演变出其他图纹，如由"宗彝"演变出青兽，由"华虫（雉）"演变出鸾凤、禽鸟，由"藻"演变出圆花等等。并把龙凤并列为服章纹式。隋朝统一全国后，在此基础上又有所损益，像皇后袆衣、鞠衣上都出现了"小花十二树"等纹饰。

  到唐代，无论是从出土文物还是从史料记载上都可以看到纺织品上有大量花卉、禽兽的纹样，唐初蜀锦中的对雉、斗羊、翔凤、游麟等图纹层出不穷，绫罗锦绣中所织成的盘龙、对凤、麒麟、狮子、

唐代宫女服饰
陕西乾县
永泰公主墓壁画

第一章 / 等级与服饰　063

天马、辟邪、孔雀、仙鹤、芝草、万字、双胜等复杂图纹也大量出现，精美的丝织物不仅是纺织技术的进步，更重要的是社会各阶层的需求，这就为服饰花纹发展奠定了物质基础。如果说这一时期外来文化的传播，佛道兴盛的影响，北朝以来"胡化"的延续都造成了服饰花纹的突破，那么花纹兽图禽画被赋予等级的标志则是传统等级制度与观念所形成的产物。武则天称帝后，大搞改唐为周的"革命"，延载元年明文规定了各级官员服装的专用花纹：诸王饰以盘龙及鹿，宰相饰以凤池，尚书饰以对雁，左右将军饰以麒麟，左右武卫饰以对虎，左右鹰扬卫饰以对鹰，左右千牛卫饰以对牛，左右豹韬卫饰以对豹，左右玉钤卫饰以对鹘，左右金吾卫饰以对豸。而文武三品以上，左右监门卫将军袍衫则饰以对狮。唐玄宗开元十一年，又诏

宋代摹唐张萱《捣练图》

令给予袍者，千牛卫为瑞牛，左右卫为瑞马，骁卫以虎，武卫以鹰，威卫以豹，领军卫以白泽，金吾卫以辟邪，监门卫以狮子。唐文宗太和六年敕三品以上许服鹘衔瑞草、雁衔绶带以及对孔雀绫袍袄。这种对豸、对鹿及对狮的纹饰袍，在出土的唐代织品中很多，体现了唐代服饰纹样的显著特点。尽管唐代的鹿、雁、鹰、麒麟、狮子等禽兽所代表的等级，后来因各朝官制的不同而变异，但把禽兽花纹作为等级服饰，无疑是从唐代开始的。例如豹在唐朝为第八等级官员的专用花纹，到明朝上升为三品武官的专用纹样；而唐朝第三等级官员专用的雁，到明朝则为四品文官所用。唐朝官服上所使用的禽兽花卉图纹，到明代则演化成了官服上的补子。因此，唐朝这种"绣袍"服装的襟（衣前）背（衣后）两面绣缀以禽兽纹样，确

实可说是服装纹饰的新发展。

宋代公服沿承唐制，却没有以花卉禽兽花纹作为官职品级识别的标志。但宋代按季节颁赐各官的时服，大多是以各式有鸟兽纹样的锦纹衣料做成的。如中书、门下、枢密院、宣徽院、节度使等和皇亲大将军以上则用天下第一等乐晕锦；三司使、学士、中丞等用簇四盘雕细锦；三司副使等用黄狮子大锦；防御团练使、刺史等使用翠毛细锦；诸班及诸军将校有云雁细锦、狮子、练雀、宝照大锦等七等；知代州给以御仙花锦；雍熙年间赐节使皂（黑）地金线盘云凤鹿胎旋神，侍卫步军都虞候以上为皂地金线盘花鸳鸯纹锦；等等。这样，文武百官的品级，通过服装花纹仍能得到表现，位尊者的等威丝毫不会降低。

随着花纹品种的增多，皇帝服饰的专用花纹也发生了变化，大大超出了"十二章"的内容。元朝延祐元年定服色等第时，禁令所有人不许用龙凤纹，因为"比年以来，所在士民，靡丽相尚，尊卑混淆，僭礼费财，朕所不取。贵贱有章，益明国制"（《元史·舆服志》）。而元代男子公服多从汉俗，以绫罗为长袍，大袖盘领，下长过膝，官职等差，则在颜色及纹样上表示。例如一至五品，袍用紫色；六至七品，袍用绯色；八至九品，袍用绿色。所绣纹样，一品用大独朵花，花径五寸；二品用小独朵花，花径三寸；三品用散答花，花径二寸，无枝叶；四、五品用小杂花，花径一寸五分；六、七品用小杂花，花径一寸；八品以下则不用纹饰。如此，只要看服装的颜色和花径的大小，便可知道着衣者的高贵程度。

明朝废弃元朝服制，上采周汉，下取唐宋，对服饰做出新的规定，尤其在花纹样式方面做了更具体的规定。洪武二十四年定制，官员常服用补子分品别级。这种常服指职官在本馆署内处理公务时穿着的团领长衫，实际上也是一种公服。除公、侯、驸马、伯用麒麟、白泽外，其余如下：

文官		武官	
一品	仙鹤	一品	狮子
二品	锦鸡	二品	狮子
三品	孔雀	三品	虎豹
四品	云雁	四品	虎豹
五品	白鹇	五品	熊罴
六品	鹭鸶	六品	彪
七品	鸂鶒	七品	彪
八品	黄鹂	八品	犀牛
九品	鹌鹑	九品	海马
杂职	练鹊		
风宪官（法官）	獬豸		

这种补子纹样的规定，在正德十三年曾有过短暂改易，到了明中期及后期，文官尚能遵行纹样制度，而武官就不遵循了，如初尚服虎豹补子，后则补子概用狮子，也不加以禁止，锦衣卫至指挥、

佥事而上亦有服用麒麟补子者。此外，还有葫芦、灯景、艾虎、鹊桥、菊花等补子纹样，乃是在品服之外随时依景而任意为之。在特恩赐服中，官品低者还可得到公侯的麒麟服或一、二品的仙鹤等服，武宗正德年间，出现蟒衣、飞鱼、斗牛纹样服装，因为蟒极像龙的纹样，仅比龙少一爪而已，飞鱼其形也类似蟒，斗牛其身鳞爪俱全也似龙，所以成为明代服饰中除衮龙服外极为尊贵的纹饰，这几种纹样最初只有一、二品官可用，后遍赐予群臣，甚至连宦官也可得到，形制由此开始混乱，有的在绘绣时有意无意地与蟒龙相近，以炫其贵，因而嘉靖十六年由礼部奏定："文武官不许擅用蟒衣、飞鱼、斗牛，违禁华异服色。"（《明史·舆服志》）如籍抄严嵩家时就有大红织金过肩蟒缎、大红妆花过肩蟒龙缎衣以及金妆斗牛缎的圆领等。

　　清代在官服上区分官职品级等差的，除冠上顶子、花翎外，主要有两个标志：即绣蟒之数和禽兽纹样。袍上绣着蟒纹的蟒袍，又名"花衣"，为官员及命妇的专用服饰，上自皇子下至九品、未入流者都有，一般穿着在外褂之内，它的区别在于服色及蟒的多少，如皇太子用杏黄色，皇子用金黄色，亲王、郡王须赏给后才能用金黄色，自贝勒以下公侯伯以上，赐五爪蟒缎者才能穿用。蟒纹之数则为一至三品绣五爪九蟒，四至六品绣四爪八蟒，七至九品绣四爪五蟒，未入流者也通绣五蟒，各人身份依蟒数而定。清代穿用场所和时间最多的官服是补服，因穿在袍外或称"补褂""外褂"，褂的前后各缀有一块方形补子，绣有飞禽猛兽纹饰来表示官职等级。根据《大清会典图》规定如下：

文官		武官	
一品	绣鹤	一品	绣麒麟
二品	绣孔雀	二品	绣狮
三品	绣孔雀	三品	绣豹
四品	绣雁	四品	绣虎
五品	绣白鹇	五品	绣熊
六品	绣鹭鸶	六品	绣彪
七品	绣鸂鶒	七品	绣犀
八品	绣鹌鹑	八品	绣犀
九品	绣练雀	九品	绣海马

凡都御史、给事中、监察御史、按察使、各道的补服都绣獬豸。贝子以上皇亲（指皇子、亲王、郡王、贝勒）补子皆用圆形，上绣龙蟒，区别是颜色和数额不同，材料质量亦不一样。这种褂服沿用于整个清代，但有着严格的禁例，如五爪、三爪蟒苏缎圆补子，公侯伯和四品以上官不许穿；五爪龙缎、立龙缎、团补服等官民不许穿用；等等。当然，清代后期因日久而致玩忽，捐纳开法网疏，也有不按品级服用者，但毕竟是少数，整个服装纹样的制度并未被破坏。

纵观中国历史，古代服饰花纹发生过多次变化，但这些变化主要不是为了增强服装的审美效果，而是出于强化皇权、巩固等级制度的需要，要在等级社会中通过服装的不同纹样形成物质生活与观念意识的差异，可以说，服装花纹作为等级和权力的象征，表现得确实够淋漓尽致的了。

三、不同质料

服装要呈现等级的高贵，衣料的质量高低自然是倜傥风仪和华而不缛的保证。在古代上层统治集团和下层庶民百姓之间，使用衣料的质地有很大的讲究，并常常由朝廷发出使用范围的禁令。一般来说，锦绣绮罗一类质地精良的纺织品被视为上服，只有上层人物

西汉素纱襌衣
长沙马王堆汉墓出土

可以穿用；而纱麻布丝一类质地粗疏的织物被目为下服，禁例规定只许平民百姓穿着，两者的界限是不能随便混淆的。

例如，汉代抑制商人，锦、绣、绮、縠、絺、纱、縠，都在其禁用之列。而贵族官吏以白色细绫做襦，女子"缃绮为下裙，紫绮为上襦"（《陌上桑》）。平民多用布帛为服，穷苦农民则服麻布短襦袴，连三老五更皆服都纻大袍（即白叠布），奴仆穿着裋褐，一些私居的士大夫也穿着布裤布裙，但两者有天壤之别。

南北朝时，北方上层社会的衣服多用锦彩及刺绣。《周书·崔献传》记载："廛里富室，衣服奢淫，乃有织成文绣者，献又请禁断。"《魏书·高阳王雍传》曰："雍表请：王公以下贱妾，悉不听用织成锦绣、金玉珠玑"，"奴婢悉不得衣绫绮缬……犯者鞭一百。"《北齐书·穆后传》载："武成时，为胡后造真珠裙袴，所费不可称计；石虎出行，从者有女鼓吹，尚书官属，皆着锦裤佩玉。"《邺中记》也描述中尚方的织锦署，锦有蒲桃文锦、凤凰朱雀锦、核桃文锦、大小登高、大小明光、大小交龙以及各色蜀绨等，工巧百数，不可尽名。北朝贵族对衣服质地精细的喜尚，由此可见一斑。

唐代纺织物以丝绸为主，从《唐六典》关于诸道贡赋的记载可知，当时生产了千百种色彩华美、花纹细致的绫罗锦縠、毛织品和百十种植物纤维加工精织的纺织品，像蜀中锦彩，吴越异样纹绫纱罗，河北、河南纱绫，都为国内珍品，除每年入贡长安，还以商品方式在全国市场上大量行销，这就不仅为薄质纱罗做成衣着披帛创造了条件，也为服装花样翻新奠定了基础。但生产者自身却受到严格的法令限制，不能穿红着绿，农民、庶人、部曲、客女、奴婢等只能穿服𬙋、绢、绝（一种次于罗绢的类似布的衣料）、布，甚至只能穿本色麻布衣。有些贱民因贫困，连麻布衣料也难有。一般下级差吏和流外官也不许通用锦、绫及罗绮。劳动人民也只能穿线鞋、蒲鞋或草鞋，以至赤足。在士子还没有进入仕途时，都着白麻衣。《新唐书·车服志》载："士服袍褐，庶人以白。"褐是一种粗麻或粗毛织成的衣服，为平民所服。褐有长有短，亦为隐者所服。《旧唐书·德宗本纪》："（贞元四年）征夏县处士先除著作郎阳城为谏议大夫，城以褐衣诣阙，上赐之章服而后召。"意即阳城先以褐衣见皇帝而后赐之官服。李白有"袍褐风霜人"之句。《因话录》载："吾视毳褐愈于今之朱紫远矣。"毳褐即指士人或一般人的服饰，朱紫即指高官的服装，两个阶层人物服装除颜色纹样外，衣料质地无疑是一个重要界限。

而唐代的达官贵人、高门世家的穿着质量自然不同于上述人物，他们必照等级穿不同花色绫罗锦纱衣服，正如《旧唐书·舆服志》记唐初武德四年敕令："三品以上，大科䌷绫及罗，其色紫，饰用玉。五品以上，小科䌷绫及罗，其色朱，饰用金。六品以上，服丝布，杂小绫，交梭，双䌷，其色黄。"又记载提及官服花绫图案共计六种，"鸾衔长绶、鹤衔瑞草、雁衔威仪、俊鹘衔花、地黄交枝"及"双距十花绫"等名目。开元二年敕令：禁天下"造作锦绣珠绳，织成帖绢二色，绮绫罗作龙凤禽兽奇异文字及竖栏锦纹者"。（《唐大诏令集》卷一〇八）既有政府明令禁止织造，也可证明已经大量生产，且精美必超过一般丝织物，肯定在上层社会中普遍穿着。至于其他绫罗绸缎的名称还有很多，无论是文物出土还是史料记载俯拾皆是、不胜枚举，都能反映贵族百官与士人平民绝对严格的差别，等级制度剥夺了人民群众选择衣料质地的自由，只能穿着粗布素衣。

宋代服装用料的区别亦很严格，如长袍，有官品职位者用锦做面料即锦袍；尚未有官职者则穿白袍；庶人只能穿材料粗而较短的布袍。襦、袄作为庶人日常服装，宋小说《海陵三仙传》中载，唐先生为郡小吏，冬夏一布襦,仅蔽膝。陆游《陈氏老传》也载："业农……衣惟布襦裙，取适寒暑之宜。"当靖康之乱时，士大夫都以绮罗去换贫民的衲袄布裤，以躲避金人的掳掠，这也就说明了平民们平时服装的质料。至于麻布做的裋褐、麻葛做的葛衫等粗衣，更是下层贱民们所穿之服。而官僚们的袍衣，以官职大小分别服用乐晕锦、杂花晕锦、方胜宜男锦、翠毛锦、黄狮锦、方胜练鹊锦以及青荷莲锦等，作为官品等威的区别。特别是宋代织物锦罗绫绮、縠绝纱绉等种类在唐的基础上又有发展，所以官僚贵族们的服装极为考究面料，这也是封建法律允许的。

元代百官上衣连下裳的质孙服（汉译一色衣），按衣料分有冬服九等、夏服十四等，作为官职等级定制。按元制，庶人只许服暗花纻、丝、紬、绫罗、毛毼，乐艺人等服装与庶人相同，但皂隶公使则只许服用紬、绢。到了明朝，庶人男女只能穿用紬、绢、素纱，不准僭用锦、绮、纻、丝、绫、罗，只有官服才许使用。金绣闪色衣服之禁更严，违用者要治罪，衣物没收入官。《明会典·士庶妻冠服》进一步规定：

"军民妇女不许用销金衣服、帐幔,犯者本身、家长、夫、男、匠作各治重罪。"农民之家虽允许穿䌷、纱、绢、布,但有一人为商贾者,亦不许穿䌷、纱;商贾之家更是只许用绢、布。隶卒下贱之人也不许服用纻、丝、纱、罗、绫、绵。所以明朝尽管在各地设染织局,苏、杭、松、嘉、湖五府最为著名,织染的衣料有纻、丝、纱、罗、绫、绸、绢、帛,以及陕西织造极为贵重的羊绒(时称姑绒),但大都送往京

陕西韩城梁带村出土
西周中期至春秋早期
七璜联珠玉组佩
陕西省考古研究院藏

陕西韩城梁带村出土
西周中期至春秋早期梯形牌串饰
陕西省考古研究院藏

陕西韩城梁带村出土
西周至春秋早期玉项饰
陕西省考古研究院藏

师或供各地达官贵人享用，一般百姓是无缘使用的。

清代关于服装用料的禁例更严厉，动辄"事发照例治罪（罪坐家长），物饰入官"（《清律例·服舍违制》）。按照制度，五品以下官员不许穿蟒缎、妆缎、貂皮、猞猁狲等；八、九品以下不得用大花缎纱。杂职及兵民商等只能穿花素、蓝素缎、纱、棉布、夏布等，不许镶领袖，不许穿缎靴及靴上有花样金线装饰，金绣衣服仍为厉禁，连靴袜口也不许镶。庶民男女衣服可以用纻、丝、绫、罗、紬、绢、素纱，但颜色也须格外注意。官民家下奴仆、戏子、皂隶不许戴貂帽，不许穿花素各色缎绫，乐户、水户也同样遵守。这些人只许用棉紬、茧紬、毛褐、葛苎、梭布等粗糙之布。僧道在明清二代都不许服用纻、丝、绫、罗，只准用紬、绢和布匹。至于带龙蟒暗花纹团缎纱，官民更是不许穿用。若是庶民男女僭用上述违禁衣料，官民各杖一百，徒三年；工匠杖一百，违禁物入官府；货卖者杖一百，机户亦同等照律治罪。在这样一个随手触法、僭用治罪的等级社会中，服饰的式样繁多、色彩丰富绝不是对普通人民所言的，更谈不上反映出当时人们的精神风貌。

皮毛使用同样有一定的限制。管子云："百工商贾不得服长鬃貂。"（《管子·立政》）《春秋繁露》则云"不敢服狐貉"（卷七《服制》）。元代社会等级制度极严，反映到皮毛穿戴方面区别格外苛细，王公贵族崇尚银狐、猞猁、银鼠、紫貂等皮毛衣服，白狐、玄狐、紫貂、银鼠等皮衣价值千金，特别贵重难得的细毛织物更为讲究，红白闪色的银鼠裘袍是平民们听都没听过的高贵衣服。庶民只能穿深暗色不加染的粗毛板皮或布料子。明朝正德时禁商贩、吏典、仆役、娼优服用貂裘，贵重皮毛做的云字披肩、暖耳等，有官品的人才可戴得。清代对于皮毛考究最大，即便是品官也有限制，不能随意穿用。王公以下不得用黑狐皮，五品官以下不得用貂皮猞猁狲，八品官以下不得用白豹天马等皮。又文官四品以下、武官三品以下除有职掌大臣及一等侍卫之外，不得用绿貂。至于奴仆、长随、优伶、皂隶，即使有条件也只许穿貉皮、羊皮，各种细皮是严格禁用为衣的；即便是冬帽也只能用染骚鼠、狐貉、獭皮，不许用貂，王公达官家中侍候奴婢偶有穿用，也是为了陪衬主人高贵身份，并不意味着自己地位的提高。等级贵贱是不允许任何人破坏的。

  需要指出的是，妇女的地位及服饰始终是由丈夫或儿子决定的，其夫或子为官，便为命妇，别有礼衣，恰如其夫或子有朝服公服，并且日常服饰也不同于士庶平民的妻母。命妇能穿用绫、罗、锦、绣等上等面料，而平民妇女只能服用紬、绢等不染粗疏衣料；命妇能穿用朱、紫、绿等色，而平民妇女只能服用黄、白、青、碧等色。"妇人宴服，准令各依夫色，上得兼下，下不得僭上"（《旧唐书·舆服志》）。贞观四年制定品官服色时，就诏令妇人从夫色。开元十九年又敕，妇人服饰各依夫子，五品以上诸亲妇女及五品以上母妻通服紫色，九品以上母妻通服朱色，五品以上母妻衣腰襻褾缘用锦绣。内、外命妇皆可服花钗礼衣，内命妇指皇帝的妃嫔，依贵妃到采女分为八品；外命妇指皇帝的姊妹女儿和其他勋官之母妻，依公主到乡君也分为五品等。她们参加朝参、辞见、受册、从蚕等礼会，愈要重视服饰的高贵气派。宋代沿袭唐制,皇帝的妃嫔及皇太子良娣以下为内命妇;公主及王妃以下为外命妇,且包括各类品官的妻、母。命妇的服饰品级视其夫或子,《宋史·舆服志》载:"至于命妇,已厘八等之号,而服制未有名称,诏有司视其夫之品秩,而定其服饰。"命妇日常服装颜色以红、紫为主,黄色次之,面料用锦、罗或加刺绣,平民妇女则不得用白色、褐色毛缎和淡褐色匹帛制作衣服。命妇裙子大多以罗纱为主,且有刺绣或用氅画,或用销金晕裙甚至缀上真珠;而平民妇女则多系束青裙或蓝裙,大多以绢布做之。元朝定贵贱服色等第,命妇一至三品得服用浑金衣服,四、五品服金褡子,七品以下服销金及金纱褡子,这些衣服当然不是常人妇女可以穿用的。明朝规定,公、侯、伯妻母与一品夫人同,用真红大袖衫;一品至五品,料用纻、丝、绫、罗,六品至九品夫人用绫、罗、绸、绢,霞帔、褙子皆用深青缎匹。品官的亲属及同居孙侄之妇女也依官职品级,通用本品衫服。按规定民间妇女的礼服,只能用紫色绝,不许用金绣。如着袍衫,也只能用紫绿、桃红及浅淡的颜色,而不能用大红、鸦青、黄色;衣带则用蓝绢布;即使穿团衫也须用浅色。由此可见,妇女服装的等级与男子相同,即以命妇礼服而论,其社会意义亦不可忽略,唐命妇花钗翟衣及庙见皆得服之,明代命妇礼服在家见舅姑、夫,以及祭祀都可服用。这样,命妇在家族和家庭中威仪赫赫,地位不仅优越于其余亲属妇女,而且特权也显然高人一等,绝无仅有。

四、冠帽绶带

"冠冕堂皇""冠盖相望""冠盖如云"这些成语中的"冠"都是指古代帝王官吏的礼帽。而不论穿着便服还是官服,衣襟腰部系束带子都是必不可少的,天长日久成了特殊装饰,具有明显的等级区别。因此,冠帽绶带作为古代服饰的重要内容,历来都受到人们的重视。

先看冕冠。这是帝王、诸侯及卿大夫参加各种典礼时最隆重的礼冠,有一旒(即一串玉珠)、三旒、五旒、七旒、九旒及十二旒之别。具体地说,帝王衮冕为十二旒,三公鷩冕七旒,侯伯毳冕五旒,卿大夫玄冕则有四旒、三旒、二旒等区别。因卿大夫有属于王者或诸侯者,故冕旒之数也有不同,到东汉时定为三公、诸侯九旒,卿七旒,以后各代略加损益;隋唐时依官品也用冕旒,但等级区分更加详细;到明代公侯以下才不得用此冕旒。汉代的冠帽,样式繁多,仅收进《后汉书·舆服志》里的,就有冕冠、长冠、爵弁、通天冠、远游冠、法冠等十六种之多,不管是沿袭古制还是属于新创,都要符合身份各按级别,如玄冠为公卿大夫所戴,爵弁为低级官吏戴之,进贤冠为文吏、儒士所戴,"巧士冠"为宦官所戴,等等。魏晋之后,南朝百官则戴进贤冠,有五梁、三梁、二梁、一梁之别,只有天子用五梁,三公及封郡公县侯等三梁,卿大夫至千石为二梁,以下职官则为一梁。唐代文武官员朝参时也戴进贤冠,三品以上三梁,五品以上二梁,九品以上及国官一梁。六品以下官员在私祭时也都可以戴此冠。宋

宋代摹唐吴道子《送子·天王图》局部，左一为戴通天冠的天王

朝官员穿着朝服时，必须戴用漆布做成的进贤冠，冠上有银地涂金的冠梁，宋初分五梁、三梁、二梁；至元丰年间及政和年后，冠分为七梁、六梁、五梁、四梁、三梁、二梁共七等。其中第一等是在七梁冠上加貂蝉笼巾，第二等为七梁冠不加貂蝉笼巾，这样就分成

了七等。第一等为亲王、使相、三师、三公等官所戴；第二等为枢密使、太子太保等官所戴；六梁冠为左、右仆射至龙图等直学士诸官所戴；五梁冠为左、右散骑常侍至殿中少府将作监所戴；其下则各按其梁数依次降差，依官职大小而戴之，进贤冠的梁，即在冠上并排直贯于顶上的或金或银和铜做成的装饰，排列的多少就是梁的数目，也即官员等级的标志。

明代官员朝服不论职位高低，都戴冠梁。据洪武二十六年规定：公八梁，加笼巾貂蝉；侯、伯、驸马则七梁冠；其余为一品七梁冠、二品六梁冠、三品五梁冠、四品四梁冠、五品三梁冠、六品七品二梁冠、八品九品一梁冠。所持笏板也有定制，一品至五品质用象牙，六品至九品质用槐木。至于常服之冠用乌纱帽，此帽是由唐代幞头演变而来的一种圆顶官帽，后引申为官职的代称，如称保住官职叫"保住乌纱帽"，称革职罢官谓"丢了乌纱帽"等。明世宗嘉靖年间，对品官退朝私居时所用的服饰也做了规定，所戴之冠名谓"忠靖冠"，以铁丝为框，乌纱、乌绒为表，前饰冠梁而压以金线，也是视品级而定冠梁，这实际上是给一些达官贵戚炫耀自己的社会地位和身份等级提供了另一种标志。

清代冠帽同其服饰形制一样，在中国历史服饰中最为庞杂、繁缛，条文规章也多于以前任何一代，其中顶珠和翎枝，是区分官吏品级的一种特有装饰物。

顶珠又叫"顶子"，以宝石为主要原料，颜色有红、蓝、白、金等，由于颜色及材料各不相同，观此可知戴冠者的不同品级。根据制度：朝冠顶子，文武一品用红宝石，二品用珊瑚，文三品用珊瑚，武三品用蓝宝石，四品用青金石，五品用水晶，六品用砗磲，七品用素金，八品用阴文镂花金顶，九品则用阳文镂花金顶，未入流者同文九品；进士、状元顶用金三枝九叶，举人顶金雀，生员顶银雀。吉服冠顶子除六品以上官员略有变降外，以下官品的顶子质料与朝冠相同。清代的冠顶在各个时期略有些更改，但是冠顶是按品级戴用，不得僭越，所谓几品顶戴（或作顶带）就是看他帽子是什么顶子。官员若被罢免官职时，就宣称"革去顶戴"，必须将帽子上的顶珠取下，表示已无官职。每当朝会排班，一眼望去，红宝石，珊瑚，蓝宝石，水晶等依次顶立，与朝服品级相对应，成为皇帝识别品官级别的主要标识。而且每年三月始戴凉帽，八月换戴暖帽，届时由礼部奏请，违例要受到处罚。

翎枝亦称"翎子"，在顶珠之下，装有二寸长短用白玉、翡翠或珐琅做成的翎管，管内插以翎羽。清代翎子一般分花翎、蓝翎两种。花翎是用孔雀的翎毛制成的，俗称孔雀翎，其制有单眼、双眼、三眼之分，所谓"眼"，就是指翎毛尾梢的一圈鲜艳的斑纹。按清朝礼仪，冠上所插的翎枝，以眼之多寡辨别等级官品。孔雀翎中，以三眼最贵。唯宗室中的贝子可戴，镇国公、辅国公、和硕额驸戴两眼孔雀翎，内大臣、一等、二等、三等侍卫和前锋、护军参领、诸王府长史等戴一眼花翎。所以能戴花翎者，一是由爵位所规定，二是接近于皇帝或王府的侍卫人员，三是京城武职禁卫营官，四是有军功者，五是特赐者。蓝翎则以鹖羽所制，其上无眼，王府、贝勒府的二等、三等护卫戴此翎。在清朝初期，花翎极为贵重，很少有汉人和外任大臣插戴，随着时间的推移，凡有军功文绩的人，几乎都能得到赏赐戴花翎的待遇。到了道光之后，官吏冗滥，花钱捐官也普遍，花翎自然可以随意置戴。但花翎的戴用也有禁例，如革职人员不准戴用原翎，太监不能用花翎，只能用蓝顶蓝翎，清末太监李莲英戴孔雀翎，亦仅此一人而已。京师行走官员出差时不许戴花翎，回京供职仍准戴用。此外，赏花翎者被召见时，先去帽必以翎向上，以示敬意。总之，花翎在清朝非常高贵，特别被人重视和向往，因为它不仅是荣贵物品或显赫军功的象征，更重要的是它标志的社会地位使戴翎者荣耀无比，等级昭明。

再看绶带。既有华丽讲究的礼冠，必有装饰衣着和显示品秩的绶带，"峨冠博带"总是连在一起的。

《左传·桓公二年》对冕服记载"带裳幅舄"，这"带"就是束腰的革带，用以系垂佩和韨，可知束佩的腰带作为冕服附属饰件早在西周就完备了。例如"革带"博二寸，用以系韨，后面系绶。"大带"四边加以缘辟，用以束腰，一般天子用素带、朱里，而诸侯不能用朱里。"佩绶"时则是天子佩白玉玄组绶，诸侯佩山玄玉朱组绶，大夫佩水苍玉等，与冕服相配的"绶带"也有着严格的等级差别。汉代沿袭先秦以来等级区别，当时的丝带形制复杂，颜色、装饰各有不同，上自天子，下至庶士，差别十分显著，甚至连带子系结后下垂部分的尺寸，都有严格的制度规定，《礼记·玉藻》云"绅长制：士三尺，有司二尺有五寸"。所谓"绅"，就是指带子末端的下垂部分，官吏在朝见记事时，可应急把带端提起来代简记事，后世称具有一定身份和地位的人士为"缙绅""乡绅""绅士"，即由此而来。不过，汉代服饰腰间束带子最有特点的是挂佩组绶制度。组绶都是用丝带编成的饰物，组多用来系腰，实际上是一条较狭窄的丝绦；绶是一条较宽并织有丙丁纹的丝绦。以绶带的颜色和绪头多少来区分职官大小，这种绶带和官印一样，都由朝廷统一发放，其中系在官印之钮上的，称"印绶"。印的质料有玉、金、银、铜等；加之绶的长短、颜色和织法也有明显的不同，使人一望便知佩绶人的身份。《史记·范雎蔡泽列传》："怀黄金之印，结紫绶于要。"就包括印、绶两种饰物。根据汉朝制度规

陕西西安何家村出土
唐代斑玉带

陕西西安何家村出土
唐代狮纹白玉带板

陕西西安何家村出土
唐代九环蹀躞玉带饰

定，官员平时在外，必须将官印装在腰间的囊里，并将绶带垂在腰旁，作为官阶的标志。诸侯王赤绶四采，三百首；公侯、将军金印紫绶，二采，一百八十首；九卿、二千石银印青绶，三采；一千石、六百石铜印墨绶，三采；四百石到二百石，铜印黄绶，一采。其首数长度均依职位而差降，如四百石以下长度为丈五尺，六十首。组绶制度，在《汉官仪》一书中记载得比较详细，这种佩绶方法，沿用到唐以后才渐渐消逝。

魏晋时期，有官职者仍佩带绶丝。《晋书·舆服志》载：文武官员中，公皆假金章紫绶，相国丞相绿綟绶，此外按官级有金章紫绶、银章青绶、铜印墨绶等，并有佩玉及佩水苍玉等差别。南朝刘宋时也如此，皇太子纁朱绶，佩瑜玉；诸王佩玄玉；太宰太傅等佩山元玉，以下有水苍玉等。《宋书》记载陶潜不能为五斗米折腰，即日解印绶而去。所谓"解印绶而去"，即言其身份与普通人无异。北朝少数民族腰间束的革带是非常考究的，因为他们日常生活中要佩带弓箭、算囊、刀砺之类，同时也要在革带上装饰金玉杂宝以显示身份的高贵。《周书·侯莫陈顺传》云：渭桥之战有殊力，文帝解所服金镂玉梁带赐之。《周书·李贤传》云：降玺书劳贤，赐衣一袭及被褥，并御所服十三环金带一腰。又如周太祖赏韩果真珠金带一腰。凡此均说明腰带在北朝是极为贵重并被喜爱多饰的。

唐代的腰带制度，是在北周、隋代基础上形成的。《周书·李穆传》记载大象二年太傅李穆用十三环金带为馈赠,送给杨坚表示支持。隋代贵臣服九环带，天子则服十三环带，用环数多寡表示地位的尊卑。

唐初因袭隋制，其带为一、二品用金銙，六品以上用犀，九品以上用银，庶人用铁。后又规定，天子、亲王、三品等用玉銙，五品以上用金，六、七品用银，八、九品用瑜石，流外官、庶人、部曲等用铜铁。以后太宗贞观时期、高宗上元时期、睿宗景云时期、玄宗开元时期都规定过"带依官品"，并做了一些改动，带鞓大多用黑色，带尾向下斜插。

清代黄色缎绣缀砗磲珠璎珞衣
故宫博物院藏

据出土的唐代九环带来看[1]，确是有着研究服饰标本的价值，质地与銙数直接反映等级的界限。

宋代的腰带类别和名称极多，据文献记载有三十二种之多。因为腰带也是宋代服饰中标志官职高下的一种附属物件，所以何级官品使用何种腰带都有规定，《宋史·舆服志》中有详细记载。从材料和装饰的考究来看，腰带用皮革做成，外面裹以红、黑绫绢，叫"红鞓""黑鞓"，并在此上附以带銙，其质料、雕饰和排列都有一定的制度。例如玉带銙只能施用于朝服上，犀带銙须有官品者才能用，而犀牛角做的"通犀带"须得有特旨才能束系。太平兴国七年规定：三品以上服玉带，四品以上服金带，五品、六品服银銙镀金，七品以上未参官及内职武官服银銙，八品、九品以上服黑银，余官服黑银方团銙及犀角带，贡士及胥吏、工商、庶人服铁角带。学士以上方得服用金带，所以在宋代能束金带者颇以为荣，身份显要，连宋太宗也以金带銙为贵而赐予群臣，等级的区别的确渗入服饰的各个方面。

辽、金、元三朝的文武官员腰带也分玉带、金带、涂金、银带、乌犀等，如元代公服束偏带，其带正、从一品或玉或花或素，二品用花犀，三、四品用黄金荔枝，五品以下用乌犀。明代公服腰带沿袭元代，朝服则以犀金、银鈒花、银、乌角等革带的色彩纹样区别差降，并且在革带之后又系佩绶。明代常服的腰带，按《明会要》洪武三

---

[1] 韩伟：《唐代革带考》，《西北大学学报》1982 年第 3 期。

年定：一品用玉带，二品花犀，三品金钑花，四品素金，五品银钑花，六品、七品素银，八品、九品乌角，公、侯、伯、驸马用带与一品相同。明代的腰带，外面裹以红或青绫，其上缀以犀玉金银角等，凡内阁大臣未晋升至公孤者，不敢用玉带，因而玉带极为尊贵。其后带饰多别立花色，到万历年间始定一般官员也可用金银二色花素，但带饰的等级制度大体没变。

清代腰带有朝带、吉服带、常服带、行带，除朝带在版饰上及版形的方圆有定制外，其余三种腰带随宜而定。如皇帝的朝服带，明黄色，龙纹金圆或方版，上饰红或蓝宝石、绿松石，每版还有五颗东珠，围镶二十颗珍珠，佩囊条也用明黄。其余官员依此带而逐级减饰之。按定制，凡带色，宗室用黄，（皇族远支）用红，余皆用石青或蓝色，或用油绿织金者亦可，故称宗室为黄带子、红带子，目的是用黄带显尊重，不能僭越等级，有的宗室因未束系黄腰带而招致他人侮辱。因此，一条腰带耗资镶嵌珠宝玉石而配合带色，差别是极为严谨的。臣僚们腰带本身用丝织，也嵌有各种宝石，并有带扣和左、右二环以系汗巾、刀、荷包等类，而且带扣都用金银铜

新疆吐鲁番阿斯塔那墓地出土
东晋彩色丝履

制作，讲究的用玉、翡翠等，后期还在腰带上各绣"忠""孝"二字，故又叫"忠孝带"，据说是如有获罪即以此带作为自缢之需。无官职士庶者，一般在腰带间束以湖色或白色或其他浅色的束带，富者也有绣花的长带，但都不能与官定腰带相同，品官带饰绝不能与庶民腰带混同，这是律令限制的。

另外，鱼符的佩带，靴履的制作，首饰的使用，荷包的佩挂，朝珠的披戴等等，都有严格的品级规定，在此不再具列。

令人思索的是，各代统治者都发布过禁止奢服侈裳的诏令，但从来也没有根治靡俗奢风，原因是其着眼点在维护封建等级制度。在等级社会里，不仅贵族高官的服饰规定了繁文缛节，要以礼制的服饰程式保持尊卑贵贱；而且豪门绅士也竞相奢靡，以服装来表现荣贵，以钦羡身份的高贵。这样，中国古代社会的服饰常常不是以健康姿容出现，充当美化生活的使者角色，而是"采章服饰，本明贵贱""贵贱莫辨，有蠹彝伦"（《唐会要》卷三十一）。古代服饰需要千篇一律凝固的服饰程式来凸显皇家和官家的显赫地位，需要用政治法律和伦理教化的各种手段进行"俯就我范"的约束，不惜由政府出面横加干涉人们的日常衣着，以实现等级名分、循礼蹈规的钦定理想模式。从这个意义上说，服饰等级规范化确是封建王朝大一统政治和道德秩序的体现，往往在实物和思想之间起着中介作用，是社会与精神的物化。[1]

---

[1] 详见拙作《唐代服装与长安气象》，《文博》1988年第4期。

第二章 等级与建筑

中国古代建筑受社会制度、礼教思想、文化观念等影响，其建筑环境和基本格局都强调敬天法祖、礼乐治世、重视尊卑等级，不容犯上僭越。如果说古代建筑在技术方法和美学原则方面讲求均衡、整肃、对称、谐调等中庸之道，那么建筑营造和实践模式上则讲究等级差异、贵贱秩序、尊卑区别、雅俗各貌。所以，中国古代建筑除去其审美艺术价值外，最突出的社会功能表现为影响人文社会的等级要素，举其大要，有如下几点：

第一，*秩序性*。自觉地以建筑形式区分人的等级，以维护阶级社会的秩序，这是世界上少有的。在城市规划上，早在春秋时期，管仲就主张"四民（士、农、工、商）者勿使杂处"，"制国（都城）以为二十一乡，商工之乡六，士农之乡十五"（《管子·小匡》），农奴则居住在鄙野的邑或里中。乡是一种居住单位，位于城中，邑、里在城外，如此各类人的身份一目了然。秦国人有闾左闾右之别，闾也是居住小区单位。汉代都城有三分之二面积被宫殿官署占有，黎民百姓居住较少，有等级地位的达官贵人才被允许在城内建府造宅。

一直到三国时曹魏的邺城，正对宫门的大道左右两侧的里坊，居住着不同的身份的人。唐以前的城市，一般居民只能住在里坊——城中城里。"谁家起甲第，朱门大道边""长安十二衢""家家朱门开"，只有三品以上的贵族大官府邸才能临街开门。住宅的名称，皇帝的称宫，以下按人的等级分别称为府邸、公馆、第、宅、家。宋代，执政亲王所居曰府，余官曰宅，庶民曰家。（《宋史·舆服志》）这种在习惯名称上给予住宅不同的称谓，延续到近代社会，如北方曰府宅，南方曰公馆，含有相当浓厚的等级身份气息。各等人住宅的间架、高度、屋顶、彩画、装饰，都有不同等级的规定。就是一座四合院之内，正、倒、厢、耳、门、廊、偏各房，也各有等级，不得次高于主。甚至室内陈设、家具、帐幔、被褥，也有详细规定。谁违背这些制度，便是犯法，要受到刑法制裁，如果僭用皇帝特有的形制，罪名更可至大逆不道。比如明清两朝规定，六品官以下至庶民，住宅正房只准三间，五品、六品五间，所以北京城内的大片住宅区里大部分都是三、五间的房屋，大于这个数的便是大官贵族府第，形象非常突出，人们生活在这样的建筑环境中，无疑会对等级社会的规范产生不由自主的顺服。

第二，永恒性。建筑渗入等级因素后，它就成为维系社会关系的纽带。《礼记·曲礼》说："君子将营宫室，宗庙为先，厩库为次，居室为后。"宗庙是一切礼制建筑的通称，包括祭祖宗、祭天地、祭万物神祇的各种坛和庙。为什么是宗庙为先而不是居室为先呢？就是因为这类礼制建筑发挥着维系社会关系的纽带作用，也就是"礼"

的一种形象体现，"礼者，以财物为用，以贵贱为文，以多少为异，以隆杀为要""故为之雕琢刻镂黼黻文章，使足以辨贵贱而已，不求其观"（《荀子·礼论》）。建筑是人们日常生活须臾不可或缺的生活环境，它的形象给人的观感很强烈，用它表现出的贵贱、多少、隆杀来辨别社会上人们的身份地位，形象是很具体的，感受是很深刻的，因此，建筑的一切雕琢刻镂的艺术处理，目的首先都是为了"辨贵贱"，而不只是为了"求其观"，即为了维护社会等级秩序安定，而不是为了供人赏心悦目、住宿顺心。这样，就有了君权神授的法统永恒观念。如商周就有一种称为明堂的建筑，"昔者周公朝诸侯于明堂之位。……明堂也者，明诸侯之尊卑也"（《礼记·明堂位》）。周礼还规定，天子王城"面朝后市，左祖右社"（《考工记》）；朝堂、宫市、太庙、太社，位于皇城四正向，正中间是宫殿。"朝"的主体就是明堂，它是按月颁布政令的权威场所，是王权的象征，又是祭祖祭天的活动场所，是天道的象征，在其中规定的时序政令方位人事，循环往复，周流不息，体现着天道的永恒，因而也体现了君主、公侯、卿士——等级的永恒。中世纪以后，明堂走下历史舞台，但宫殿坛庙仍以天道神秘性和等级威慑性矗立在中国古代建筑上，营造中的天安、地安、乾清、坤宁、日精、月华、紫微、汉斗等名色，都体现着永恒的观念，等级神授的永恒与和谐更加强了。

第三，皈依性。中国封建社会的最高伦理道德，即所谓三纲五常，在维护等级秩序时不光是采取强制性的"礼"，也调动建筑艺术来激发人们自愿的皈依性，在阶级对抗中渗入等级和谐。例如每一组建筑群体，处处都有对比，但不论是造型对比还是色彩对比，最终都抓住建筑造型的比例，在房屋的形制、尺度上特别讲究"阳尊阴卑"，使人们一看见高大、雄伟的建筑，就不由自主地对等级社会秩序产生皈依的情感，服从或满足于自己所处的地位。又例如在建筑布局上，为突出尊位，将主建筑置于中央地位，位卑者、从属者则列于两旁，以烘托位尊者。按中国传统方位观念，居中面南为尊，面东西者次之，面北者最低。在住宅中，尊位是长辈、家长所在的正房或上房；两侧则为晚辈子媳所在的厢房或偏房。皇宫殿宇不但位置方向有规矩，所谓背阴向阳以面南为尊，而且高低形制和图案色彩等皆有等级差别，并按宫门、殿门南北相次在同一中轴线上，以突出中央尊贵的地位。随着建筑实践日益增进，建筑等级的形象也日益丰富，京城以下，有州（军、府）和县两级，规模依次递减。唐宋时期，州府城市通常采取子城制度，即在大城内建立一个内城，作为州府长官廨舍，也是行政和军事的中心。子城制度是从先秦时期的城郭分立之制发展过来的，这种全国不同等级的城市按照一定规制建造的方法，最早在《周礼》中已有记录："王城方九里；诸侯城按七、五、三递减。王城门高五雉（一雉为一丈），城高七雉，隅高九雉；诸侯城按三、五、七递减"（《考工记》清代戴震注）。这些规制在营建城市时被充分参照，其中寄托的秩序观、皈依感是不言而喻的，严密的等级制度绝不允许脱离"礼"与"理"的规范制约。这与欧洲中世纪那种从封建诸侯城堡为中心自发发展起来的规模不大、缺乏整体规划的城市截然不同，也是世界上绝无仅有的。

明代《皇都积胜图》局部

此外，中国古代建筑的封闭性、内向性等，也是按等级呈现自己特点，皇宫官署高墙深院，重重屏障；庶民住宅则低垣篱笆，陋门敞开；府邸公馆的庭院重重错落，开朗恢阔；住家屋舍的内部则狭窄质朴，缺乏空间……所以，等级森严的差异在建筑上处处可见。

一、房舍定制

古代社会是各类人层层减少的金字塔式的等级身份社会，房舍建筑也必须与它对应，庶民住宅不得超过官邸公馆，王府侯第也不得超过宫殿帝庭，否则就是不合等级逻辑的"乱套"。中国古代建筑系统虽然是逐渐由殿、堂、楼、阁、房、门、廊、庑、亭、榭等单体所组成的，但居住的屋舍早有定制，大小、间数、式样不能随意建造，皇宫王府一望而知，公侯品官宅第的威仪与排场也不同于凡人。

早在先秦时期就制定了居室等级："天子之堂（高）九尺，诸侯七尺，大夫五尺，士三尺。"（《礼记·礼器》）照此推理下去，平民百姓只能住一尺小洞了。事实上，这只能反映出等级制度的悠久与无所不在。商代房屋的阶级差别在于奴隶住在半地穴的房屋里，而奴隶主的住房已从地穴变为地面建筑，并有了一般居室与宫室的比较。西周时期房舍差别的形式大抵是这样的：贵族房屋前有堂，后有室，中间有过廊，室的左右为对称房，布置得十分整齐，堂是行礼的地方，室是住人的地方。室门在东南叫作"户"，窗子在西南叫作"牖",室的西南也就是"牖下",为尊者居住的地方,又称作"奥"。庶人的房子以中间的屋子做行礼待客的场所,左右两间供居住。但当时一般百姓的住房仍是以半地下的穴居为主,因而露出地面的茅草顶盖有一尺高也是可以明确的。宋以来一些学者根据《仪礼》判明春秋时代士大夫的住宅前部有门,门是面阔三间的建筑,中央明间为门,左右次为塾,门内有院,再次为堂,堂后有寝卧的室,堂左右有东西厢。这样堂与门都包括于一座建筑内的平面布置,延续到汉初没有多大改变。[1] 由此可知建筑与家庭等级生活节奏是相吻合的,并在设计上做了精心的分配安排,反映出在房舍里生活的每个居住者的不同地位。

秦汉时期,三合院或四合院的住房布局基本奠定,无论是宫室还是民居,都从土穴茅茨提高到地面瓦房。一般来说,庶民房舍比较简陋,"斧成木构而已";而贵宦富豪的居处,则"井干增梁,雕文槛楯"(《盐铁论·散不足》),极尽雕琢堆砌之能事。

最高统治者作为等级贵族的顶峰,宫室规模十分可观。秦始皇"每破诸侯,则写放其宫室,作之咸阳北坂","南临渭,自雍门以东至泾、渭,殿屋复道周阁相属,所得诸侯美人钟鼓以充入之"(《史记·秦始皇本纪》),集各国建筑风格于一处,以显示最高等级的无上威势。咸阳宫、阿房宫等更是高台建筑,累层而上,其结构和规模令人瞠目。西汉初建,萧何以"天子四海为家,非令壮丽,无以重威"为原则,

---

[1] 刘敦桢主编:《中国古代建筑史》,中国建工出版社,1984年,第39页。

营建了雄伟壮丽的未央宫、长乐宫等,仅《三辅黄图》记载未央宫内就有三十多座宫殿。这时宫殿多以"四阿重屋",还有复道飞阁廊院等,金铺玉户,重轩镂槛,崇丽无比。东汉洛阳地处平原,夯土为台,营建的德阳殿,规模不亚于阿房宫、未央宫。《汉官典职》曰:"德阳殿周旋容万人,陛高二丈,皆文石作坛,激沼水于殿下,画屋朱梁,玉阶金柱,刻镂作宫掖之好,厕以青翡翠,一柱三带,韬以赤缇。"此时殿宇大量采用成组斗拱的抬梁式木构架,从而使斗拱基本定型,并有了使用的等级禁限,一般民众是不能安装的。

贵族府第及地主庄园的房舍建筑较前代更为奢华,堂屋、楼阁、亭台、门阙等一应俱全。住宅基本形式是有房三间,一间为堂,二间为室。《睡虎地秦墓竹简·封诊式·封守》文曰:"一宇二内,各有户,内室皆瓦盖,木大具。"《汉书·晁错传》说:"先为筑室,家有一堂二内,门户之闭,置器物焉。"都说明秦汉住宅是一堂二内之制。先秦时,天子诸侯有左右房,大夫只有东一房,西一室。但秦汉时已不大区别室和房了。当然一堂二内也因等级不同而有所变化,像由此而延伸的曲尺形、日字形、三合式和正中高大的楼屋等,都是官僚、豪强及富商的住宅。汉代画像砖所显示的贵族宅第有正门、侧门或小门,前堂是整个宅第的主要建筑,两侧有夹室,后有房或后堂,院中还有车房、厩库及奴婢居室等,院子往往有木构回廊围绕。尤其是达官贵人的府第奢华骄纵、雕梁画栋,如《后汉书·梁冀传》记载其"堂寝皆有阴阳奥室,连房洞户。柱壁雕镂,加以铜漆,窗牖皆有绮疏青琐,图以云气仙灵,台阁周通,更相临望,飞梁石蹬,

河南焦作出土
东汉七层连阁陶仓楼
河南博物院藏

河南焦作出土
东汉四层彩绘陶仓楼
焦作市博物馆藏

明代彩绘院落
河南省鹤壁文物队藏

陵跨水道"。其穷饰修建，豪华无比，不能不令人惊叹。

秦汉贫民的住房虽不像先秦贱民那样穴居，但仅能御寒避雨，简陋可怜。当时关中与陇上平民常以板为室，斧椽木构而已。黄河中下游流域普遍房舍是茅庐。《东观汉记》曰：李恂"坐事免，无田宅财产，居山泽，结草为庐"。又说张禹"迁下邳相，邻国贫民来归之，茅屋草庐千户"。茅屋与草庐相类，亦称白屋，师古曰："白屋，以白茅复屋也。"贫民房舍多以白茅束札做屋顶，虽比草庐稍强，然其粗劣俭朴的特征显而易见。贫民最简陋的住舍当推瓜牛庐，《三国志·魏志·管宁传》注："焦先及杨沛，并作瓜牛庐，止其中。以为瓜当作蜗。……先等作圜舍，形如蜗牛蔽，故谓之蜗牛庐。"可见，它是草庐中最为矮小而卑陋的住处，作为等级社会下层的平民百姓只能住在这样低级的家舍中。

第二章 / 等级与建筑　　099

两晋南北朝战乱频繁，都城和宫殿随建随毁，但每个王朝都大兴土木，力图以宏丽的建筑显示其等威。不少贵族官僚住宅采用大型厅堂和庭院回廊等组成栋宇府舍，原只能用于宫殿营造上的庑殿式屋顶和鸱尾，这时往往被僭越使用，一直沿袭到隋初。隋炀帝嗣位后"心在宏侈"（《隋书·宇文恺传》），于是"初造东都，穷诸巨丽"，以梁、陈建筑为摹本规划，"金门象阙，咸竦飞观，颓岩塞川，构成云绮，移岭树以为林薮，包芒山以为苑囿"（《隋书·食货志》）。王公官僚"外构别庐，绮绣序立"，给人以高贵不可攀比的印象。

东汉七层陶楼
河南博物院藏

唐代一方面吸收异域风情，另一方面却用严格的礼制规范社会秩序，所以，根据不同的等级，自王公官吏以至庶人的住宅，门、厅的大小，间数、架数和装饰、色彩等都有严格的规定。《唐六典》卷二十三记载："凡宫室之制，自天子至于士庶，各有等差。天子之宫殿皆施重栱、藻井。王公、诸臣三品上九架，五品上七架，并厅厦两头；六品下五架。其门舍三品以上五架三间，……五品上得制乌头门。"《唐会要》卷三一也引《唐营缮令》："三品以上堂舍，不得过五间九架，厅厦两头门屋，不得过三间五架，五品以上堂舍，不得过五间七架，厅厦两头门屋，不得过三间两架，六品七品以下堂舍，不得过三间五架，门屋不得过一间两架。"唐文宗时又下诏定制："三品堂五间九架，门三间五架；五品堂五间七架，门三间两架；六品、七品堂三间五架，庶人四架，而门皆一间两架。"（《新唐书·车服志》）可见，唐代自始至终都严格按等级规定修造宅第，不得随便逾越。这种以建筑形式区分人的等级并形成法令典章，是唐以前各代尚未有过的。

正因为建筑成为当时社会顺理成章的等级场面，所以贵族大官争先修房建宅，临街开门，以形成建筑等级上先声夺人的气势。"武后以后，王侯妃主京城第宅，日加崇丽"（《唐语林》卷五）。宗楚客于礼泉坊建新宅，"皆是文柏为梁，沉香和红粉以泥壁，开门则香气蓬勃。磨文石为阶砌及地，着急莫靴者，行则仰仆"（《朝野佥载》卷三）。安乐公主与长宁公主"竞起第舍，以侈丽相高，拟于宫掖，而精巧过之"（《资治通鉴》卷二〇九）。许敬宗"营第舍华侈，至造连楼，使诸妓走马其上，纵酒奏乐自娱"(《新唐书·奸臣传》)。杨国忠"构连甲第，土木被绨绣，栋宇之盛，两都莫比"(《唐两京城坊考》)。代宗时宰相元载在安仁坊和大宁坊"开南北二甲第，室宇宏丽，冠绝当时"(《旧唐书·元载传》)。这些逾制兴造的事例，在唐书中比比皆是，连富豪也争相效尤，如王元宝的家中以金银叠屋壁，上用红泥泥之，厅堂"以沉香为轩槛，以碱砆甃地面，以锦文石为柱础，又以铜线穿钱，甃于后花园径中，贵其泥雨不滑也"。从而被长安人称为"王家富窟"(《开元天宝遗事》卷下)。

至于"穷巷掩双扉"的矮门陋屋，则是下层官吏和一般士民的房舍，"阶庭宽窄才容足，墙壁高低粗及肩"。他们"十室八九贫，愁坐夜待晨"，以至于发出内心的愤怨："安得广厦千万间，大庇天下寒士俱欢颜！"等级高的官僚住宅内部常以回廊而围，等级低的市民住宅则房屋衔接，根本没有什么活动的厅院。等级的差别既以经济能力为条件，也以不同等级的家庭要求为基础。

宋代"恪守祖制，不敢违式"，建筑的规模一般比唐朝缩小，并将唐代宏伟刚健的建筑风格改为纤秀华美、小巧安适。但在建筑等级方面，依然是区别分明。汴宋宫室之制："每殿为屋五间，十二架，修六丈，广八丈四尺。殿南檐屋三间，修一丈五尺，广亦如之。两朵殿各二间，东西廊各二十间，南廊九间。其中为殿门，三间六架，修三丈，广四丈六尺。""其制尤卑，陛阶一级，小如常人所居而已。"(《宋史·舆服志》)臣庶室屋制度则是宰相以下治事之所曰省、台、部、寺、监、院等，公卿、大夫、士等不得在外称"衙"，以避免与唐代

明清故宫

天子所居曰衙而重复。"凡公宇，……六品以上宅舍，许作乌头门。父祖舍宅有者，子孙许仍之。……庶人舍屋，许五架，门一间两厦而已。"（《宋史·舆服志》）实际上，贵族王府、官僚宅第及地主富商并不完全遵守等级规定，他们以前厅、穿廊、寝室、后堂等连成一系列超标准的宅院，加上门屋、耳房等，造成建筑高大、等级威赫的排场。

明朝统治者汇集、继承了前代的建筑传统，制定更严格的住宅等级制度。为了表现帝王的尊严高贵，竭尽全力建造北京故宫，以建筑突出天子至高无上的物化象征，仅宫殿"凡为屋九千九百九十余楹"。亲王府邸则八百余间，郡王室屋数十间而已。洪武二十六年定制：公侯所居前厅七间或五间，两厦九架，中堂七间九架，后堂七间七架，门屋三间五架。廊庑庖库从屋，不得过五间七架。一品、二品官厅堂五间九架，门三间五架。三品至五品官厅堂五间七架，正门三间三架。六品至九品厅堂三间七架，正门一间三架。功臣宅舍之后，留空地十丈，左右皆五丈，不许挪移军民居止，更不许于宅前后左右多占地，构亭馆，开池塘，以资游眺。洪武三十五年又申明禁制，一品、三品厅堂各七间，六品至九品厅堂梁栋只用粉青饰之。庶民庐舍，洪武二十六年定制不过三间五架，不许造九五间数，房屋虽至一二十所，随其物力，但不许过三间。（《明会典·礼部·房屋器用等第》）

清制，一、二品厅堂七间九架，正门三间五架。三至五品，六至九品，厅房、正门间数并同明制。元、明、清虽无关于庶人门屋的具体规定，但唐制一间二架，宋朝非品官不得起门屋，所以后代一般门屋只有一间或不修建。特别是庶人间数最少，自来厅房不得超过三间，例如唐是三间四架，宋、明、清是三间五架，因而庶人只要不当官，不论其如何富有，也不论其造多少所房子，每一所房子的厅房绝不能超过三间，否则将受到严厉制裁惩罚。

由此可见，中国古代建筑的规模、布局都有着复杂的等级制度，屋宇的高矮搭配、长宽格局、间数多少、庭廊组合、门户安置等，皆有显示差别的规定。其余像屋顶的形式也依尊卑等级顺序是：重檐庑殿，重檐歇山，重檐攒尖（皆为宫殿、庙宇所用）；单檐庑殿，单檐歇山，单檐攒尖，悬山，硬山等（这是官吏士民所用）。目的都是按级缩小尺度、降低比例，以推崇、突出"贵为天子"的建筑主体，从而烘托皇室贵族的尊贵，压抑下层等级，维护整个社会的伦理秩序。

二、装饰造型

建筑的等级不仅仅在面积上有规定，色彩上亦有禁限，《春秋穀梁传·庄公二十三年》记载，"《礼》楹，天子丹，诸侯黝垩，大夫苍，士黈"。从春秋到清代，装饰色彩的等级划分有一些变化，总的来说

唐代《阙楼图》
陕西乾县懿德太子墓壁画
陕西历史博物馆藏

色彩以黄为最尊，汉武帝自比黄帝，确立汉居土德，"正历，以正月为岁首。色上黄，数用五，定官名"（《汉书·武帝纪》）。以后黄色逐渐成为皇权的专用象征。依色彩本身来说，黄色与金色接近，最为明亮耀眼，自然也是标志最高等级的选择。

除黄色外，其余按等级依次为：赤、绿、青、蓝、黑、灰。宫殿用金、黄、赤色调，而民舍只能用黑、灰、白为墙面与屋顶色调，历朝士民住房皆是灰沉沉一片，就是这种原则的体现。尤其是历代政府把礼制所规范的等级行为纳入生活方式中，在实际效应上却极为有限，于是就诉诸法令，以法律保护周密而严格的等级形态。如《新唐书·车服志》云："庶人不得辄施装饰。"《宋史·舆服志》云："凡民庶家，不得施重栱、藻井及五色文采为饰。"《明会典》房屋器用等第记载，庶民所居房舍不许用斗拱及彩色装彩。又说洪武三十五年申明定制：六品至九品以及军民房屋栋梁，只能用粉青色刷饰。《清律例》服舍违式中也规定庶民房舍不得用斗拱、彩色、雕饰之纹。可见，庶人不得以彩饰装修房舍，自唐迄清皆然。

公侯品官彩饰，也有不同制度。明制，亲王府殿饰以青绿点金，廊房饰以青黛；后又允许饰朱红、大青绿，其他居室只饰丹碧。公主府舍"施花样兽脊，梁、栋、斗拱、檐桷彩色绘饰，惟不用金"（《明史·舆服志四》）。公侯宅第梁栋、斗拱、檐桷用彩色绘饰，门窗、枋柱金漆或黑饰。一品至五品官用青碧绘饰，六品至九品用土黄刷饰。品官房舍中的门窗、户牖不得用丹漆，否则就是违制。清代也沿袭明制，品官绘饰房舍规定一样，故不再叙。

北京天坛祈年殿藻井

北京天坛祈年殿立柱

至于皇帝宫殿厅廊，当然是"务求壮丽鲜艳"，以强烈的颜色反差来表现骄尊无上的高贵。如汉代宫殿里用黑、红两色油漆来漆地，《汉官典职》言"以丹漆地，或曰丹墀"。墙壁则饰以蛤灰，《周礼·掌蜃》郑注："饰墙使白之，蜃也。今东莱用蛤，谓之义灰。"墙壁上部露出的横木，往往多以金、珠、宝石装饰，故谓之璧带。宫中壁柱多为铜制而涂金，大者有数围。不难想象这些殿堂的装饰色彩，必是金碧辉煌。又如唐代的宫殿，也是"丹墀夜明，金铺摇吹"；柱额、门窗、勾栏为红色，墙壁内外涂白色，绘有红色线脚，拱用红而斗用赭黄，门钉、栏饰、肘叶则用鎏金，造成以红、白两色为主，间以金色的盛装艳饰效果，帝王的典雅雍容通过建筑色彩突显出来。

房屋的装饰形式，更是大有分寸。位于殿堂天花中央的藻井，一般呈正方形、圆形或多边形，凹面上有各种花纹、雕刻和彩画，是古代宫殿的一种特殊装饰。《西京赋》曰："蒂倒茄于藻井。"可知藻井最迟在汉代就已经出现了，只是那时藻井装饰于皇室宫殿上，其他阶层不得使用。南北朝时寺院殿堂中普遍采用藻井彩绘装饰，但住宅中仍不能随便使用。唐代《营缮令》规定："王公以下，凡有舍屋不得施重拱、藻井。"（《唐律疏义》卷二六）宋代规定："凡公宇，栋施瓦兽，门设梐枑。诸州正牙门及城门，并施鸱尾，不得施拒鹊。……凡民庶家，不得施重栱、藻井及五色文采为饰，仍不得四铺飞檐。"（《宋史·舆服志》）明、清关于装修藻井也有同样的禁令。

屋脊、檐背上构造一些形状精美的禽兽形象，即常说的"瓦兽""吻兽"，也是按等级使用或点缀的。从建筑历史来看，屋脊前端一排栩栩如生的飞禽走兽，早在西周宫殿飞檐上就有，"如跂斯翼，如矢斯棘，如鸟斯革，如翚斯飞"（《诗经·斯干》）。汉代宫殿飞檐上亦有华丽装饰，凤凰、朱雀、孔雀等装饰物被安装在重要建筑物上，至于屋檐瓦当更是不可胜数，圆形、半圆形的瓦当上画有各种图案，仪态万方，颇具匠心。魏晋之后屋脊上开始出现鸱尾形象，迨至唐代，

明清故宫铜狮

又发展为鸱吻。当时规定瓦兽只限于品官之家,"常参官施悬鱼、对凤、瓦兽、通栿乳梁"(《新唐书·车服志》),其他人不得使用。元律禁令:小民房屋安置鹅项衔脊,有鳞爪瓦兽者,笞三十七;若安饰陶人则笞二十七。明制,公侯屋脊用花样瓦兽,五品以上皆用瓦兽。清制,一品、二品屋脊许用花样兽吻,三品至五品许用兽吻。而且使用兽像多寡、排列顺序,均有严格的规定,其中走兽数目必须是单数(奇数),不准用双数(偶数)。宫殿中使用走兽(龙、凤、狮、天马、海马、狻猊、押鱼、獬豸、斗牛、行什)最高级的可用十个。总之,安放数目的多少与建筑本身的规模及殿堂的等级密切相关。

门饰亦以华丽珍贵为等级界限。汉代门环底座又叫铺首,只有宫殿才能以金制或银制,并多做龟蛇之状。贵族王公家门上多有彩画装饰。唐代规定五品以上官员可作乌头大门。宋制,六品以上宅舍也许作乌头门。明制,公侯用金漆及兽面锡环的大门,一品、二品用绿油兽面摆锡环,三品至五品黑油兽面摆锡环,六品至九品黑门铁环。清制略异,一品、二品用绿油兽面铜环,三品至五品仍用黑油兽面摆锡环,六品至九品为黑油铁环。平民百姓的门扉和堂舍家门皆不得施装饰,必以朴素无油为限。

建筑装饰造型的等级禁令,明代最为烦琐严格,特别是有些饰件构造绝对禁止官民房屋使用,如不许雕刻古帝后、圣贤人物及日月、龙凤、狻猊、麒麟、犀象之形。"官员营造房屋,不许歇山转角,重檐重拱,及绘藻井,惟楼居重檐不禁。"(《明史·舆服志》)建筑的规定可谓俯拾皆是,多不可数,目的就是反映出整个社会包括君臣上下等级、财产与权力的等级、职业身份的等级等礼制，也是专制政体的顶级表现和加强。

门口的装饰，古代有置戟制度。门前列戟是表示身份的仪仗。在汉代，贵胄门前常设有放置兵戟的兰锜（架子），戟带有套子，即具有仪仗性质的"棨戟"。后代门前列戟制度，可能就滥觞于此。《周书·达奚武传》说："外门不施戟，恒昼掩一扉。"可证北周高官门外施戟已是通行的定制。隋朝门戟制度有较严格规定："时制三品以上，门皆列戟。"（《隋书·柳彧传》）唐代，门戟制度更为具体，在不同时期有所修订，《唐六典》《通典》中均有记录，已成为品官在房宅门前标志身份地位所不可缺少的东西。据《新唐书·百官志》记载："给六品以上葬卤簿、棨戟。凡戟，庙、社、宫、殿之门二十有四，东宫之门一十八，一品之门十六，二品及京兆河南太原尹、大都督、大都护之门十四，三品及上都督、中都督、上都护、上州之门十二，下都督、下都护、中州、下州之门各十。"《唐会要》卷三二引《仪制令》云：正一品开府仪同三司，嗣王、郡王、并勋官上柱国、柱国等带职事三品以上并许列戟，一品门十六戟，少者十戟。由此可见，天子二十四戟，太子十八戟，一品官十六戟，二品官十四戟，三品官十二戟，依次按等级减少。宋代仍然沿用门戟制度，并规定戟刃改为木质，诸道府公门皆有，私第则爵位穹显并经恩赐者才许设置。《宋史·舆服志》："门戟。木为之而无刃，门设架而列之，谓之棨戟。"规定天子宫殿门二十四戟；京兆开封、大都督府等十四戟；中都督、上都护门十二戟；下都督、诸州门各十戟。"品官恩赐者，正一品十六,二品以上十四",所以,门戟不仅是摆样子的仪仗,更重要的是它显示着等级的特宠殊荣。

此外,造园植林的园艺也是中国古建筑的组成部分。虽然园林追摹自然,在一定程度上摆脱了礼教束缚,但既然是人工所为,就必然要渗进等级的因素。例如在园林廊亭榭阁建筑装饰彩画中,以龙凤为最贵,其次是锦缎几何纹样,再次是花卉鸟禽风景,这三种题材按等级分别用于皇家园林、贵族园池和品官别墅,平民百姓根本没有苑池园亭,自然也无所谓等级的界限。园林彩画的等级,还以用金的多少来区分,如清代的等级次序是:和玺、金琢墨石碾玉、烟琢墨石碾玉、金线大点金、墨线大点金、墨线小点金、鸦伍墨等。雄黄玉、苏式包袱彩画等只能用于等级较低的园林建筑里,这样的例子在江南造园里较多。

总而言之,中国古代建筑制度非常繁复,只要从某人宅第经过,只需略一注视门饰、屋瓦、厅堂、梁栋的大小、高低、彩素,便可一目了然等级的尊卑,上下的区分,就晓得这房主人的身世地位。建筑等第之制的原意即在于此。

三、室内陈设

房屋庭院内部和室内陈设依照不同等级亦有种种限制。

汉代,由于房屋建筑和社会习俗的制约,室内家具比较低矮,但依房主地位不同,使用家具有所差别,如华美异常的漆案,多为贵族、官僚使用，一般人用的案则是木质原色。又如屏风，也是帝王贵族使用的家具，西汉皇宫里的云母屏风，琉璃屏风和杂玉龟甲屏风等，都是统治阶级专用的奢侈品。一般人家根本不可能摆设屏风。直到后世出现的珐琅屏风、象牙屏风等，都是王侯室内的美化装饰品。东汉京师贵戚为显示自己的身份高贵，往往不坐席而坐榻。室内门窗帷帐也有不同，《风俗通义》曰："卿大夫以帷，士以帘，稍有弟以自障蔽也。"帘也有布帘、竹帘，并按等级绘有龙凤图像及水文等。贵族用玉唾壶，官僚用铜的，百姓用瓦的。床上的卧具如被褥，富贵者用锦缎，平民或小吏盖布棉。室内其他陈设皆有规格、大小、粗精的差异。

这些室内陈设的等级之分对后世影响很大。宋代，帐幔、缴壁、承尘、柱衣、额道、项帕、覆旌、床裙，概不许用纯锦偏绣（《宋史·舆服志》）。元、明、清之制，一品至三品官帐幕能用金花刺绣纱罗，四品、五品用刺绣纱罗，六品以下用素纱罗，庶人用纱绢。士庶僭用大红销金制作帐幔是要受到处罚的，《明律例》服舍违式条云："军民僧道人等僭将大红销金制为帐幔被褥之类，事发，各问以应得之罪，器物并追入官。"床上被褥在洪武时有特殊的规定：一品至五品官用纻、丝、锦、绣，六品至九品用绫、罗、紬、绢，庶民用紬、绢、布。（《明会典》）坐褥在清代也有规定，一品冬用狼皮，夏用红褐；二品冬用獾皮，夏用红褐、缘皂褐；三品冬用貂皮，夏用皂褐、缘红褐；四品冬用山羊皮，夏用皂布；五品冬用青羊皮，夏用蓝布；六品冬用黑羊皮，夏用黑棕色布；七品冬用鹿皮，夏用灰色布；八品冬用麂皮，夏用土布；九品冬用獭皮，夏用土布。(《清通礼·官服通制》)这些繁缛的细节规定，均围绕着身份等级派生出来。

朱红器为御用物，所以官吏士庶在室内家具及陈设中禁用朱红漆木器。宋朝时禁止京城制造朱红器皿，凡器皿不得表裹朱漆金漆，下不得衬朱色，士庶僧道不得以朱漆刷饰床榻等家具。明代曾屡次申明禁令，官民人等不许僭用朱红金饰的椅桌木器，官员床面和屏风槅子都只许用杂色漆刷饰。明、清法律皆规定军民人等器皿僭用朱红黄颜色者，俱比照僭用龙凤纹律断罪，器皿追收入官府，犯者本人家长和匠人各治重罪。

金玉也是皇帝内廷专用的，所以历代对于金玉器皿在家中摆设、使用都限制甚严，虽然是有官品之家亦不得随意使用。唐制，一品以下食器不得用纯金纯玉。(《唐律疏义》卷二六)宋制，凡是金银箔线、贴金、销金、泥金、蹙金线装贴什器土木玩用之具，一概禁止；并禁断民间制造金丝盘蹙金线。按等级规定只有三品以上官及宗室外戚之家才能用金棱器，用银者不得涂金玳瑁，酒食器非宫禁毋得用纯金器，赐赏者除外。元制，一品至三品能用金玉茶酒器，四品、五品只能在台盏上用金，六品以下所用台盏可镀金，其余人一律用银。庶民酒器许用银壶、瓶、台、盏、盂、镟，其余皆禁止。明制，公侯一品、二品官酒注酒盏用金，其余用银。三品至五品酒注用银、酒盏用金。六品至九品酒注酒盏用银，其余皆用磁漆木器，并不许用朱红及抹金、揣金。庶民酒注用锡，酒盏用银，余磁漆。明、清法律皆规定军民道僧等人器物僭用带金或酒器全用金银者，一律治罪，器物没收入官府。

凡此种种，都说明室内陈设和建筑等级规定相适应，室内室外都必须遵守等级礼制，使用者不得使用不符合自己身份地位的东西，而且越到封建社会晚期，这些制度越烦琐严密，动辄因触犯法律而遭受处分，成文或是不成文的等级观念与制度，可谓是遍布社会一切生活领域。

第三章　等级与车轿

车轿在等级社会中，不仅是有无官职的标识，也是官员的等级标志之一。每一个官吏的车轿必须依典而制，依职而别，不得乱乘。从车马舆轿本身来说，它只是一种行走交通的工具，但由于乘车坐轿人的身份、地位差别，作为通行的工具及其车种、质地、结构、装饰等都有了鲜明的区别，从而显示不同的等级，使"尊尊贵贵，不得相逾"。

一般来看，官僚士大夫可以说是乘车骑马或坐轿的等级，庶人及贱民通常都是步行，即使平民百姓也只能按规定的形式乘用交通工具才行。孔子周游列国，就是靠马车长途奔波，他最喜爱的弟子颜回死了，颜父请求借用孔子的车子为椁，孔子却不肯，说："以吾从大夫之后，不可以徒行。"（《论语·先进》）孟子出门也是马车数十乘，有官职的人是不肯步行的。我们且不必过多地评论孔孟代表什么阶级，不必急于在政治上给他们下个什么结论，只明显看到在当时的等级制度下，他们对车子的重视是与礼制切切关联的。先秦时期贵族官卿们的车子用金银丝镶嵌出美丽的纹饰，显得非常华丽。

西周时人们在衡（辕前端的横木）或轭（衡两边各有人字形驾马木权）上装有一种叫銮的铃，车子行进时锵锵作响，后来成了贵族显示身份的象征，最高级的马车要装有八个銮。《诗经·大雅·丞民》描写马车奔驰的情景为"四牡骙骙，八鸾（銮）喈喈"，可以想见当时马车富丽堂皇的气派。

有些人是禁用车马的，他们包括贱商政策下的商人及奴婢等贱民。汉高帝诏令商贾不许乘车骑马。(《汉书·食货志》)唐时也不许工商乘马，连庶人僧道并在禁内，乾封二年曾下敕严禁，但事实上禁令渐松，商人不但乘马，而且雕鞍银镫，装饰灿烂，并且从以童骑。太和年间又下令禁断，不许商人乘马招摇过市。贱民也是一向不准骑乘，元代规定娼家出入不许乘坐车马。直到清代同治年间之后，马车才渐兴，至光绪时庶人方可皆乘马车。在中国古代社会里，车马舆轿作为官职的标记和特权的象征，确实起着威慑和炫耀身份、地位的作用，同时也是权贵们高人一等的享用待遇，人民群众常常是与车轿无缘的，这当然只能激起更大的阶级对立和社会矛盾。

一、乘车骑马

现在能看到的最早的车是商代的。商周的车属于同一类型，都是双轮、独辕，带有车厢。用两匹马驾车叫作"骈"，用三匹马的叫"骖"，用四匹马的叫"驷"，而供人乘坐的车厢叫"舆"。这些车分为"小车""大车"两大类：前者驾马、车厢小，除供贵族高官出行使用还用于战争。后者驾牛、车厢大,被看作"平地任载之具",只用来拉运物资而已。所以小车常常成为贵族高贵的标志,许多贵族把生前所用的车马连同驾车的奴隶一起殉葬,多的达几十辆车。乘车还有规定的礼仪。一般是"立乘"而不坐,并很讲究站立在车厢中的仪容姿势,即所谓"立车之容",若途中遇到尊者,则以手按轼(车厢前栏板上的横木),躬身俯首视马尾,以示敬意,这种礼节一直用到汉代。此外,乘车时以左方为尊,乘车时尊者在左,驭手居中,陪乘的人(叫"骖乘")在右边随侍,防备车辆倾侧。《汉书·文帝纪》所载"乃令宋昌骖乘"就是指"尊者居左"的乘车之法。

东汉斧车出行画像砖
四川博物院藏

既然有尊卑贵贱之分，就必有等级差异的区别。有人认为周代没有严格的舆服制度："西周之册命赏赐，赏赐物数量之多寡，马官阶之高低及官员之职司，并无严格规定；同一官阶所得之赏赐，其质与量并不尽相同。"[1] 而文献与金文俱可证明，周代舆服的册命与官职爵禄有密切关系，是等级制度的重要内容之一。据器鼎上金文所见册命赐物，车及车饰，马及马饰，不是一般杂物赏赐，而是政府任命官员爵位、身份和权力的象征。官职一旦提升，驹车、马匹数目、车舆精好都随之调整，甚至还赐以金车。如果参照《周官》《左传》及三《礼》等典籍的舆服规定来讨论，更可清楚当时公侯伯卿大夫及士各种不同等级使用车马的尊卑差别。

统一封建国家的车舆制度，创自秦，至汉代臻于完备。秦始皇以铁腕吞并六国后，五次出巡，驰骋万里，据记载他的御用车辆（乘舆）是富丽堂皇的金根车，即以贵重金属为车轴或车辖。前有震慑开路的导从车，后有百官乘的八十一辆属车。战国时，帝王属车只有九辆，秦始皇将其增加到九倍，行进时，七十九辆属车都披上虎皮，后两辆则悬之以豹尾，浩浩荡荡，好不威风。当时还只是个无赖亭长的刘邦，见了秦始皇乘舆的威仪曾啧啧赞叹说："嗟乎，大丈夫当如此也！"张良在博浪沙伏击秦始皇，结果误中副车，就因车队庞大难以辨识。秦始皇的乘舆早已不存，所幸的是，在秦始皇陵陪葬兵马俑中夹存上百乘车辆，并进一步出土了铜车马两辆。一号铜车

---

[1] 黄然伟：《殷周青铜器赏赐铭文研究》，香港龙门书店，1978 年。

的舆厢较浅，不分前后室，有伞盖而无穹庐式车盖，御者凭轼而御，是一种立车。二号铜车舆厢上有穹盖，只能坐御，故为坐车；因车厢内比较宽阔，铺有地毯，坐卧皆安，故又名安车。这种立乘的敞车在前，安坐的轿车在后的排列，颇与阅兵的车队仪仗相似。这两辆车为皇帝的乘舆看来无疑，二号铜车舆厢四辘开有窗户，两侧有左右开合的推窗，后部有门，下坎可当登车踏步，冬暖夏凉，车饰全用银质，门扉内外、车窗及车盖内面，均以乳白色为底色，上绘红、紫、蓝、绿、黑等色花纹，车前四马也通体白色，马鬃加以整饰。历史文献说天子之车形制华丽，"轮皆朱班重牙，贰毂两辖，金薄缪龙，为舆倚较，文虎伏轼，龙首衔轭""金就十有二，左纛以牦牛尾为之，在左骖马轭上，大如斗"（《续汉书·舆服志》）。秦始皇使用的舆车与此记载颇近似，像右骖马头上发现的左纛饰物，铜杆

甘肃天水马家塬墓地出土
战国马车饰件

甘肃天水马家塬墓地出土
战国马车饰件

东汉《车马出行图》
陕西定边郝滩东汉壁画墓壁画

  顶上有瓔珞，可以想见马车在行进中，其瓔珞伴随着有节奏的马蹄声、鸾铃声，颤巍巍由下而上，煞是威风。

  汉承秦制。虽然汉初因战乱之后，"自天子不能具钧驷，而将相或乘牛车，齐民无盖藏"（《史记·平准书》）。但随着社会生产的发展，马车的形制发生了很大的变化，单辕车逐渐减少，双辕车逐渐增多；车的种类繁多，其用途愈趋专门化。

  汉代最高级的马车是皇帝乘坐的"玉辂车"和"金根车"，前者以玉为饰，锡面刻金，五彩缨罽（毛织物），日月画旗，龙象天明；后者以金为饰，龙图虎纹，也是日月升龙旗帜，鸾雀翟尾。与之相配的还有乘舆和五时车，其中分可以立乘的高车与可以坐乘的安车，各五辆，其色分别与五时迎气服色同，马亦如之。每辆车均驾四马，行于玉辂车或金根车之后，作为副车。此外，天子还有用于亲耕籍田时乘坐的耕车，阅兵以示征伐而用的戎车，狩猎而用的猎车，这些车如同前面车马相似的装饰，并都有伞形或方形的车盖，用鸟毛翠羽和其他装饰物制成，以及用各种罽制的车帷。全车的各类部件均可用不同的质地与装饰表示车主的身份和等级。

两侧有障蔽的"轩车"，在汉代供高级官员乘坐。这种曲辕、前顶较高的马车，在先秦时供卿大夫、诸侯夫人乘坐，《左传·闵公二年》："卫懿公好鹤，鹤有乘轩者。"轩车往往绘有花纹，彩饰华美，作为高级车种，只有"三公"（西汉的丞相、太尉、御史大夫和东汉的太尉、司徒、司空）才能使用。

车厢四面敞露，中间树有车盖的"轺车"，是一种立坐轻便的车子，《汉书·平帝纪》"立轺并马"，指此车由两匹马拉。颜师古注引服虔曰："轺音遥，立乘小车也。"但是近年发现的汉石刻和砖刻画像却表明轺车大多是坐乘的。因为轺车四面没有帷帐，就是坐着也可眺远，但如伞的车盖却很重要，《周礼·夏官》疏曰车盖有两种意义：一为御雨，一为表尊，就是分别等级，显示尊贵。所以，轺车一般为有等级的官员们乘坐。《史记·季布栾布列传》云："朱家乃乘轺车之洛阳，见汝阴侯滕公。"《汉书·黄霸传》说河内太守黄霸因受皇帝重视，诏令许他坐乘的辎车车盖由平常的三尺增高为一丈，以显示尊贵。从河北满城中山靖王刘胜墓随葬的辎车可知，这种车子在汉代官员车骑出行时居多。

辎车是一种四周设有帷幔、车厢像小屋子的车子，既可运载货物，也可乘人卧寝。《释名·释车》说："辎车，载辎重，卧息其中之车也。"但在汉代，辎车乘人比较普遍，《汉书·张敞传》云："礼，君母出门则乘辎軿。"这是指辎车与軿车大体同形，并以妇女乘坐为主。实际上辎车男女通用，并在当时成为一种高级车舆。《后汉书·桓荣传》说，建武二十八年桓荣任九卿之一的少府，光武帝刘秀赐予"辎车乘马"，桓荣受宠若惊，"大会诸生"，把皇帝所赐辎车陈列于大庭广众之前。由此可知，辎车绝非运载货物的大车。据《晋书·舆服志》说，"汉世贵辎軿而贱轺车，魏晋重轺车而贱辎軿"。如果确实如此，辎车的等级自然高于轺车。有人认为汉代的安车也是辎、軿车的一种，[1] 官员告老，或征召德高望重的人，往往赐乘安车，这是一种优礼方式。因为安车可以坐乘，有用四马驾车的，《史记·儒林列传》记载，汉武帝时，"天子使使束帛加璧，安车驷马迎申公，弟子二人乘轺传从"。申公年高德劭故用驷马安车，而弟子从行只能乘轺传车。

汉代还有作为仪仗用的，上立钺斧的"斧车"；在仪仗中载乐队用的"鼓吹车"；狩猎用的"猎车"；丧葬用的"辒辌车"；载

---

[1] 谢国桢：《两汉社会生活概述》，陕西人民出版社，1985年，第91页。

猛兽或犯人的"槛车";作战用的"轻戎车""武刚车"和"追锋车";等等。但不管使用哪种车,自天子而至诸王,下及百官,各有等差,不得僭越。"至奚仲为夏车正,建其斿旐,尊卑上下,各有等级。"(《后汉书·舆服志上》)据记载,汉景帝中元五年始定乘车制度,后几经增补修订,形成一套完整而又复杂的规定。例如关于用马的制度:太皇太后、皇太后、皇太子、皇子、皇孙皆驾三马;长公主(皇帝姊妹)、公主、大贵人、贵人以及三公、九卿、中二千石、二千石都驾二马。又比如关于乘车的制度:

云南玉溪出土
西汉青铜祭祀贮贝器

太皇太后、皇太后皆御金根车，加交络帷裳。平常乘紫罽车。长公主则乘赤罽车，公主、王妃、封君等乘油画车。

皇太子、皇子皆为安车，朱班轮，青盖，所以也叫王青盖车。皇孙则以绿车相从。

三公、列侯用安车，朱班轮，皂缯盖，装饰鹿、熊、黑轓。中二千石、二千石皆为皂盖，朱两轓。千石、六百石为朱左轓。景帝中元五年起，六百石以上官员可施车轓，及铜五末，轭有吉阳筩。同时又定中二千石以上右骓，三百石以上皂布盖，千石以上皂缯覆盖，二百石以下白布盖，扩大了有等级官员的使用范围。汉武帝天汉四年，又令诸侯王中的大国朱轮，虎麋装饰；小国朱轮画，熊麋装饰。这样，处于哪个等级的车，便一目了然。

为了完善乘车制度，汉代还制定三公、九卿、中二千石、二千石官员，祭祀天地或随从皇帝到庙堂、陵墓祭祖先时，都立乘驷驾高车，表示崇敬；平时出行均坐乘安车。刺史赴任按行，赤帷驷驾的乘大使车。二千石以上官员的夫人在朝会时可各乘其丈夫的安车，平时要乘辎车。六百石以上的乘用席子或皮革制成轓的施轓车。商人不得乘马车。在一般情况下，官吏出行必须按乘车规定乘坐，当然若遇特殊情况，僭越和降格的可能性都存在。尤其是两汉的中晚期，都出现过违例逾制的事，如豪强兼营商业，而大商人乘坐马车也屡见不鲜，桓宽《盐铁论·散不足》说："富者连车列骑，骖贰辎车"，"中者微舆短毂，烦尾掌蹄"。中豪犹且如此，贫苦百姓更无法乘车。

因此，车辆的使用，不仅有等级差异，也有贫富区别。

东汉末期，上层贵族和豪门地主转而喜乘牛车。牛车较慢，走起来安稳，而且车身高大严密，可以障帷设几，任意坐卧。《宋书·礼志》："犊车（牛车），骈车之流也，汉诸侯贫者乃乘之，其后转见贵。"牛车中又分为"通幰牛车"（从车顶到车前后用大幔遮住）、"偏幰牛车"（大幔只遮车前）、"敞篷牛车"（没有车篷）。而以通幰牛车地位最高，这种车一直延续到宋代。至于社会下层连牛车也坐不上的。《后汉书·列女传·鲍宣妻传》，宣之妻桓氏"与宣共挽鹿车归乡里"。又《独行·范冉传》："'冉'遭党人禁锢，遂推鹿车，载妻子，捃拾自资，或寓息客庐，或依宿树荫，如此十余年。"当时许多贫寒人坐不起辎轩车，就多乘这种低级粗陋的人力车。若连鹿车也没有，就挑着担子行路，《后汉书·赵孝传》说他"常白衣步担，从长安还止邮亭"。由此可见清"贵者乘车，贱者徒行"是自有阶级以来的普遍现象，把"贱者"排除在外的乘车制度，本身就是最大的等级划分和对官吏的特权保障。

"魏晋以降，迄于隋代，朝士又驾牛车，历代经史，具有其事"（《旧唐书·舆服志》）。当时天下混乱，马数骤减，牛车便代替马车。刘义庆《世说新语》记载洛阳的士大夫和仕女们常乘着牛车去春游。南朝因地理环境，沿袭了这一交通工具，以驾牛车为主，骑马不能作为正式的乘具。"江左官至尚书郎而辄轻乘马，则为御史所弹。又颜延之罢官后，好骑马出入闾里，当代称其放诞。"人们认为"单马御鞍，宜从亵服"（《旧唐书·舆服志》）。大概南朝上层统治集团以

北齐《牛车出行图》
山西朔州水泉梁北齐墓壁画

  东晋南迁为正统，不愿学习北方少数民族的戎服所乘。"舆辇之别，盖先王之所以列等威也"，自然乐意使用等级分明的车舆了。

  据文献记载，梁遵齐制，天子用五辂五牛及五色幡旗，尚青色而后改赤。天监七年改乘玉辂，由品官驾驭；其余四辂则使人执辔，以朱丝为绳。并将宋齐以来的辂车改装为犊车，配以龙凤象鸾。此外，画轮车、衣书车等皆用牛驾。诸王三公有勋德者，皆特加驾牛皂轮车，形如犊车，但黄金雕装；平时可乘通幰平车，以竹簧子做壁盖。二千石四品已上及列侯，都用驾牛轺车，青油幢，朱丝络。并规定：使用鹿幡轺的为三公、开府、尚书令；使用凤辖轺的为仆射、大夫、侍中等；使用聊泥轺的为国子祭酒、列卿、尚书等；使用龙雀轺的为车骑、骠骑、刺史等；使用方盖轺的为御史中丞。太子、皇妃、公主等各有等差。当时不分等级贵贱通乘的是"羊车"，又名辇，常由穿青布袴褶的小孩数人牵引，时名"羊车小史"或"牵子"。据说晋武帝"常乘羊车，恣其所之，至便宴寝"（《晋书·胡贵嫔传》）。《南齐书·魏虏传》载："虏主及后妃常行，乘银镂羊车，不施帷幔，皆偏坐垂脚辕中。"这种"羊车"并不是羊拉的车，《宋史·舆服志》解释："羊车，古辇车也，亦为画轮车，驾以牛。"汉代的羊车以人拉或驾小马，隋也驾小马，一直到宋代皆如此。因"络带门帘，皆绣瑞羊"，故叫羊车。可见，羊车其实是绣有瑞羊门帘的牛车，不过专供帝王乘坐的则质料精良、装饰华贵罢了。士大夫们则乘牛拉的"长檐车"，上有盖，四旁垂以帷幛。《颜氏家训》云："梁朝全盛之时，贵游子弟，无不驾长檐车。"又"梁世士大夫皆尚褒衣博带，大冠高履，出则车舆，入则扶持，郊郭之内，无乘马者"。有些高门子弟竟把马嘶当作虎啸。

至于北朝，五胡入华，鞍马之乘行于军旅，"贵于便习者也"。自天子到百官，皆以骑马为裕。当然也逐渐接受汉族礼制，使用车舆来区别等级。北魏初期还"未知古式，多违旧章"；孝文帝改革时"准备五辂，各依方色，其余车辇，犹未能具"（《隋书·礼仪五》）。明帝时才定制：天子五辂并驾五马。皇太子乘金辂四马。三公诸王制同于辂，名曰高车，驾三马。列侯及尚书令仆以下和列卿以上者，驾用一马轺车，或乘一牛四望通幰车。北周专设"司辂"掌管车舆，目的是"辨其名品，与其物色"。皇帝十二种辂车，公爵九辂，侯爵八辂,伯爵七辂,子爵六辂,男爵五辂。公孤卿大夫皆以中之色乘祀辂,士只能乘祀车。对马车装备则为君驾四,三辀六辔。卿大夫驾三,二辀五辔。士驾二,一辀四辔。旌杠是皇帝六刃,诸侯五刃,大夫四刃,士三刃等。这些"彰德明,表贵贱"的车舆制度,又成为隋代舆辇规范的基础。

隋朝开皇元年,即遵用北魏、北齐的五辂车制,为隋文帝造玉辂、金辂、象辂、革辂、木辂,青盖黄里绣饰。皇太子、王公侯伯和各级品官依次降差。隋炀帝大业元年"更制车辇,五辂之外,设副车"。并恢复羊车,"其制如辂车,金宝饰,紫锦幰,朱丝网"。下令三品以上通幰车,五品以上亘幰车,六品以下不许施幰。三公夫人及

陕西礼泉张士贵墓出土
唐代骑马妇女陶俑

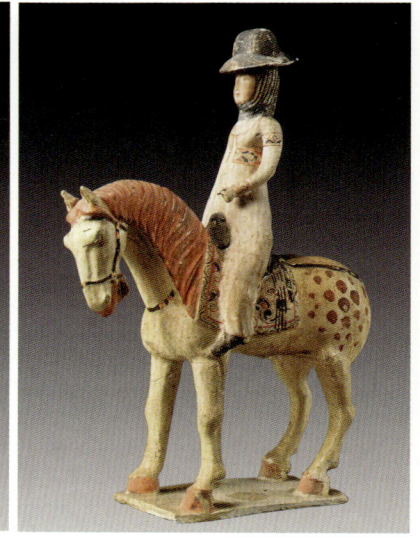

陕西礼泉郑仁泰墓出土
唐代骑马妇女陶俑

公主、王妃犊车紫幰朱丝络，五品以上命妇青幰。（见《通典》卷六五《礼》）

唐初多因袭隋制，天子有玉、金、象、革、木五辂重舆，伞盖里皆用黄色；并有耕根车、安车、四望车和十乘属车。皇后有车六舆，太子有车三舆，王公以下车辂，亲王及武职一品，象饰辂；自余及二品、三品用革辂；四品用木辂；五品用轺车。"王公车辂，藏于太仆，受制、行册命、巡陵、婚葬则给之。余皆以骑代车"（《新唐书·车服志》），这是一个很大的变化。骑马代车是唐代的重要特点，它不仅使汉式马车与东晋、南朝式牛车从此走向衰微，也使北方民族在北朝传播的骑马之风重振开来。唐初还有贵族妇女乘坐牛车，但很快宫人便骑马成风，高宗时又出现妇女坐檐代替乘车的情况，连命妇也以骆驼驾车，朝廷多次下诏禁而不止。中宗时"宫人从驾，皆胡帽乘马，海内效之"（《新唐书·车服志》）。男子在隆重的场合都骑马，像朝廷大臣都乘马著衣冠，无人乘车，尽管有人认为以朝服乘马是不合礼制，但除了在行大礼时用车外，平常办事皆骑马。正如宋人赵彦卫《云麓漫钞》卷四所说："自唐至本朝，却以乘马朝服为礼。"而且不仅一般官吏如此，连皇帝也不例外，《旧唐书·舆服志》谓："自高宗不喜乘辂，每有大礼，则御辇以来往。爰洎则天以后，遂以为常。玄宗又以辇不中礼，又废而不用。开元十一年冬，将有事于南郊，乘辂而往，礼毕，骑而还。自此行幸及郊祀等事，无远近，皆骑于仪卫之内。其五辂及腰舆之属，但陈于卤簿而已。"从这段记载中，可见唐代驾车与骑马的演变，从此，除典礼等大事时仍有驾车作仪仗排列外，一般生活中都改用了单骑。玄宗和杨贵妃同行乘马，杨国忠与虢国、韩国夫人并驱道衢行马，都是典型事例。中唐之后宰相裴度、武元衡乘马被刺，也是高官骑马的证明。可见唐代骑马之风已通乎上下，连"长安侠少，每至春时结朋联党，各置矮马，饰以锦鞯金辂，并辔于花树下往来"（《开元天宝遗事》）。

当然，乘马也有规定制约，如：一品及开府仪同三司用七骑；二品及特进用五骑；三品及散官三骑；四品、五品二骑；六品以下一骑。这是指官员们外出时随骑者的数目，后又定七品以下非常参官不得有骑从。唐文宗即位后，以"品秩勋劳为等级"，下诏整顿车服僭奢问题，规定：五品以上及节度使册拜、婚会要使用幰车；外命妇一品、二品、三品乘金铜饰犊车；四品、五品乘白铜饰犊车；胥吏、商贾之妻老者乘苇軬车；未有官职者乘蜀马、铁镫；商贾、庶人、僧、道士不乘马。这样，贵贱通用马匹的问题就可澄清，等级界限又可辨明。

宋代早期出门行路还是以乘马为主，只有少数年老的官员准许乘轿，后来富有之家亦有乘轿的，但是在禁止之列。到南渡之后，由于马匹大部分被金人掠去，所以改用轿子。至于宋代官方的车舆，在循袭唐五代旧习的同时，"锐意稽古，折中同异"。元丰有详定礼文所，徽宗大观间有议礼局，政和年间又有礼制局。宋神宗时定制：皇帝有五辂车及各种辇车、属车、仪仗车等二十余种，这确是前代没有的。皇后、皇太子车辂如同唐制，只有亲王群臣依官品略有降等，"百官常朝皆乘马"（《宋史·舆服志》）。但骑马坐乘有严格令式规定，

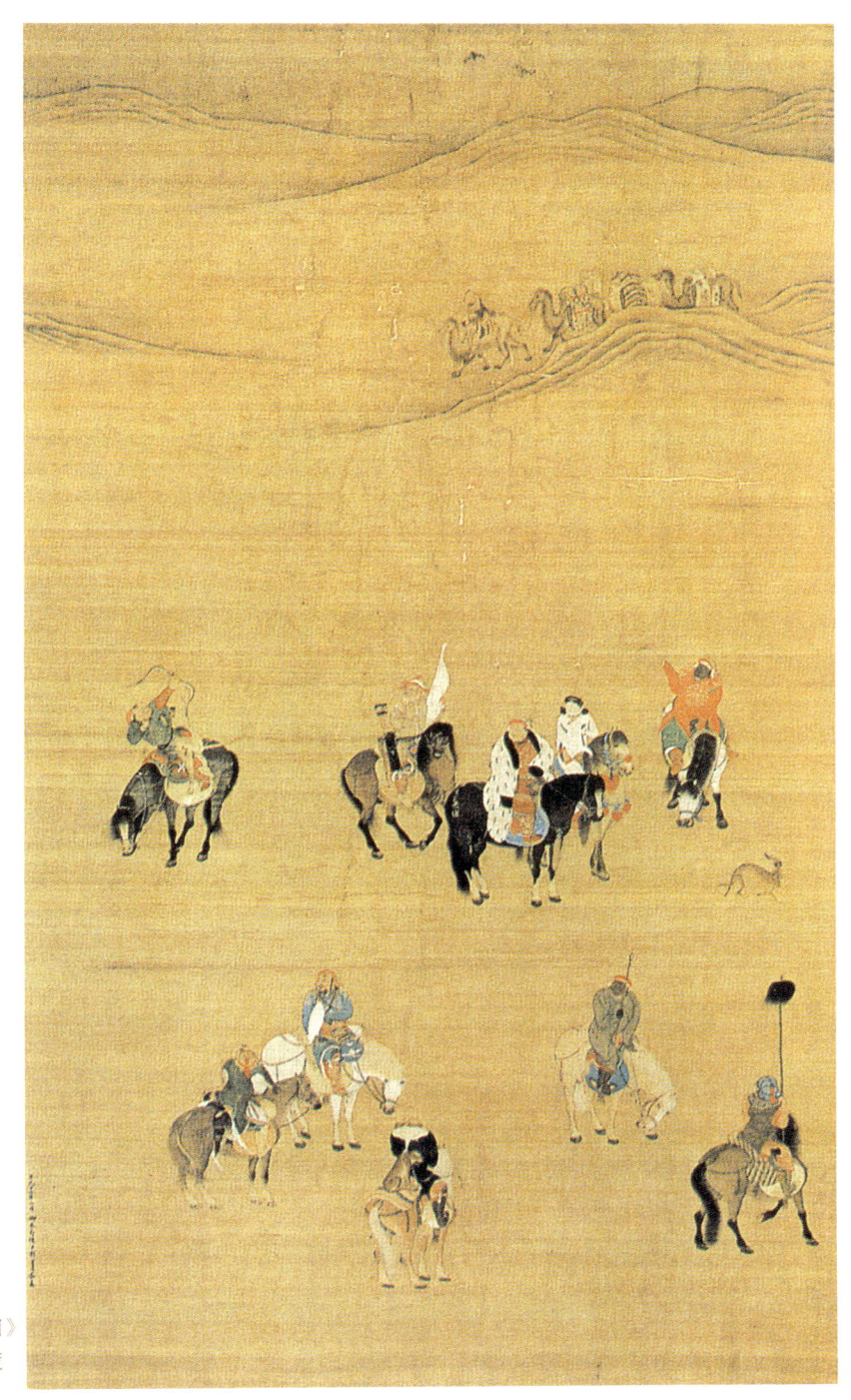

元代刘贯道
《元世祖出猎图》
台北故宫博物藏

第三章 / 等级与车轿　　135

按官职不能逾越，主要表现在鞍具与马饰上。绣鞯及闹装校具只限宗室及恩赐者使用，金涂银闹装牡丹花校具限宰相、亲王、枢密使、大学士等使用，太平花校具限使相、参知政事、节度使等使用，麻叶校具限三司使、翰林学士、御史中丞等使用，三环宝相花校具限团练使、刺史等使用，洛州花校具限诸路承受，等等。凡京官三品以上外任者，皆许马以缨饰。以后又规定"六品以下不得闹装，其鞯皆不得刺绣、金皮饰。余官及工商庶人，许并乘乌漆素鞍，不得用狨毛暖坐。其蓝黄绦子，非宫禁不得乘。士庶、军校乘白皮鞯勒者，悉禁断"（《宋史·舆服志》）。北宋中期后还继续变更、补充，目的无非是"别尊卑，定上下"，严格等级制度。至于民间士大夫一般出行常以驴、骡代步，乘马坐车则逐渐减少，并带有苍头或侍童随从，以显示出游风度。

元代冠服车舆，近取金、宋，远法汉、唐，随时损益，兼存旧制。规定车舆除不得用龙凤纹外，一品至三品准许用间金装饰银螭头，绣带、青幔；四品、五品用素狮头，绣带、青幔；六品以下用素云头，素带、青幔。马鞍辔则一品饰以金玉，二品、三品饰以金，四品、五品饰以银，六品以下并饰以鍮石铜铁。庶人车舆用黑油，齐头平顶皂幔；娼家不得乘坐车马。退休职官可用任职时品级车舆。

明朝综合宋元车舆制度，"咸别等威，至宋加密"。洪武二十六年始定天子乘舆之制，玉辂、大辂、九龙车和步辇各一。但从皇帝到百官一般出入皆乘舆坐轿，马车只有祭祀或举行典礼时才用。以后屡有变动，如成化年间官员士大夫都乘马，到弘治、正德年间都乘轿；武官初期都得乘马，不许乘轿，到后来在南京等地亦有乘轿者。按洪武元年令，百官乘车不得雕饰龙凤纹；一品至三品银螭绣带青幔；四品、五品素狮头绣带青幔；六品至九品用素云头青带青幔。庶民车用黑油，平顶皂幔，禁用云头，不准用红漆。这些规定与元代相同。乘马鞍辔也有约束，公、侯、一品、二品用银绥银鈷，三品至五品用银绥（马首装饰）油画，六品至九品用摆锡、油画。庶民不得在鞍具上描金，唯用铜铁装饰。官民人等马颔下只能用黑缨，不许用红缨及嵌金、天青、朱红装饰。军民鞍辔用铁饰件黑绿油。这一整套由繁至简的鞍具形式，显示出官尊民卑的等级区别。

清初依照明制，皇帝有五辇辂车，皇太子、皇后、贵妃、公主等依次有差，但这些车只在大朝会或其他典礼时使用，以显示威严。平时满族文武官员均乘马，只有亲王、大学士等少数高级官员可以坐轿，其余非年老者不得乘舆。汉族官职四品以上文职，省督巡抚，司、道以下，教职以上者允许乘舆，杂职都得乘马，武职年逾七十者才可不乘马。乾隆十五年谕："本朝旧制，文武满汉大臣，凡遇朝会皆乘马，并不坐轿。"（《清史稿·舆服志一》）据说坐轿使人"务求安逸"，故不许满族官员乘轿，而只能骑马。至于庶民车辆如同明制，黑油齐头平顶皂幔，禁用云头装饰。由于官僚们在清中期以后坐轿风习越来越盛，所以高级车马也越来越不重视，但车舆乘马仍"备详定式，悉按等差"，各个等级的名分级别绝不许混淆。

从马车到骑马的演变过程中，骑驴作为一种下层人的出行方式也很普遍。虽然马与驴同为代步的牲畜，但马比驴要神气得多，官吏皆骑马，只有庶人及不许骑马的人才骑驴。明初官员到任多无马，或借马赴任，或乘驴远涉，朱元璋曾下谕兵部，以礼应"别贵贱，明等威"，布政司、按察司、府、州、县官多乘驴，甚乖治体，令官员自己买马，各级官署也要给马若干匹，以供骑乘。（余继登《典故纪闻》卷五）所以从此后，中国的官场上很难见到骑驴的官员，并把骑驴作为笑谈。而且官员乘马的马饰差异极大，如前所提，宋代京官三品以上外任者许以缨饰，明代官民禁用红缨而用黑色，清制唯四品以上才得系繁缨。唐制未仕者不许用银及鍮石装饰鞍具，只能用乌漆鞍铁踏镫，且只许乘蜀地小马。梁开平二年敕："车服以庸，古之制也。贵贱无别，罪莫大焉。应内外将相许以银饰鞍勒。其刺史、都将、内诸司使以上，祇许用铜饰，仍永为定式。"（《五代会要·杂录）总之，车舆乘马的规定日趋繁复，不仅成为分高下、别尊卑的象征，而且成为社会生活和国家政治中的重要礼仪制度。

二、肩舆轿子

在中国古代社会，由肩舆发展演变为轿子，经历了一个漫长的过程。《史记·禹本记》记载，大禹治水十三年，过家不入门，出行四载："陆行乘车，水行乘船，泥行乘橇，山行乘檋。"这虽然出于传说，但自从阶级社会产生后，奴隶主贵族利用特权乘车、船是毫无疑问的。"檋"是一种爬山越岭穿的带锥头的木屐，其应用时间必相当久远。

《左传》《史记》中常有关于"舆"的记载。许慎《说文》"篚"

字下云："竹舆也。"段注《公羊传》曰："胁我而归之，筍将而来也。"何注："筍者竹箯，一名编舆，齐鲁以北，名之曰筍。将，送也。"《史记·张耳传》记有汉高祖使泄公持节询问贯高"箯舆"前。《汉书·严助传》载，汉武帝派两将军攻打闽越，淮南王刘安下书谏阻。书中云："今发兵行数千里，资衣量，入越地，舆轿而隃领（同逾岭）。"注曰："今竹舆车也，江表作竹舆以行是也。"这是谓过岭不通车船，运转皆用舆轿。从这些记载可证明，自汉代以来这种交通工具的名称便有箯、筍、编舆、竹舆、舆轿等，实同是一物，主要用竹子做材料，使用轻便易举，二人或四人肩抬。因舆轿的式样似车，只是车置轮而手推，轿异竿而肩扛，故又谓之"肩舆"，又有时也叫"平肩舆"。

关于"肩舆"最早的形象，有云南晋宁石寨山出土的汉代铜器纹饰，上有汉朝"竹舆"样式，前后各二人肩抬。晋人顾恺之绘《女史箴图》中"班姬辞辇"，有八人同抬的舆，舆上笼罩薄纱，暑天可避蚊蚋，并旁置几案，能供读书写字。《南齐书·江夏王宝玄传》把这种八人扛抬的交通工具叫"八杠舆"。其实，八杠舆就是晋魏六朝通称的"平肩舆"，在当时非常普遍。《晋书·谢安传》称"谢玄曾衣白纶巾，乘平肩舆"。《晋书·王献之传》："尝经吴郡，闻顾辟彊有名园，先不相识，乘平肩舆径入。"李绅《入扬州郭》诗："自缘多病喜肩舆。"陶潜上庐山赴会坐的是"板舆"。此外，还有坐四周竹编边沿的"篮舆"等。在大同北魏司马金龙墓、邓县南北朝墓画像砖、北朝孝子棺石刻中都刻绘有四人扛抬平肩舆的图案。只是民间通用"肩舆"更简便一些，有"板舆""篮舆"等名目。当然，这些乘具都是等级社会中上流阶层使用的，下层人民是无缘使用的。

南北朝时，"齐武帝造大小辇，并如轺车，但无轮毂，下横辕轭。梁初，漆画代之。后帝令上可加笨辇，形如犊车，自兹始也"。这种大辇、小辇，"元正大会，乘出上殿"，雕饰龙凤，成为帝王专用的乘具。而"方州刺史，并乘通幰平肩舆，纵横施八横，亦得金渡装较。天子至于下贱，通称步舆，方四尺，上施隐膝以及襻，举之。无禁限。载舆亦如之，但不施脚，以其就席便也。优礼者，人舆以升殿。司徒谢朏，以脚疾优之"（《隋书·礼仪志》）。这段记载，略述了平肩舆向步舆，大、小辇的演变过程，并指出了自天子到平民使用的情况。虽然当时"无禁限"，但在制作上还是有八尺、四尺与三十六横、十六横之分。可以说，肩舆的等级区分已在形成之中。

隋炀帝大业元年改革车辇，正式将"肩舆"定为皇帝专用的"辇"，并对这种交通工具概括如下：

辇，案《释名》"人所辇也"。汉成帝游后庭则乘之。……今辇，制象轺车，而不施轮，通幰朱络，饰以金玉，用人荷之。

副辇，加笨，制如犊车，亦通幰朱络，谓之篷辇，自梁武帝始用。

舆，案《周官》曰："周人上舆。"汉室制度，以雕为之，方径六尺。今舆，制如辇而但小耳，宫苑宴私则御之。

小舆，幰方，形同幄帐。自阁出升正殿则御之。

（《隋书·礼仪志》）

由此可见，这四种辇舆列入仪礼制度，并制定了等级差降和使用范畴，皇帝堂而皇之地坐在辇舆之中，前呼后拥，好不威严。

唐前期虽没有对辇舆的使用和等级做出具体规定，但当时使用却很普遍。阎立本《步辇图》中，由二宫女扛抬而另二宫女手扶的太宗坐步辇形象，步辇上有横木以供乘坐者手扶。这表明唐初帝王坐步辇合乎礼制。《新唐书·李纲传》："贞观四年，复为少师，以足疾赐步舆，听乘至阁，问以政事。"可知唐初年老大臣入宫议事，可将乘舆作为一种优待礼遇。当时步辇一般名为"腰舆"，主要指使用时手提不上肩，行走时则用攀索绳带挂到杠头上，高至齐腰，不像晋代"平肩舆"那种式样。制作更简单的名为"舁床"，意即抬床。其他唐人记载，则通称"檐子"。

檐子最初出现时，注重实用，形式较为简陋，民间多用竹篾编造。盛唐时期，檐子式样有了较大变化，类似于后代的轿子，二肩舁固定两旁，人坐其上，双脚下垂，肩背后靠，较之原先盘坐于板上安全舒适得多。当时妇女乘坐檐子比较普遍，《旧唐书·舆服志》说高宗咸亨时妇人"比来多著帷帽，遂弃羃䍦，曾不乘车，别坐檐子，递相仿效，浸成风俗，过为轻率，深失礼容"。因此朝廷下令禁坐檐子。但禁乘的原因是檐子未有顶盖及围幕，妇女"全无障蔽"。随着盛唐的开放之风，开元、天宝年间，不仅契丹所用的奚车渐至京城，而且巴蜀妇人所用的兜笼也传入长安，兜笼和檐子一样易于负担，因此代替乘舆而风靡一时。这样，吸取了兜笼围障特点的新式檐子又在肃宗乾元年间盛行。唐文宗时规定乘檐子与坐车一样，须有等级区别，外命妇一品至中书门下三品檐舁可用八人，三品舁者六人，四品、五品檐舁以四人，六品以下不得过四人，胥吏、商贾之妻老者乘兜笼舁以二人。在檐舆配备方面则早有规定："旧制，乘舆案褥、床褥、床帷，皆以紫为饰。天宝六载，礼仪使太常卿韦绦奏请依御袍色，以赤黄为饰。从之。"从此，皇帝坐的舆辇以赤黄色为标志。文宗开成末又规定："宰相、三公、师保、尚书令、仆射、诸司长官及致仕官，疾病许乘檐，如汉魏载舆、步舆之制，三品以上官及刺史，有疾暂乘，不得舍驿。"（《新唐书·车服志》）这说明，唐朝后期一方面对妇女乘檐舆有着严格的等级区别，另一方面还是不允许官员们乘坐檐舆（有病者除外）。

西安出土
唐代抬担俑

经过五代至宋的不断改进，檐舆有了顶盖、围屏之类的设备，装饰也日益完善，五代人作的《宫中图》，杠头做凤形，为皇后公主宫廷中往来专用，或称"凤辇"。宋代，轿子的式样终于基本定型。《宋史·舆服志》记载其制："正方，饰有黄、黑二等，凸盖无梁，以篾席为障，左右设牖，前施帘，舁以长竿二，名曰竹轿子，亦曰竹舆。"至于皇室所用的大辇、凤辇、逍遥辇、七宝辇、平辇、小舆等，大多以朱龙椅而加长竿，前后各二，竿头饰有金银螭首，顶盖上施角龙、结穗球等，分别由十几人到几十人来舁抬，皇帝不骑马或坐辂车时，典礼或朝会时就坐辇舆出行。宋人沿袭前代，也常常把皇室用的轿子叫作"肩舆"。

需要注意的是，虽然北宋社会一般妇女出行都可乘坐"轿子"，据《东京梦华录》记载在街头巷尾随时可以租赁，但北宋的官员们不能乘坐轿子。当时士大夫认为乘轿"以人代畜"，是有伤风化的不道德之举，所以"皆不甚乘轿"。元祐初，宋哲宗因司马光系四朝元老，德高望重，且念及他年事已高，特许其坐轿三日一上朝，而司马光"辞不敢当"。王安石任宰相后，有人劝他乘轿，他谢绝道："自古王公虽不道，未敢以人代畜。"当时"优待宗室老疾不能骑者，出入听肩舆"，一般按"旧制，舆檐有禁"。这个"旧制"，就是唐代官吏坐轿的禁制，唐代规定"不限高卑，不得辄乘担子"；即使朝廷命官因公外出，途中患病不能骑马者，须经申报中书门下省及御史台批准，方可坐轿，并且须由自己出钱雇请。所以唐代和北宋的坐轿者多为达官贵人中的妇女，以及宫女等。

轿子在官场中普及，是在宋高宗南渡之后。赵构建立南宋政权迁扬州，江南多雨，赵构以"扬州街路滑，始许朝士乘檐子"。此后，文武官员上朝或外出巡行均以轿代车马。《宋史·舆服志》说："中兴后，人臣无乘车之制，从祀则以马，常朝则以轿。""中兴东征西伐，以道路阻险，诏许百官乘轿，王公以下通乘之。"数十年后，轿子不绝于道，理学家朱熹亦嗟叹："至今则无人不乘轿矣！"当时的轿子，分民轿与官轿两种。民轿一般为豪绅地主或富有家庭所备有，多为二人抬的青布小轿，如同北宋对民间坐轿没有过多限制一样，南宋"士庶家与贵家婚嫁，亦乘担子（即轿）"，新娘坐花轿自此开始。高级的花轿有平金丝绣镶钻石的轿围；一般的喜轿则是红绿绸缎轿围，上绣图案。轿夫有四人的，也有用八人的，新娘坐红轿，新郎坐绿轿，仪仗乐队颇为热闹，所以民轿在南宋亦很普及。至于官轿，情形就较为复杂，由于官轿既是权力又是等级的象征，因而有关官轿的典章制度也就应时而出。据《通志·舆服志》记载，对轿的等级、式样、尺寸、用料、装饰、轿夫人数、使用场所等，均有严格规定。例如朝臣所乘多为竹轿，高级官吏就乘白香木轿，皇亲王公为银装白藤轿，覆以毡或棕。公主之轿更为华贵，名"金铜轿"，轿内铺有剪棕，朱红梁骨，上列渗金铜铸云凤花朵，轿高五尺，深八尺而宽四尺，内容六人，四周垂以珠帘，栏壁皆缕雕木金花人物神仙，并由十二人分两竿扛抬。而皇太后乘龙舆轿，皇后则乘龙檐轿。皇帝有大辇、平辇、逍遥辇三种，里设御座、曲几、屏风、锦褥，四竿为龙首，外涂丹漆，金银装饰，轿夫称"辇官"，常达近百人轮流扛抬。

其他如内命妇乘银装白藤舆檐，而外命妇则不准用银装等。轿子外观所显示的等级地位有条不紊，一望而知。

明代朱元璋不欲大臣废骑射，所以出行必乘马，明初因而只许在京三品以上官员乘轿，但不许用红漆轿。弘治七年规定，"文武官例应乘轿者，以四人舁之"。但公侯伯以及内外镇守、都督等"不问老少，皆不得乘轿，违例乘轿及擅用八人者，奏闻"（《明史·舆服志》）。永乐元年，驸马都尉胡观因越制乘坐晋王的轿子而被弹劾切责。以后为乘轿、禁乘几经反复，如弘化、正德年间允许文臣乘轿，庶官乘马；嘉靖年间又定四品以下官员不许坐轿，也不得用肩舆；万历三年又奏定勋戚及武臣不许用帷轿、肩舆。虽然官方制定禁例，但破格违例者大有人在，因此万历后期，只好准许三品以下乘小轿，其后进士亦可，到晚明时，举人、监生及新进学的秀才等也都乘轿，以乘轿作为身份地位的象征的风气占据民间。

清初沿照明制，皇帝有大仪轿、大轿、明轿、折合明轿等，出入行幸都使用，并把这些轿子称为"礼舆""轻步舆""步舆"，即三舆。三舆装饰因形制式样各异，其突出特点是帏用明黄云缎，坐具冬施紫貂，夏以明黄妆缎，绘金云龙首。皇后、贵妃以次俱有轿制。亲王、郡王、贝子均有明轿、暖轿各一顶，但非年老者不得乘坐轿，只能乘舆。当时对轿顶的规定是很严格的，"贵妃以上用金，妃嫔用铜质镀金，亲王、郡王、一品大臣用银。等而下之，或镀银，或光锡"（《听雨丛谈》）。汉官三品以上文职为银顶，平时轿夫四人，出京八人；四品以下文官用锡顶，平时轿夫二人，出京用四人。钦差官三品以上和直省督、抚，都是轿夫八人，"八抬大轿"从而成为达官贵人的代称。庶民只能用皂幔小轿，轿夫最多不得超过四人。清代晚期轿子又有绿呢、蓝呢作为等级地位的分别，有时妓女出局亦乘蓝呢轿子。

清朝对乘坐官轿时严时宽。"顺治初，汉人京官亦多乘马"（《池北偶谈》）。咸丰以后，一品文职大臣、军机大臣均坐轿，督抚、使臣、布政使而下至知县，一律准乘轿子，所以清代是中国古代社会中轿子最发达最普及的时期。

官轿既然是一种权力和地位的化身，皇帝的大轿自然格外高贵。

元代《卢沟运筏图》局部
中国国家博物馆藏

如前所说，冠金圆顶，明黄缎垂檐绣金云龙，十六人抬。慈禧弄权时，她所乘坐的"龙舆"更别具一格：上等紫檀木为轿架，黄金为顶，杏黄色贡缎为轿罩，上以金丝绒绣九条五爪盘龙，绣龙黄缎为坐垫，翡翠莲花为踏脚。二十四名轿夫是年龄、身高、穿着都一样的太监。这位垂帘听政太后的威风通过所乘之轿就反映了出来。

由于官轿等级森严，因此，即使是高官显要也不敢越级使用。光绪十二年，慈禧下令赐给溥仪的祖父母一顶杏黄色轿。奕𫍯再三推辞，不敢接受。后来他收下之后也未用过一次，慈禧表扬他"秉心忠赤"，但同时也不得不承认他是"严畏殊常"。官轿不仅不可以

越级使用,甚至在路上也不能越级而行。一次,恭亲王奕䜣乘轿途中,遇其兄惇亲王奕誴之轿在前面,轿夫不听奕䜣制止越轿而过,回府后按"越轿"之罪一律挨了板子。鲁迅小说《故乡》中的杨二嫂说:"哎呀呀,你放了道台了,还说不阔?你现在有三房姨太太,出门便是八抬的大轿,还说不阔?"可见,在鲁迅的年代,轿的余威还存在。

由肩舆发展到轿子,由八抬"官轿"划分到"三顶拐"(即三人抬)的县令轿子和平民用二人抬的"鸭棚轿"(简单如滑竿),都在客观上反映了等级社会中的特权体制的毒瘤,反映了封建权力下身份地位所决定的生活准绳。

三、出行仪仗

无论是乘车骑马,还是肩舆轿子,出行时都讲究仪卫从仗,这是区别等级贵贱与身份高低的另一重要标识。每当统治阶级上层人物出入时,前有开道引路的步卒、导骑和导车,后有从骑从车,有的车上还竖立着种种仪仗,队列中或备有钟、磬、笳、箫,吹吹打打,浩浩荡荡,吆喝之声不绝于耳,骄淫之威横施于道,场面极为豪华壮观。正如《明史·仪卫志》所说:"历代制度虽有沿革异同,总以谨出入之防,严尊卑之分。慎重则尊严,尊严则整肃,是故文谓之仪,武谓之卫。"

据《周官》来看,君王的仪卫从仗分掌于天官、春官、夏官之属,而开路清道的"跸事"则专属于秋官。因为传说中的轩辕氏就以师兵为营卫，所以周代时"其仪大备"。周王出入率虎贲，"执盾以夹王车，朝仪之制，固以灿然"。秦始皇统一全国后，将先秦诸侯侍从的副车九乘，扩大为属车八十一乘，上置皂盖赤里朱幡，摆有戈矛弩剑等仪仗，最后一辆车垂豹尾，出行阵势极为宏大。在皇帝乘舆之前还有先驱旄头、旄旗鼓车。旄头即戴披发直上的皮毛之冠，象征着壮士怒发冲冠之意。

汉承秦制，天子乘舆出有大驾、法驾、小驾。"驾"即行。大驾"以郊飨上天，临驭九伐"；法驾"以祭方泽、祀明堂，奉宗庙、藉千亩"；小驾"以敬园陵、亲蒐狩"。大驾由公卿奉引，大将军骖乘，太仆驭车。法驾、小驾则由京兆尹、执金吾、长安令奉引，侍中骖乘，奉车郎驭车。大驾八十一乘属车，备千乘万骑；法驾三十六乘属车，小驾则又减其数。皇帝车驾前导从者们手执或设置的仪物仪仗就是"卤簿"，例如旌旗、戈戟、羽旄、金钲黄钺、黄门鼓车等等。跟随的官员们"督整车骑"，名谓"护驾"，先行后罢不能排错秩序。车驾的图案花纹和马匹的装饰颜色都按等级有严格规定，从天子到百官各有等差。

按《后汉书·舆服志》记述，公卿以下至三百石以上的县官，出行全有仪仗、骑从。例如三百石以上官吏，前有三辆导车，后有两辆从车，由"门下五吏"（贼曹、督盗贼、功曹、主簿、主记）分置前后，并全部带剑。县令以上者还可以加斧钺车（又名轻车）在前面引导。而二千石以上又增设骑吏四人；千石至三百石骑吏二人；不仅带剑而且持棨戟，位在出行队伍前列。至于手持箭弩的车前"伍伯"，三公设八人，中二千石至六百石四人，四百石至二百石两人。

当时武官称"伍伯",文官称"群车"。"铃下、侍阁、门栏、部署、街里走卒。皆有程品,多少随所典领。"(《后汉书·舆服志》诸侯王的法驾,属官以傅相以下,亦备卤簿,如同京都官骑,张弓带鞬,遮迎出入,依次而行。确是前呼后拥,"备其威仪"。

《三国志·吴书·士燮传》叙述东汉末年交趾太守士燮:"雄长一州,偏在万里,威尊无上。出入鸣钟磬,备具威仪,笳箫鼓吹,车骑满道……妻妾乘辎軿,子弟从兵骑。"像这类"土皇帝"的出行威风,可资佐证的文献和文物比比皆是,像内蒙古和林格尔东汉护乌桓校尉墓中出土的车骑出行图、徐州凤凰山茅村车骑出行图以及其他地区汉墓内的画像石,都反映出骑吏、导车在前,各种轺车、軿车、主车、棚车等十乘在中间,一些从骑、步行者在后侍卫,马有一百多匹,随从一百多人。而主人庄严肃穆,神态自若;骑吏小心恭谨、低首趋步;骏马昂首奔驰,华车滚滚向前。这种用不同式样车子和不同马匹、步卒、骑吏等来区别等级贵贱的出行图,正是汉代达官贵人真实生活的写照,以致死后仍要把这种标志身份地位的仪仗带入墓葬里继续享用。

魏晋南北朝虽经战乱动荡,但每一个帝王上台都丝毫不减出行的仪仗侍从,例如南朝齐、梁时期,皇帝稍有出动,除警卫的军士外,御刀、御盾等仪仗紧跟左右,前后侍从有旗手、角抵、勇士、羽林等二百七十六人。若出外更是人数众多,共有刀戟、蜀客、廉察、直从等四十九队,"卤簿应宿卫军骑,皆执兵持满,各当其所保护方面"。北朝北魏、北齐、北周也同样,除警卫外,礼仪的排列就有持钑队、铤槊队、长刀队、细仗队、雄戟队、马游队等三十多队，饰金长刀、凤环银甲、豹虎彤盾，加以各色服装，颇为气派，令人肃然起敬。隋朝沿袭北齐、北周宫卫制度，但出行仪仗微有变革，首先以黄麾仗开导，其次为二十四戟，左青龙和右白兽幢，二十四级金和十二道金节，前后为绛引幡、朱幢、旌旗等，并有三百六十人在后侍从，出行场面威风凛凛，不可一世。

唐代是中国历史上出行仪卫从仗发展完备和趋向烦琐的时期，所谓"仪卫之盛，无与比隆"。天子大驾出行，分前后有近三十辆各种车子施于卤簿之内，左右簇拥，气势宏大。天子在侍中、中书令的夹侍下，前有万年县令先导，旁侧有京兆尹、太常卿、司徒、御史大夫、兵部尚书的陪同，"銮驾动，警跸，鼓传音，黄门侍郎与赞者夹引而出，千牛将军夹路而趋"（《新唐书·仪卫志》），后面跟随清游队、朱雀队、鼓吹、持钑前队、左青龙右白虎旗、左右卫将军领军士、衙门旗、大缴雉尾障扇、黄麾、马队骑从等，共有两千多人。"羽葆、华盖、旌旗、罕毕、车马之众盛矣，皆安徐而不哗。其人君举动必以扇，出入则撞钟，庭设乐宫，道路有卤簿、鼓吹。"这样的仪仗往往逶迤数里之长，前后不能相望，规模是空前的。当然，这种大场面的出行列阵，非一般小礼时所用，必遇有重大典礼才使用。

皇太后、皇后出行由内命妇、宫女、宦官等侍从，并以左右金吾卫、领军卫等持仪仗卤簿相随。皇太子则由东宫宫臣等侍从，也以监门骑卫为仪仗。亲王的出行仪仗依次降差。按唐制和《大唐开元礼》

记述，四品以上官员皆有仪仗卤簿，例如一品有清道四人，二品至四品有清道二人。一品有青衣十人、车辐十人，而二品至四品依各

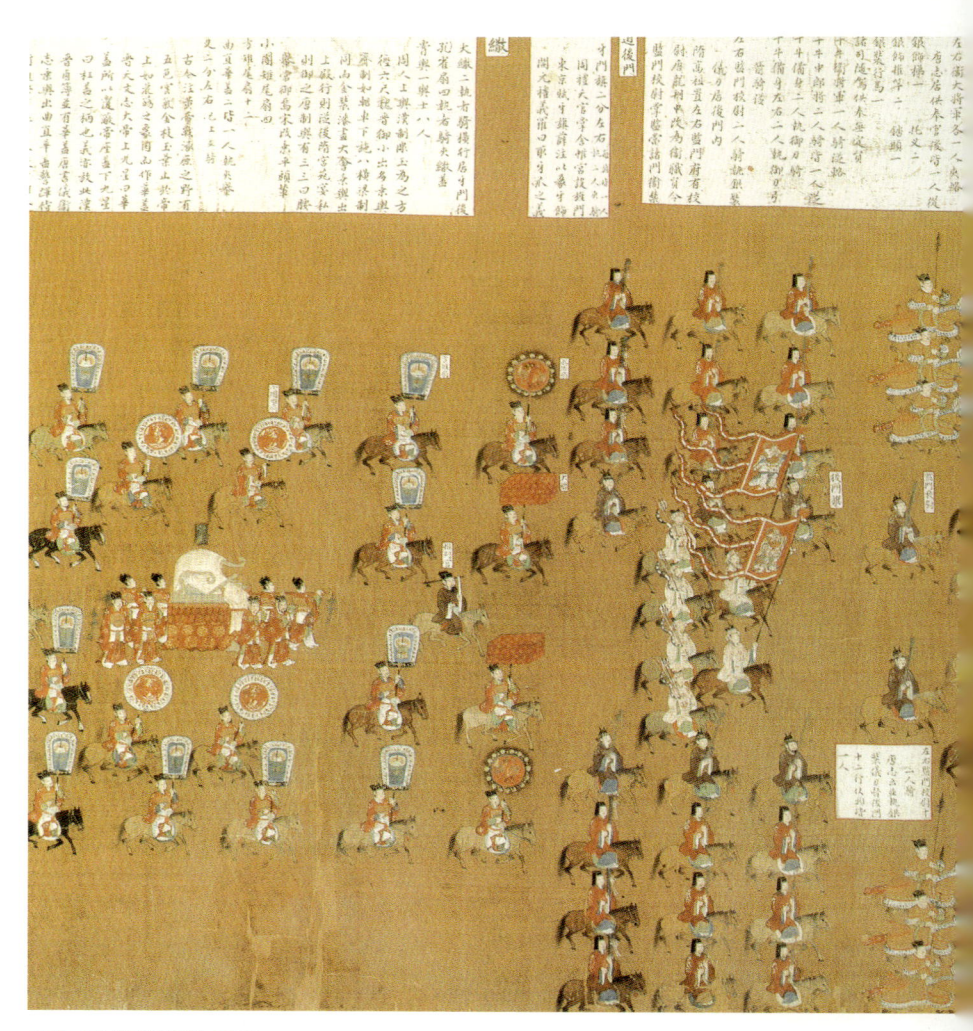

北宋《大驾卤簿图》局部
中国国家博物馆藏

北宋《大驾卤簿图书》局部

人官品减二人。一品有戟九十，刀、楯、弓、箭各八十；而二品依次减二十；三品、四品再依次各减十而已。其他如朱漆团扇、曲盖、信幡、诞马、仪刀、革路驾士等都按官品逐一减少。所以，只要一看仪仗的规模，便知官品的高低。

至于唐代官员乘马仪从，也有详细规定。一品导从七骑，二品、三品五骑，四品三骑，五品二骑，六品一骑。原则上是官品愈高则仪从愈盛，所用仪仗也愈为堂皇，这也是整个中国古代社会等级制度的规律。

宋代多沿袭唐制，仪仗侍从"讲究修葺，尤为详备"，其用途是"一以明制度，示等威；一以慎出入，远危疑也"（《宋史·仪卫志》）。北宋卤簿有四等：一曰大驾，郊祀大飨使用；二曰法驾，方泽、明堂、宗庙等使用；三曰小驾，朝陵、封祀、奏谢用之；四曰黄麾仗，亲征、省方还京用之。而宋代仪仗比唐代新增了三个特点：一是人数庞大，宋初大驾卤簿用一万一千二百人，到宣和时增加到二万人。二是置设宫中导从，皇帝乘步辇出入时宫内也有前导仪仗，这是前代没有的。三是仪物仗器增多，像扇伞、香案、烛罩、唾壶、各色图旗等等。虽然大驾卤簿只是在重大典礼上使用，但即使平时日常导从也有七百多人。所以，每次出行前后相远，"士庶观者，率随扈从之人，夹道驰走，喧呼不禁。所过旗亭市楼，垂帘外蔽，士民凭高下瞰，莫为严惮"（《宋史·仪卫志》）。宋朝统治者又增加清道马百匹，规定"凡车驾经历去处，若有楼阁，并不得垂帘障蔽，及止绝士庶不许临高瞰下，止于街两旁立观，即不得夹路喧呼驰走"。南宋建立后，仪仗虽人数减少，但每次出行卤簿仪仗也有两千多人，帝王的威严是不能减等的。

宋代官员的卤簿仪仗，除像唐代那样有鼓吹、缴、扇、幡、盖外，戟、刀、盾、箭、稍等兵仗又有增加。一品官的兵仗多至三百多，随从的清道、车辐、驾士亦在四十以上，僚佐尚不在内，出差入府一行威仪之盛可想而知。二品、三品虽有所降等，但麾幢林立，鼓吹喧天，威风照摆不误。臣僚百官如遇奉册、充使、诏丧等事，也有仪仗从卫，前加导从，后有乘马成群，用青罗伞、紫罗障扇等，仪卫场面也是极盛的。

辽、金、元也都沿袭宋朝仪卫制，尤其是元朝的仪仗也很复杂。明代自皇帝至皇后、太子、亲王、郡王等都有仪仗，特点是各种旗多、扇多、伞多、红纱灯多，各种仪用兵器和器皿则比宋代减少。朱元璋为了专制集权，除了宗室分封仪仗按例全给外，百官一律不许使用卤簿仪仗。但不久又制定了官员仪从，公十人，侯八人，伯六人，一品至三品六人，四品至六品四人，七品至九品二人。据《明会典》，引导七品以上官三对，用锡槊、钢叉、藤棍，或二对，用银槊、藤棍，少者引导一对，只用藤棍；八品、九品只用竹篦一对引导，杂职不许使用。自明代开始，官府出行时要用"肃静"牌。实质上，官员的仪卫仍然不减，显示等威的功能依然强烈。

清代入关定鼎后，皇帝仪从有大驾卤簿、行驾仪仗和行幸仪仗之别。乾隆时将这三者增改为法驾、銮驾、骑驾卤簿，前列导象、静鞭抽响、马驾辂车、乐鼓红灯、各种旗帜和护骑兵仗，规模庞大，并加了许多蒙古角、满族乐等具少数民族特点的仪仗。至于皇后、妃嫔、亲王、郡王、贝勒、贝子、公主、额驸、将军都有一定的仪从制度。清朝品官仪卫中以总督为最盛，伞、扇、旗、枪、兵拳、雁翎刀、兽剑、金黄棍、桐棍、皮槊、回避牌、肃静牌等仗件有十七对之多，再加上杏黄伞，标志显明。其他如巡抚、布政使、按察使、各道、知府、知县、提督、总兵、副将等文武官员都依其品级以次递减，以杂职之微亦有二竹板作为仪卫。钦差大臣的仪从有时又有前驱的营兵，后来还用洋枪队作为时髦仪仗。

清代官品仪仗也有一套禁例，如自一品至九品，均得用扇，扇上各用满、汉文字书衔，否则算违例。京官乘四人肩舆，必有人用藤棍、拥扇、双引喝道和背灯笼题衔等仪从。一品、二品京官出轿，扛官衔秩爵的顶马前导，左右卫士簇拥，开道鸣锣六锤半（敲锣后旋即用手捂住为半锣）。外官的仪仗除鸣锣开道外，还有戴红黑帽者喝道。同治以后凡文武官员出去都鸣锣，并且规定督抚十三击，司道十一，知府丞佐九，州县七，各省都是如此。而且常常捕快跟于前后，腰系红布带，四处吆喝。至于一些职卑的府佐只能用肃静牌，而不能用回避牌；武职自守备以下也不能用回避牌。尊卑贵贱、地位高低只要看看仪仗侍从便可清清楚楚，等级社会的构成就是如此。

与出行仪仗紧密关联的还有三件事。

一是命妇皆许用仪卫。唐一品至四品内外命妇别有卤簿，除缴、戟、清道、青衣外，别有雉尾扇、偏扇、团扇、方扇及行障、坐障等。宋制，命妇卤簿与品官同。清制亦然。

二是行路时贱避贵是公认的原则。唐《仪制令》云："行路贱避贵"，违者笞五十。宋乾德二年诏令详定内外群臣相见之仪，大小官相遇于途，官级悬殊者便令引避，次尊者敛马侧立，稍尊者则分路行走。明洪武时曾详定各种人相遇回避的细则。街市军民买卖人及乘坐驴马出入者，遥见公、侯、驸马、一品以下至四品官过往，即下马肃立让道。官员间的回避，依官品高低或分道而行，或引马侧立，或趋右让道而行，或引马回避，让道的不同方式，完全取决于双方的尊卑贵贱。清代官员之间、尊卑之间的回避让道更为严格，有下马肃立，勒马侧立，停车候过，让道旁行，分路面，作揖让路等礼仪，甚至官民之间有跪在道右之事。《清律例·礼律》规定军民等人若在街市遇见官员引导经过，须立即下马躲避，不许

清代《康熙南巡图》局部

冲突顶撞，违者笞五十。

三是伞的使用不能漫无限制。古代把伞称作"盖""繖"等，据说三代已有，《史记》说"孔子将行，雨而无盖"。自汉代开始，乘舆用"曲盖"，并演变成一种仪仗，只能由帝王和达官贵人专享。魏晋以后，凡是宗室的王和异姓封王者以及位在仪同三司以上的官员用紫伞，皇族宗室和三品以上者用青色伞，并以朱红色为伞里，一般士庶只能用青伞碧里。隋唐五代帝王仪仗中大都以赤黄伞为尊。宋代官员们使用皂色伞。元代帝王则用素伞盖。明代官员出外张伞不许用金绣、朱丹装饰，伞有三檐者，为一品至四品所用，二檐者为五品以下用之。在制伞材料上，明、清两代品官伞盖都是用各色罗绢做的，如明代一品至四品茶褐罗，五品青罗，六品至九品青绢。又如清制一品至四品杏黄罗，五品蓝罗，六品至八品蓝绢。此外，雨伞亦有油绢油纸之别，庶民绝对不许用罗绢凉伞，雨伞也只许用油纸做的，禁用油绢。所以，伞也是等级区别的标志。

从以上的事实中，我们可看到皇帝有仪仗卤簿，王侯以至百官仪卫各有等第，其意义除慎戒外，更有增加统治者尊严的目的，威仪煌赫，使人望而生畏，使他们得以安徐而无哗地通过街衢，不与平民混淆不清，更不致为人所阻塞。李自成进北京后，牛金星当宰相，"大轿门棍，洒金扇上贴内阁字"。他乘坐的八抬大轿，前呼后拥，侍卫随行，百姓见之，必须回避。可见，车马舆轿、仪仗从卫，都是等级和权力的化身。即使品官出来，也是舆马鲜明，车前仪仗成行，一望而知来者是何官阶，呵道斥声，行人远望遥闻，便早做肃静回

清代沈喻《通惠河漕运图卷》局部
中国国家博物馆藏

避的准备。而庶人绝对没有用仪卫的资格，就是有一二仆役随行也不能喝道，或令一人骑马在前引导。《宋史·舆服志》说得很清楚，车前不许呵引及前列仪物，也不得以银骨朵、水罐引喝随行。清代官吏庶民擅用引马者，官交部议处，民交部治罪。不同政治地位的人，有生活方式上的差异，足以令人惊讶不已。每一细微的生活差异，无不经过缜密的考虑、系统的礼制、法律的设计保护，"别贵贱"，"辨等威"，真可谓无处不至，四面皆到。

第四章　等级与婚姻

婚姻是中国古代社会生活中的首要环节，"男女居室、人之大伦"（《孟子·万章上》）；"人伦之道，莫大于夫妇"（《周易·序卦》韩伯康注）；"福莫大于昌炽，祸莫大于无嗣"（《太平御览》卷四四〇）；要使族系蔓延昌大，祀祖香火不断，就得婚配。因而，《礼记·郊特牲》认为："婚礼，万世之始也"，"夫妇有义，而后父子有亲；父子有亲，而后君臣有正。故曰婚礼者，礼之本也"（《礼记·昏义》）。这就是说，礼制规范是以婚姻关系为前提建立起来的，婚姻也是礼制的根本。

那么婚姻作为"礼之本"的社会功能是什么呢？《礼记·昏义》说："婚礼者，将合二姓之好，上以事宗庙，而下以继后世。"这两句最典型的关于婚姻的定义，清楚地说明婚姻的社会功能只在于延续宗族和祭祀祖先，目的是把两个家族联合起来。这完全是以家族为中心的，而不是实现个人价值的。在社会生活中，个人的身份地位常常取决于家族的社会地位，因为门第高的家族，拥有政治的、经济的、文化的特权，而这种门第等级特权是按照血缘系统世代承袭的。一个人如果出生于门第低下的家族，毕生的社会地位都是卑贱的。既然个人价值依附与受制于家族地位，婚姻自然重视家庭、家族的等级高下，双方家族等级必须"门当户对"，联姻时首先考虑的是对方的等级地位，其次才是郎才女貌的选择取向。

《尔雅·释亲》这样解释"婚姻"二字："妻父为婚，婿父为姻。"这就是说娶妇、嫁女皆由双方家长主持、决断，婚姻的目的中始终不曾涉及男女本人的意志，只要二姓的家长同意其子女的结合，经过一定的仪式，婚事便成立了。尤其是男性直系亲属，有绝对的主婚权，他有权包办子女的婚姻，社会和法律都承认他在婚姻成立方面的权威，并予以强有力的支持，不容子女违抗。如果有人违反这一社会规范，就被认为是逆伦乃至违法的行为。于是父母的意志在法律上成为婚姻成立的先决条件，子女成年以后，即使仕宦买卖在外，也没有婚姻自主权，除非得到家长的同意。从唐、宋、明、清各代婚姻法律条文来看，法定的主婚人有祖父母、父母、期亲尊长以及余亲等。例如《唐律》规定："诸卑幼在外，尊长后为定婚，而卑幼自娶妻，已成者婚如法，未成者从尊长。违者杖一百。"《疏义》云，尊长谓祖父母、父母及伯叔父母、姑、兄姊等。《大清会典》规定得更清楚："嫁娶皆由祖父母、父母主婚，祖父母、父母俱无者从余亲主婚。"沈之奇《清律辑注》云："余亲当尽伯叔父母、姑、兄姊、外祖父母，如无，则从余亲尊长。"《新唐书·卓行传》中，把元德秀由于父母在世时未能给自己主婚，父母死后自己始终不敢结婚，作为"卓行"予以表彰。连《红楼梦》中贾宝玉那样的贾府命根子，

《婚礼图》摹本
敦煌榆林窟第 25 窟壁画

婚姻也只能听从家长安排而自己无可奈何。"父母之命"是古代社会中绝对不能违背的原则。

当然，父母积极干预子女的婚姻，不仅是考虑自家与家族的整体利益，而且还具有政治利害关系，等级高的家族如果不在本等级内联姻，其子女后代的社会身份和等级特权就必然下降，这样就会受到本等级人们的歧视、反对，甚至在反对压力下丢官削爵。同样，等级低的家族力图通过攀亲联姻改善自己的社会地位，即使遭受歧视、欺压或做妾为媵也心甘情愿。这种不平等的家族之间的婚姻，即使结合成功，也给子女造成吞悲茹气、痛苦无比的后果。所以，实行等级内通婚，是维护等级社会秩序的一种需要，封建法律予以肯定，明确禁止等级悬殊的家庭之间通婚。如《魏书·高宗纪》载，诏曰："（婚姻者）尊卑高下，宜令区别。……今制皇族、师傅、王公、侯伯及士民之家，不得与百工、伎巧、卑姓为婚。"《唐律疏义·户婚律》说："人各有耦，色类须同，良贱既殊，何宜配合。""诸与奴娶良人女为妻者，徒一年半；女家，减一等。离之。""诸杂户不得与良人为婚，违者，杖一百。""即奴婢私嫁女与良人为妻妾者，准盗论；知情娶者，与同罪，各还正之。"因此，士民内部不同等级家庭之间的联姻很少，士族和庶族之间的通婚更是困难重重，北朝士族崔巨伦的姐姐瞎了一只眼，别的士族都不愿娶她，家里有人提出让她下嫁庶族，其姑母知道后非常生气，以不能"屈事卑族"为由娶为自己儿媳。唐代宰相李林甫因不是出身名族，他想在七姓大士族中给儿子找个媳妇，都没有办到。唐玄宗对柳婕妤态度特别不错，就是因为其家为朝廷旧姻、蒲州大姓，因而"重其名家"（《新唐书·玄宗子延王玢传》）。等级内婚制的影响一直延续到后世。

在古代婚姻关系中，不但家族与个人之间表现为主从关系，而且在夫妻之间也是不平等的主从关系。《晏子春秋·天瑞》："男女之别，男尊女卑，故以男为贵。"《礼记·郊特牲》云："妇人从人者也，幼从父兄，嫁从夫，夫死从子。"女人始终处于男人意志和权力之下，因而，男子可以合法地多娶妻妾，而女子只能服从男子的意愿，毫无独立地位可言。由于宗法制度严格区别嫡庶，众多妻妾的地位身份悬殊，在家庭内部形成又一种等级关系，即妻、媵、妾制度。"妻者，齐也"（《白虎通义·嫁娶》）；与夫有"匹敌"之义。"媵，承也，承事嫡也"（《释名》）；"古者嫁女必以侄娣从，谓之媵"（《仪礼·婚礼》）。"妾，接也，以贱见接幸也"（《释名》）；"言得接见君子而不得伉俪也"（《汇苑》）。嫡妻作为正室大都是"门当户对"的婚配，媵则是同姓娣侄随嫁的从属女子，妾则是未经明媒正婚的婢女或其他地位低贱的女子，这样在家长特权、家产继承、家务分配等方面就有了等级差别。

虽然古代社会和法律始终承认一夫一妻制，但男子索媵纳妾的权利也是一直合法地存在的。从殷墟出土的甲骨文来看，商代已有妃、嫔、娣、妾的称谓；《礼记》记载西周"天子后立六宫、三夫人、九嫔、二十七世妇、八十一御妻"。《周礼》也说："王者立后，三夫人，二十七世妇，八十一女御。"诸侯则"一聘九女"（《春秋公羊传》）。

大夫受封者得备八妾，未受封者一妻二妾；士一妻一妾。(《白虎通义·嫁娶》)这样，从皇帝、王侯、卿大夫到士人皆可按等级娶纳规定数目的妻妾，连庶人亦容许有妾，实际上，后世纳妾已无数量上的限制。秦伯嫁女给晋公子，"从文衣之媵七十人"(《韩非子·外储说》)。齐襄公"九妃、六嫔、陈妾数千"(《管子·小国》)。《墨子·辞过》说战国"今之君其畜私也，大国拘女累千，小国累百"。《孟子·尽心下》说："食前方丈，侍妾数百人。"秦始皇统一六国后，"后宫列女万余人"。西汉皇帝也占有数千嫔妾，并把她们分成十四个不同的等级，从此各代后宫掖庭除皇后外，又有各色名目的妃嫔，如唐制，"皇后而下，有贵妃、淑妃、德妃、贤妃，是为夫人。昭仪、昭容、昭媛、修仪、修容、修媛、充仪、充容、充媛，是为九嫔。婕妤、美人、才人各九人，合二十七，是代世妇。宝林、御女、采女各二十七，合八十一，是代御妻"(《新唐书·后妃传》)。"开元、天宝中，宫嫔大率至四万"(《新唐书·宦者列传》)。确是妻妾如云，妃嫔无数。为了合法地按等级占有媵妾，唐王朝还规定：亲王，孺人二人，媵十人；嗣王、郡王及一品，媵十人；二品，媵八人；三品及国公，媵六人；四品，媵四人；五品，媵三人；除此以外皆为妾"(《旧唐书·职官制》)。这种按等级身份广置媵妾，使得许多文士也纷纷效仿，多则"姬妾成群"，少则"三妻四妾"，白居易、韩愈等文豪都有数名姬妾。在等级制度下，人们往往以多妾为荣，以媵妾来装点门面、炫耀身份，这也是时代使然。

妻妾的等级也是很严格的，如唐代夫人为正一品，九嫔为正二品，婕妤为正三品，美人、才人为正五品，宝林为正六品，御女为正七品，采女为正八品，等等。在民间，妻、媵、妾的法律地位悬殊，《唐律疏义》"依令五品以上有媵，庶人以上有妾"，这说明媵高于妾一等。如果妻殴伤杀妾与夫殴伤杀妻同罪，减凡人二等；而媵犯妻则减妾一等治罪，妾若犯媵，则加凡人一等。法律本身就不允许媵妾有侵侮正妻的行为，等级的界限丝毫不能有差错。

一夫多妻的社会现象，无论是从夫的等级差异来说，还是从妻妾的身份来看，都是不平等的婚姻关系，等级制度与观念深深渗透到婚媾之中，从而使各阶级间的通婚常为社会所不容许，也使阶级、等级间的内婚制更为强化，阶级的对立和等级的分野更为固定严格，下面具体考察婚姻体现等级的三个方面。

一、通婚门第

古代社会里实行的严格阶级或等级内婚制，从儒家经典中就可以影影绰绰地看出来，天子娶后、嫁女于诸侯，诸侯之间和卿大夫之间互为婚姻的例子很多。周代婚姻注重门第在《诗经》中有所反映，如《卫风·硕人》在赞美庄姜时，首先从这个齐国公主的身世说起："齐侯之子，卫侯之妻，东宫之妹，邢侯之姨，谭公维私。"说明她的世系身价与卫侯"门当户对"。又《大雅·韩奕》云："韩侯娶妻，汾王之甥，蹶父之子。"也是写其夫妇身世相当。越国勾践使大夫文种求盟于吴国时，更是直言不讳："请勾践女女于王，大夫女女于大夫，士女女于士。"(《国语·越语上》)由此大致可以看出贵族各阶层之间通婚的情形。虽同为贵族，因天子、诸侯、卿大夫、士身份的差别，仍有等级内婚的趋势，一般情况下，只容许上下相差一级间的通婚，特权贵族与非特权的庶族之间通婚，似已成为不可能逾越的鸿沟。

汉朝建立后，以阶级划分为基础的等级、尊卑、亲疏关系，与社会生活息息相关，婚姻缔结时的等级性也必然有所表现。首先是双方政治地位接近，汉制规定，与公主结婚者必须是列侯。(《汉书·外戚传》)与皇族男子结亲的家庭则多是朝官或诸侯。如武帝戾太子妃是关内侯李敢女，光武帝外戚樊家"特进一言"，则"女可以配王，男可以尚主"(《后汉书·樊宏列传》)。虽然双方联姻不一定是出于政治动机，但双方的等级地位无疑都相距不远。其次是双方社会地位相近，《汉书·赵广汉传》载，西汉颍川地区的富户大姓"相与为婚姻"；东汉时"富贵之男娶得富贵之妻，女亦得富贵之男"。丞相刘屈氂的儿子娶贰师将军李广利的女儿，平民女子妾人则嫁平民王更得，改嫁的还是平民乃始。(《汉书·外戚传》)《风俗通义》也收录东汉屠家女子与卖饼家男子相互为婚的例子。由此可见，汉代婚姻缔结的等级性虽然不像两晋以后那样严格，但门当户对的标准却已形成风气。特别是东汉社会以豪族强姓为代表，广泛的宗法家族势力强化，婚姻等级差异不再松弛，从而为魏晋南北朝门阀等级制度奠定了基础。

两晋南北朝时，士庶截然分为互不接触的阶层，士族为保持其

北齐《夫妇并坐图》
山西朔州水泉梁北齐墓壁画

元代《夫妇并坐图》
陕西蒲城元墓壁画

尊贵身份和崇高血统，平日避免与庶族往来，更不肯与之通婚。社交、婚配的范围都是限于同一等级之内，士庶贵贱纯粹以门阀郡望作为划分标准，如不实行等级内婚制，就会使低门血统混入，无法永久维持家世的特权。《魏书·公孙表传》记载：公孙叡为封氏所生，是崔氏之婿；其从兄公孙邃母为雁门李氏，故两人地望悬隔。祖季真经常说："士大夫当须好婚亲，二公孙同堂兄弟耳，吉凶会集，便有士庶之异。"可见以男家而言，父系不变，如女家门第稍低，不仅影响夫婿的地位，且将影响第二代人的地位，母系家世极显重要。反之，以女家而言，夫婿家世更显重要，因为"朝廷每选举人士，则校其一婚一官以为升降"（《魏书·韩麒麟传》），所以士族女子决不下嫁卑族。而当时社会人士也以男女门第来衡量某一氏族的威望，如北齐崔㥄一门婚嫁皆是衣冠望族，白建家中的男婚女嫁皆是大姓胜流，受到人们普遍的称美，以为宠荣之极。假如士族不自重而与庶族通婚，则必为同等级的人们所不齿，为清议所不容，不但婚配者本人被唾弃，其家也因此丧失其固有的声誉与地位，甚至被排斥于士族之外。例如杨佺期是弘农望族，自视"江表莫比"，但由于他"晚过江，婚宦失类"，每每受到东晋朝廷中其他士族的压抑和排挤。（《晋书·杨佺期传》）南齐王源嫁女于富阳满璋之儿子，御史中丞沈约上章弹奏其"璋之姓族，士庶莫辨"，"王满连姻，实骇物听"（《文选》卷四〇），因此请求对王源免官禁锢，以免"人品庸陋，玷辱流辈"。《魏书·平恒传》记载平恒三个儿子好酒自弃，"恒常忿其世衰，……不为营事婚宦，任意官娶，故仕聘浊碎，不得及其门流，恒妇弟邓宗庆及外生孙玄明等每以为言"。当时最重乡议，这是中正品第升黜所本，被贬议婚姻不对等者，既为士族所排抑，又将丧失宦途、政治地位，因而平恒任意婚配引起家人不满。北魏孝文帝定姓族后，婚姻作为"人道之始"愈受等级内婚观念影响，故史书说："自魏太和中定望族，七姓子孙迭为婚姻。"（《新唐书·李义府传》）北朝侯景带领重兵投奔南梁后，请求和江南头等名门王、谢两家通婚，梁武帝回答："王谢门高非偶，可于朱张以下访之。"（《南史·侯景传》）指王、谢望族不是侯景可高攀的，故侯景气愤不已，成为以后反叛的原因之一。总之，南北朝都重高门世族，讲求婚姻门第，此风沿袭至隋唐。

隋唐以后门阀制度虽然渐渐衰弱，但等级内婚的积习余风犹存，一时牢不可破。旧族虽不复冠冕，却仍以先世门第自矜，自为婚姻，深闭固拒，正如《旧唐书·李义府传》说："关东魏齐旧姓，虽皆沦替，犹相矜尚，自为婚姻。"冠冕新贵也以联姻旧门为荣，李义府虽因为子求婚于望族七姓不得，奏禁后魏陇西李宝、李原、王琼，荥阳郑温，范阳卢子迁、卢泽、卢辅，清河崔宗伯、崔元孙，前燕博陵崔懿，晋赵郡李楷，凡七姓十家不得自为婚。但这些"禁婚家"反而益自贵重，仍暗地相互聘娶，朝廷也无可奈何。当时王妃、驸马虽然皆由当世勋贵名家选择，不从山东旧族尚亲而故加抑制，但一些人仍以旧族作为配偶为荣，像房玄龄、魏征、李勣、李敬玄诸人皆与山东旧族通婚为姻。至唐文宗时期，离唐初已二百余年，民间婚姻仍有人不计官品而尚阀阅残余，惹得文宗大发牢骚，说："我朝二百年天

元代《夫妇对坐图》
内蒙古赤峰元墓壁画

辽代《夫妇并坐图》
河北蔚县辽墓壁画

子，顾不及崔、卢耶？"(《新唐书·杜羔传》)士庶等级内婚制的观念根深蒂固，不易以政治势力消除，可以想见。一直到五代十国以后，士族所构成的内婚团体才彻底不存在了。

其实，就唐朝而言，开国皇帝高祖处理婚姻家庭，就表现出十分强烈的门第观念，他的妻子宇文昭仪仅仅因为是周隋两朝重臣宇文述的女儿，他便想把她立为后。即使是号称一代明君的唐太宗也不例外，他看中弟弟李元吉的遗孀杨氏并"欲立为后"(《新唐书·太宗子曹王明传》)，是因为杨氏系隋朝皇家女子；他准备立儿子李恪为太子，是由于李恪的生母系隋炀帝的女儿，"地亲望高，中外所向"(《新唐书·李恪传》)。由于唐朝有条"妙择天下令族"(《册府元龟·宰辅部·谏诤门》)的原则，所以这种等级内婚制延续了很长时期，如唐顺宗对自己儿媳妇广陵王妃"礼之异诸妇"，谦让三分，原因就是"其家有大功烈，而母素贵"。相反，如果出身寒微是要受到歧视的，如唐武宗宠爱王才人"欲立为后"，因其家"不素显，恐诒天下议"，最后乃止。别人如此，不足为怪，在婚姻上吃过门第观念大亏的武则天在选择男宠时，同样表现出并不算轻的门第观念，她已经选中"卖药洛阳市"的无赖薛怀义，可是又嫌"其家寒微"，便让薛怀义与她的女婿薛绍"合族"，并让薛绍"以季父事之"(《资治通鉴》卷二〇三)。武则天尚且如此，唐代"皇后出自名家"就不难解释了。实际武则天家的门第并不算低，其父官至尚书，其母更是隋朝皇家女子，可在当时竟被指斥为"地实寒微"，不能径直立为皇后，只可备位宫闱下陈，后来正位中宫还颇费周折，经历了相当激烈的斗争，可见唐代特别是唐前期等级内婚制的严重。

唐代二十四位皇后中，出身于三品以上高级官僚家庭者就有十七位，而且是"戚里旧族"，堪称头等门阀者为数甚多的，如太宗长孙皇后，其家从北朝任大丞相开始，世代高官厚禄，属于"膏粱""华腴"之头等门阀。高祖的窦皇后与睿宗的窦皇后更是家世荣贵，系北周、杨隋两朝旧姻，据《旧唐书·窦威传》称，窦氏家族在唐代初年已是"三品七人，四品、五品十余人，尚主三人，妃数人，冠冕之盛，当朝无比"。到唐中朝更是"一品三人，三品已上三十余人，尚主者八人，女为王妃六人，唐世贵盛，莫与为比"。即便是唐代出身非官僚家庭的几位后妃，虽然"系族不显"，但毕竟属于"良家子"，都是由宫人得宠而升为后妃的，并不是"家世寒微"的贱婢。

至于唐代公主，初期由于种种原因"未尝尚山东旧族"，也许这是抬高新贵胄压抑旧门阀的一种措施。但"王妃、主婿皆取当世勋贵名臣家"（《新唐书·高俭传》）。中唐后仍坚持崇尚阀阅的联姻原则，德宗为此专门下诏，令宗室女应"令有司取门阀者配焉"（《新唐书·李吉甫传》）。所以唐代驸马"选多戚里将家"或"择大臣子"（《新唐书·杜佑传》）。武则天素以压抑士族著称，在为女儿、孙女主婚时，同样是以门第为通婚标准，如高宗拟将女儿太平公主下嫁薛绍，武则天坚决反对，理由是薛绍的嫂子萧氏"非贵族"，她声称："我女岂可使与田舍女为妯娌耶！"后经人证明萧氏是唐初宰相萧瑀的侄孙女，又是"国家旧姻"，武则天才同意了这门亲事。公主出嫁连妯娌身世都要审查，门第观念实在强烈。高宗、中宗、睿宗的女儿们，共有驸马二十五人，其中十九人出身于名门望族，家世均见于《新唐书·宰相世系表》。由此可见，唐代公主"出嫁五侯家"，其联姻状况与南北朝"诸尚主者，并因世胄，不必皆有才能"(《南史·褚湛之传》)，大体相仿。

因此，唐代虽不像魏晋南北朝那样极端讲究门当户对、士庶不婚，但"民间修婚姻，不计官品而上阀阅"(《新唐书·杜兼传》)的积习仍存在。有人还坚持"男女婚嫁，不杂他姓"(《旧五代史·李专美传》)，个别旧族"恃其族望，耻与他姓为婚"(《隋唐嘉话》卷中)；新贵迷信"阀阅山东拄破天"。尤其是唐代前期"家之婚姻必由于谱系"(《通志·氏族略》)，谱牒为维持门第等级内婚的必需。不过，唐代婚姻更多的是以当代冠冕为等级高下，门第观念不完全是六朝那种士庶之分，唐代士族的逐渐消亡，不通婚姻的士庶界限也不确切明显，这是需要分辨清楚的。当然，良民与贱民的区分及不通婚的禁忌始终存在，并在法律上保持不变，社会对良贱之间的歧视远远大于士庶之分。官户、杂户、乐人、部曲、客女、奴婢、倡优等皆为等级内婚，《户令》明文规定"当色为婚"(《唐律疏义》卷一二)，这种状况一直延续到明清时代。

宋代"婚姻不问阀阅"(《通志·氏族略》)，"士庶婚姻寖成风俗"(《江南野史》卷三)，"观今之俗，娶其妻不顾门户，直求资财"(《宋文鉴》卷一〇八)。所以，不慕著姓、不婚名族在当时普遍存在。据研究，后妃"不欲选于贵戚"，宗室婚姻也"不限阀阅"。[1] 但这仅仅意味着士庶不婚原则的大体打破，宋代婚姻制度仍然具有明显的等级性，只不过是与前代相比大同中有小变化罢了。首先，良贱不婚的原则基本原封不动。《宋刑统》照抄《唐律》良贱不婚的全部条文，而且后来又予以重申。如宋仁宗至和元年下诏："士庶家毋得以尝佣顾之人为姻，违者离之。"（《宋史·仁宗纪》四）宋神宗治平四年"诏察富民与妃嫔家昏因夤缘得官者"（《宋史·神宗纪》一）。足见，在所谓"良人"内部依然有着官民之别以及其他许多层次不同的等级，他们之间通婚是要受到限制的。良人若嫁女与奴，要减奴娶良人罪一等，且须离婚。家长知奴娶良人而不加禁止，亦不能无罪，一减奴罪二等，杖一百。宋代官私贱民种类很多，不仅"名籍异于编甿"，而且"婚姻绝于士类"，法律上根本否认良贱婚姻的可能，违者既要撤销又要制裁。难怪当时商人感叹："士非我匹，若工农则吾等也。""吾等商贾人家，只可娶农贾之家女。（《摭青杂记》）农家女子则依然是"择民家子配焉"（《续通鉴长编》卷一七），"所嫁皆村夫"（《宋朝事实类苑》卷六）。直到南宋后期，法律依旧禁止良贱通婚，"号为君子"的官僚蔡杭在审理案件时，依据良贱不婚的条例，写判词道："公举士人娶官妓，岂不为名教罪人，岂不为士友之辱，不可不可不可！"（《名公书判清明集·户婚门·士人娶妓》）

即便后妃不从贵戚门阀中挑选，也并不是宋代截然不问门第。

---

[1] 张邦炜：《试论宋代婚姻不问阀阅》，《历史研究》1985年第6期。

众所周知，宋朝继承发展了唐的科举制度，所以进入典型的官僚政治阶段，皇帝的后妃首先是从开国元勋这个等级中择配，尽管将相原来出身微贱，这时却是高级官僚、创业新贵，这和唐初关陇集团内部联姻是一致的。其次从布衣卿相中选妃，也是因其家"近代贵盛，鲜有其比"；有些后妃出身于"小官门户"，也不是皇帝不讲门第高下，而是防止外戚篡权，皇权旁落。同时，从高门贵戚中联姻，不仅后妃"骄贵难教"，且"受制谨畏"，等级越高，越尊贵越盛气凌人，而"小家小户"的女子顺从服帖，是"贤内助"的理想婚姻。明乎此，就不难理解宋代婚姻不重门第而"重人物"的原因了。

宋代宗室婚姻"不限阀阅"，也是以亲疏名分来衡量。在宗室内部，亲疏即是等级。"别其亲疏，异其等杀"（李攸《宋朝事实》卷八）。当时规定五服之外远亲，禁止他们与"杂类之家"和"化外及见居沿边两属之人"通婚。五服之内近亲，禁止他们与通过"胥吏出职、纳粟得官及进纳伎术"等办法进入官僚集团的工商、杂类、恶逆之家通婚，而要求婚姻对象起码为"三代有任州县官或殿直以上者"。可见，联姻对方最小应是文武品官。等级通婚的陈规并未消失。至于宋代专门好与名门望族通婚的人也有，如大官僚钱惟演的妹妹已经嫁给真宗刘皇后的哥哥刘美，两个儿子分别娶了仁宗郭皇后的妹妹和执政大臣丁谓的女儿，可他还要与"后家联姻"，"又欲与章懿太后（即仁宗生母）族为婚"。持这种攀高亲、图体面的门第观念者，可谓大有人在。

元、明、清照旧沿袭了等级内婚制，包括士庶不婚之俗、贫富不婚之俗、主人与雇工不婚之令、良贱不婚之律、官民为婚之禁等。例如明初皇室联姻选婚的主要对象是勋臣新贵，朱元璋长子朱标之后常氏，系开平王常遇春之女；建文皇帝生母吕太后，系太常卿吕本之女；成祖朱棣皇后徐氏，系中山王徐达之女。据《明史·诸王传》载：朱元璋次子秦王朱樉之妃是元河南王王保保之妹，次妃是宁河王邓愈之女；第八子潭王朱梓妃於氏，系都督於显之女；第十子鲁荒王朱檀妃，是信国公汤和之女；十三子代简王朱桂妃、二十二子安惠王朱楹妃，也系中山王徐达之女；十五子辽简王朱植妃、二十四子郢靖王朱栋妃，均是武定侯郭英之女。由此可见，皇室诸子与王侯之女联姻，既有"君臣相契"之意，更是门当户对之选。

与此相应，明初公主亦往往下嫁王侯勋臣之家，《明史·公主传》载：朱元璋女儿临安公主嫁于韩国公李善长子祺；宁国公主嫁于汝南侯梅思祖从子殷；汝宁公主下嫁吉安侯陆仲亨子贤；福清公主下嫁凤翔侯张龙子麟；寿春公主下嫁颍国公傅友德子忠；南康公主下嫁东川侯胡海子观；等等。以后英宗、成祖诸皇帝的女儿也都嫁于王侯之家，故"亲王纳功臣之女，公主配大臣之子"（霍韬《天戒疏》），成为当时等级内婚制的一个显著特点。宣德以后为防止外戚干政、旧臣谋反，才选低微出身的后妃、驸马，但等级观念在婚姻关系上依然十分强烈。

清代满族入关后，虽然同姓婚娶，不论辈分，但贵族高官都讲究婚姻门当户对，不与平民结婚，从清初到清末，这种严格的等级观念一直是牢不可破。他们可以和蒙古、汉、朝鲜等族联姻，但对象仅局限于王公、贝勒、部长、台吉、降将等的家属,决不和"诸申"(自由民)、"阿哈"(奴隶)及老百姓成婚。据《朝鲜实录》记载:"大抵斡朵里酋长不娶管下,必求婚于同类之酋长或兀狄哈,或兀良哈,或忽刺温。"努尔哈赤、皇太极以及后来的清朝皇帝都继承了这一传统,而且汉化程度越深,等级内通婚越严格、越讲究,以区别贵贱、维持高下。

二、聘财悬殊

聘财,古代称"采择之礼",后来叫彩礼。这是通常所谓"六礼"中的第一"礼"——纳彩。送献聘财称为"下定""过定",女方接受了男方聘财,即表明双方婚姻关系正式成立,再不得反悔。《唐律疏议·户婚》说:"婚礼先以聘财为信。""即受一尺以上,并不得悔。"从此,女方就属于男方家里的人。

最古老的聘财是两张鹿皮,"太昊始设嫁娶,以俪皮为礼"(《通鉴·外纪》)。"俪",取成对成双配偶之意,具有婚姻物证的性质。西周的聘财,除鹿皮外,还增加了象征财产的丝和爱情坚贞的雁,并以不同的等级,规定聘财的多少:庶人用五刃黑丝;卿大夫用黑红和浅红的两种丝,外加两张鹿皮;诸侯则在此基础上加上玉器;天子聘礼用的玉器要比诸侯更多些。这样一分等级,聘财就以多以重为尊贵荣耀。

战国以后,因货币经济发展,聘金就成为彩礼形式且被广泛使用。

男女之间"非受币，不交不亲"（《礼记·曲礼上》），聘礼价值也越来越昂贵。汉制规定："聘皇后黄金二万斤，为钱二万万。"（《汉书·王莽传》）此外还要送雁、璧、车马、束帛、奴婢、珍宝等无数。上行下效，汉代各地"嫁娶尤崇侈靡"（《汉书·地理志》），甚至"倾家竭产"。如西汉蜀地巨商卓王孙给其女卓文君的嫁妆是"僮百人，钱百万，及其嫁时衣被财物"（《汉书·司马相如传》）。史称婚娶聘财嫁物无节，使"富者空减，贫者称贷"（《盐铁论·国病》）。这样士庶、官民都增加聘财，特别是商贾财雄物厚，容易混淆等级差别，所以东汉时"宜备礼章，时进征币"，重新确定聘财等级差别。

魏晋以后，以绢代替聘金，如魏时王娶妃用绢一百九十匹，晋时王娶妃用绢三百匹。北齐更以官员品级作为聘财的多寡丰俭的比例。

一品，玄三匹，缥二匹，束帛十匹，璧一，豹皮二，锦采四十匹，绢百四十匹，羔羊一口，羊二口，犊二头，酒黍稷稻米面各四斛。

四品以下皆无璧，六品以下至从九品改用鹿皮。

绢二品以下每品减二十匹。一至三品用锦采，每品递减十匹，四品以下用杂彩。四品十六匹，五品十匹，六品、七品五匹。

四品、五品皆减一犊，六品以下无犊。

酒黍稷稻米面四品、五品减为二斛，六品以下减为一斛。

唐代聘财作为婚礼的重要内容，又有了新的发展，纳彩种类增

宋代摹唐人《宫乐图》
台北故宫博物院藏

多,婚娶仪节繁杂,但按等级纳献聘财却始终不变。除规定皇帝纳后、太子纳妃、亲王纳妃的聘礼外,(《新唐书·礼乐志八》)高宗时又诏令限定:三品以上,纳币不得过三百匹;四品、五品二百匹;六品、七品一百匹;八品以下不得过五十匹。(《唐会要》卷八三)玄宗《大唐开元礼》卷二四"纳征"又定制:

一品至三品　玄纁束,乘马,玉以璋。

四品至五品　玄纁束，两马，无璋。

六品至九品　玄纁束，俪皮二，无马。

这种依官品地位交纳聘财或聘金在订立婚书时是关键环节，女方也依聘财等级来决定是否成婚，因为"夫贵妻荣"，正是等级内婚制的特点。当然，官品和财产紧密相连，社会上也有因贪财而聘女的，白居易《议婚》诗说："红楼富家女，金缕绣罗襦；见人不敛手，娇痴二八初；母兄未开口，已嫁不须臾。绿窗贫家女，寂寞二十余；荆钗不直钱，衣上无真珠；几回人欲聘，临日又踟蹰。"特别是当时盛行"陪门财"，即一家门望高，另一家财产多，则财产多者可以多出聘财或纳金，以陪门望，补偿等级不合的名声损失。虽然朝廷下令"夫氏禁受陪门财"，但此聘财风俗仍旧不衰。

宋代诸王纳妃，聘礼送女家白金万两，纳彩用羊二十口、酒二十壶、絛四十匹，金器百两、綵千匹、钱五十万，还有其他绫罗绮绢不等。其他宗室子弟和官员则依次减少，聘礼的等级与身份地位相适应。而元代婚姻以"纳币"为主：一品二品五百贯，三品四百贯，四品五品三百贯，六品七品二百贯，八品九品一百二十贯。庶人也分等规定：上户一百贯，中户五十贯，下户二十贯。这样从官到民各有等差，聘财显示的尊卑贵贱自然不会混乱。

明代聘财沿袭唐以来"仪物多以官品为降杀"，但提倡"重人伦"，反对"专论聘财，习染奢侈"，"故其时品节详明，皆有限制"(《明史·礼志》九)。规定凡品官婚娶或为子聘妇，纳征加玄纁、束帛、函书，不用雁；庶人纳彩、纳币可以略仿品官之仪，"有媒无宾，词亦稍异"；以显示官民的区别。清制，依品官等级分别：

> 一品至四品：表里各八两、容饰合八事、食品十器。
> 五品至七品：表里各六两、容饰合六事、食品八器。
> 八、九品及有顶戴者：币表里各四两、容饰合四事、食品六器。
> 庶人：紬绢各四两、容饰合四事、食品四器。

这些《典章》《通礼》限定的聘财等级，在社会中人们不一定完全遵循，但它却清楚地反映了古代社会的"礼制"（即所谓嘉礼），是从不同层次表述等级的内容和功能。历代王朝颁布的各式聘财纳金条款，就是依"礼"的面目管理和统治"贵贱不相逾"的生活方式，并以此涵盖人际关系的等差、等分。

三、婚礼差别

周制，凡公侯大夫士之婚娶者，用六礼。这就说明所谓的"六礼"，实际上是"士"以上等级的婚礼，婚姻结合的仪式必须有严格的等级限制，对于不能备礼聘财讲排场的庶人，自然不要求他们遵守什么礼仪，只力求简便、俭省罢了。大操大办婚礼，目的无非是炫耀门第、显示富有，"富者竞欲相过，贫者耻其不逮"（《后汉书·王符传》）；所以礼不下庶人原是因繁文缛节，无论是财力、人力都难以达到，故不能备礼而趋于简化。但财厚人旺有条件备礼而不许使用六礼，这就是等级的限制，古代婚礼差别的重要因素之一，即此。

汉代贵族官僚嫁娶时"车轩数里，缇帷竟道，骑奴侍童，夹毂并引"(《后汉书·王符传》)。还要大摆酒宴，汉宣帝特地下诏："夫婚姻之礼，人伦之大者也。酒食之会，所以行礼乐也。今郡国二千石，或擅为苛禁，禁民嫁娶不得酒食相贺召，由是废乡党之礼，令民亡所乐，非所以导民也。"(《汉书·宣帝纪》)东汉甚至出现"一飧之所费，破终身之业"的侈靡情况。平民百姓则由于无力筹办婚礼而不能结婚，史载"聘妻送女亡节，则贫人不及，故不举子"(《汉书·王吉传》)。

两晋之后，婚姻关系与门阀等级相联系，婚礼的差别也愈来愈大。到唐代，终于确定以品官身份来划分婚礼的级别，并一直被后代所沿袭。如对婚宴的等级限制：

唐代　一品以下，牲用少牢及腊（干肉），六品以下用特牲鱼腊，皆三俎、簠二、甑一。其豆数：一品十六，二品十四，三品十二，四品十，五品八，六品六。

元代　品官不过四味。庶人上户、中户不过三味，下户不过二味。

清代　王公二十席，侯十八席，伯十七席；一品官十五席，二品十席，三品八席，四品六席，五品五席，六至九品俱用三牲，庶人二牲。

古代婚姻六礼：纳采、问名、纳吉、纳征、请期、亲迎。亲迎为终，也是婚礼的高潮。迎娶前，要预备好新郎、新娘的礼服，按身份地位各有所差。

品官必须穿戴本品官服，据《通典》卷一二九记唐制：一品衮冕，二品鷩冕，三品毳冕，四品绣冕，五品玄冕，六品爵弁。《五代会要·婚礼》云："（后唐）旧仪，自一品至三品婚姻，得服衮冕敛佩衣九章。"《宋史·舆服志》说淳熙中朱熹定冠婚之服，特颁行之："凡士大夫家祭祀、冠婚，则具盛服，有官者幞头、带、靴、笏；进士则幞头、襕衫、带；处士则幞头、皂衫、带；无官者通用帽子、衫、带，又不能具，则或深衣，或凉衫。"司马光《书仪》也说："冠婚祭诸仪，主人皆盛服，有官者具公服靴笏，无官者具幞头靴襕或衫，各取其平日所服最盛者。"（卷二《冠》）《明会典·婚礼》云，品官纳妇"婿具公服亲迎"。《清通礼·嘉礼》云："初婚，婿公服立于堂下，有官者以其服。"因此，新郎根据身份穿着不同样式的新衣，有官者穿戴官服，富裕者丝衫绢衣，贫穷者终身只穿麻布，新婚时穿绢衣三天，称为"郎衣"（《鸡肋编》卷下），等级界限一看新衣便知。

为了体现等级荫子荫孙特权，还允许品官的子孙即使无官职亦许借穿官服。唐制：三品以上有公爵者的嫡子可穿四品冕服迎亲，五品以上子孙、九品以上儿子以及五品等爵者，皆可穿借六品以下至九品以上的官服。(《通典》卷一〇八《礼》)宋代三舍生(具士身份的太学生)和品官子孙可假借九品官服亲迎。明代也同样借穿九品服。到清代,三品以上官的子孙摄五品服,五品以上摄七品服,六、七品摄八品服,八、九品和士人摄公服。(《清会典》卷二八)婚姻是人生大事,也是显示身份的大好时机,本身无官在婚礼时盛摄官服,就是特加隆重,摆摆威风。因而,有的朝代也允许庶人假借公服,如唐代庶人结婚可假借绛色公服(《通典》卷一二九),明代庶人可服常服或假借九品官服(《明史·舆服三》)。有的时代则不许,如宋代庶人结婚皆皂衫衣、折上巾,清代庶人盛服而已。北宋理学家程颐说:"重礼者当重其服,故律许假借,未仕而婚用命服,但只限于士,农、工、商则不可,非其类也。"(《二程语录》卷十一)这将什么人能借穿官服或什么人不许假借的道理完全说明了。据《东京梦华录》和《梦粱录》描述,官宦子弟举行婚礼前,女家就赠给新郎绿公服、罗花幞头、靴、笏,作为婚礼上穿戴的礼服。宋神宗元丰官制改革以后,六品到九品官皆穿绿公服,所以官员子弟和三舍生们的结婚礼服也是绿色的,搭配官服官帽,确实气派非凡,风光一时。

新娘的礼服适用于同样的原则,官吏娶妇则用命妇之礼,新娘礼服以其丈夫官品为准,如唐代五品以上花钗翟衣,六品至九品以上花钗大袖之服,庶人则花钗连裳服,并以品级决定首饰多少及珍贵程度。特别是庶人娶妻,不许随意穿着命妇礼服。清代庶民婚嫁新娘皆不许用冠帔补服。

婚礼迎亲的车舆也不是随便使用，必须依其身份地位乘坐。隋制：王公大臣在亲迎时乘象辂、革辂、木辂。唐制：婚娶亲迎为亲王乘象辂，三品以下官乘革辂，四品五品木辂，五品非京官职事者，乘青通幰犊车，六品以下青偏幰通车。妇女乘车以及从车各准其夫品级。（《开元礼纂类》卷二四）宋代男家用花轿来迎接新娘，据《政和五礼新仪》规定，皇帝娶后入宫坐雕金饰珠肩舆（担子）。亲王家则乘渗金铜铸云凤花朵担子。贵家和士庶之家乘坐的担子没有铜铸凤花朵。宋以后，花轿装饰愈加富丽堂皇，限制也愈为严格。清制，品官用舆，幨盖饰彩绢，垂流苏，五品以上八，前后左右各二；六品以下四，前二后二；八品以下无流苏，幨盖前但饰彩绢二；庶人幨盖无饰，且不得乘大轿。（《清会典》卷二八）

婚礼迎娶队伍的仪仗，更是显示门第、突出等级的固定仪节。例如唐代品官婚姻都允许用本品卤簿仪仗，职事四品以上，散官二品以上以及京官职事五品以上，朝廷衙署本身皆给之。（《唐会要》卷三八）清代品官家的子孙即使自己无官职，亦许用父仪仗；但无品级的监生、军民等庶人则禁止僭用仪仗。特别是唐代嫁娶出现"广奏音乐""歌舞喧哗"的情况后，婚礼用乐已习以成俗，宋代从皇室到民间都举乐鸣鼓。[1] 但鼓吹奏乐从此也有等级限禁，如镫鼓乐人均有定数，清代品官婚嫁鼓乐不得过十二名，镫不得过六对，庶人则鼓乐不得过八名，镫不得过四对。（《清会典》卷二八）

---

[1] 方建新：《宋代婚姻礼俗考述》，《文史》第24辑，第157页。

这些品官士庶婚礼仪式的差别规定，一一被评定于礼书之中，违式僭用者即按违令律治罪，即使是品官违背自身品级例制，也要严行究辨，并给予失察官吏处分。等级之间的差别确如冰火不能相容，鱼目不可混珠。

第五章 等级与丧葬

在中国古代社会，同是一死，也有高低贵贱的等级之分。对死的称谓就因人的等级不同而各有专语。《礼记·曲礼》云："天子曰崩，诸侯曰薨，大夫曰卒，士曰不禄，庶人曰死。"作为最高统治者的天子死了，就像高山"崩"裂倒塌一样震惊四方；诸侯死则像许多飞虫一起腾空的声音，"薨"即轰轰烈烈而引人注目；大夫死而称"卒"，就是年老寿终之意；士死称"不禄"意为福薄而禄停，福气不幸而薪俸被断；只有庶人死了才称"死"。

这种对死的专称，被后世沿用。唐朝《开元礼纂类》云："凡百官身亡，三品以上称薨，五品以上称卒，六品以下达于庶人称死。"（《通典》卷一〇八）《明会典·丧礼四》云："亡者官尊，即云薨逝，稍尊即云捐馆，生者官尊则云奄弃荣养。"所以，崩、薨、卒、死、殒、殂、捐馆、弃世、上仙、归泉、数尽、气散等不同的名称，把不同等级成员的死，做了十分严格的区分。

对死的称谓仅仅是传统丧葬制度中的一个典例，在古代中国人的观念里，把养生等量齐观于送死，甚至有时送死重过了养生。十三经里，讲礼的占了三部，"吉、凶、宾、军、嘉"称为五礼，而五礼之中最重要、最详细的是凶（丧）礼。《仪礼》《礼记》和正史的《礼志》以及司马光《书仪》、朱子《家礼》、徐乾学《读礼通考》、秦蕙田《五礼通考》等，无不把"居丧"作为礼教和孝治的重大内容。

《中庸》说："事死如生，事亡如存，……故曰'孝之至也'。"《论语》说："慎终追远，民德归厚矣。"《荀子·礼论》说："故丧礼者，无它焉，明死生之义，送以哀敬而终周藏也。……事生，饰始也；送死，饰终也。终始具而孝子之事毕，圣人之道备矣。"因而，中国古代送死厚葬有着深刻的思想背景，不是简单的"人死为鬼，阴曹地府"所能解释的。

因为"事死如生，事亡如存"的思想观念，必然就要把死者生前的现实社会移植和缩影到丧葬习俗中去，从各个方面再现死者生前的社会地位和生活状况，人死犹如搬家，衣食住行不能异于往昔，需围绕着死者在另一世界的生活来安排后事，因此，要为死者备足四时穿戴的衣服，要模仿人间居室修筑坟墓，要携带日常使用的各种物品，甚至要将死者身边的姬妾奴婢殉葬来陪伴侍奉。尤其是在显示死者生前的等级身份时，要按坟墓的高低、茔域的大小、棺椁的配置、物品的贵贱、俑马的多少、碑碣的长短、祭庙的广狭等逐一区别，丧葬的等级规定和社会等级制度不仅完全适应，而且内涵也是一致的。这样，从丧礼、墓葬到祭祀形成了一套完整的制度，并按等级地位和身份的贵贱来分别施行，高贵者丧仪繁缛、厚葬显奢，卑贱者丧事简单、无物可葬，不同等级各得其所，即使在冥冥地界里，

山西太原晋国墓地出土
春秋晚期列鼎

山西晋国墓地出土
春秋晚期编钟

山西晋国墓地出土
春秋晚期编钟

鬼魂也要按等级待遇生活。

一、丧礼丧仪

丧仪对任何一个家庭、家族甚至国家都是一件大事。为了安慰、哀悼、怀念亡灵，古代人特别重视为死者治丧、送葬，希望死者能在阴间得到安宁。于是，举行各种送别仪式，从初终、易服、沐浴、铭旌一直到殓殡、入棺、出殡，都按照死者生前身份等级来决定丧仪的规格。

首先，人死后依礼节称呼其身份，父亲及祖辈多俗称"先考"，母亲或祖母辈则称"先妣"，妻子称"故殡"等，并依等级来决定使用"物化""就木""溘然""归室""天昏""梦桑""星坠""刈兰"等语言，使等级制融入礼仪之中。

在初终沐浴后，给死者嘴里放进珠玉钱宝，史称"饭含"。这种仪俗大约从西周起就已流行，历代皇帝往往亲赐"饭含"珠玉给达官显贵，但尸口的"含"，按珠玉钱贝有严格等级范畴，不得乱用。如唐制，一品至三品"饭粱含璧"，四品五品"饭稷含璧"，六品至九品"饭粱含贝"（《通典》卷一三八）。明制，一品至五品"饭稷含珠"，六品至九品"饭粱含小珠"，庶人"饭粱含钱三"。清制，一品至三品"含小珠玉屑五"，四品至七品"含金玉屑五"，士人"含金银屑三"，庶人则"含银屑三"（《清通典·凶礼》）。当然，"饭含"仪俗由来已久，据说周制规定，天子、诸侯"饭粱含璧"，卿大夫"饭稷含珠"，士人"饭稻含贝"。汉制"天子含实以珠，诸侯以玉，大夫为玑，士以贝，庶人以谷实"（《说苑·修文》）。目的都是使死者能享受饮食的乐趣，只不过是具体物品有等级之别罢了。

其次，在用冰和易服上也有等级规定。为保护贵族高官尸体，先秦时王室、诸侯府中设有凌人，专门负责盛冰的"夷盘"。因此，丧事用冰的多为贵族，士以下用冰需经国君特赐才行。以后又依死者等级高低来使用大小有差的冰器，天子用大盘，卿大夫用夷盘，士用瓦盘。唐代规定："诸职事官三品以上，散官二品以上，暑月薨者给冰。"（《通典》卷八四）古代夏季取冰不易，故只有达官显贵才能享用，平民是无法获得的。

死者穿的衣衾即"殓服"，最为讲究，不仅有钱势者要锦衣缎服、缠帛裹绢，一般人家也要为死者专做"寿衣"，古礼规定，无论死者尊卑，终衣均为十九套，但贫穷人家无力置办，往往由亲友邻里赠送几件以从事。如果死者生前是官吏，他就得以公服或朝服入殓，保持等级的尊严，而庶人只能穿常服。例如隋制，官人在职丧生，听敛以朝服，有封者敛以冕服，未有官者白袷单衣，妇人有官品者亦以服敛（《通典·丧制》卷三二）。唐百官以理去职而薨、卒者，听敛以本官之服；无官者，介帻、单衣。妇女可以夫子官品服敛。宋代司马光《书仪》卷五云："今从《开元礼》上服者，有官则服公服，无官则襕衫或衫，妇人以大袖或背子，皆常经衣者。"《明史·礼志十四》规定，"敛衣，品官朝服一袭，常服十袭，衾十番"。《清会典》和《清通典》皆记载官员殓服所用朝衣冠带各视其等，依品区别。

殓衣的称数则以多为贵，天子百套，大夫五十套，士三十套，而庶人常只有一套。唐制品官"小敛"衣十九称，"大敛"衣三十称；明制品官可用常服十称，庶人只用袭衣一称；清代品官殓衣为三品以上五称，五品以上三称，六品以下二称，士常衣一称、殓衣和复衣各一，而庶人常衣、殓衣也是一称。就是复衾的颜色也有规定，例如清制，一品、二品绛色，三品、四品缁色，五品青色，六品绀色，七品灰色。每种衾服都有严格的等级，不能混淆乱用，死者的等级地位和等级意识原封不动，旧日排列的尊卑格局全部搬入丧礼之中。

再次，丧葬的铭旌和各种用器都有等级规定。铭旌本身便是用以炫耀乡里四方的东西，竖在柩前以表死者姓名的旗幡，以帛物做成。《丧服小记》云："复马书铭，自天子达于士，其辞一也：男子称名；妇人书姓与伯仲，如不知姓则书氏。"缙绅人家之丧，旌上大书某官某公，或某某氏之柩。例如《开元礼》云："书曰某官封之柩，并无封者云某姓官之柩，妇人其夫有官封，云某官封夫人姓之柩，不有官封者，云太夫人之柩，郡县君随其称。"《宋史·礼志二十七》"铭旌皆书某官封姓之柩"。《书仪》也说，官卑曰某君某妻，或曰某封邑某氏，若无官封即随其生时所称。《清通礼》载，品官铭旌题曰某官某公之柩，八、九品及有顶戴的士人则题曰某官封（未仕则否）显考某府君之柩，妇则书显妣某氏。题字的人常常为当时显贵官僚或权势大者，一望铭旌便知非一般小户人家。除题字外，铭旌的长短也足以显示死者的身份地位，有五尺、七尺、八尺和九尺等四种尺寸，其长度恰与官品成正比例。如唐代一品至三品为九尺，四品、五品

北魏天王或力士
山西大同文瀛路北魏墓壁画

为八尺，六品至九品为七尺。五代、宋朝如同唐制，明代也基本相同，只有清代略有增加。如一品至三品者是九尺，四品、五品是八尺，六品至八品是七尺，九品及有顶戴者是五尺。唐宋时又有所谓"重"者，即在丧礼中暂代主牌以依神之物，《礼记·檀弓下》："重，主道也。""重"也以长为贵，如隋制一品悬鬲五，六品以上四，六品以下二。唐制一品至三品长八尺，四品、五品七尺，六品以下六尺。宋《丧礼令》诸重，一品柱鬲六，五品以上四，六品以下二。宋以后皆以魂帛代替重，用魂帛主道也有尺寸规定。所以，举行丧仪时，铭旌、重帛的长短皆是等级地位的标志。

在各种用器和棺椁中，等级的界限更为明确，自始丧至埋葬，无一不指示其差异。荀子说："事生不忠厚，不敬文，谓之野；送死不忠厚，不敬文，谓之瘠。君子贱野而羞瘠，故天子棺椁十重，诸侯五重，大夫三重，士再重，然后皆有衣衾多少厚薄之数，皆有翣

河南洛阳出土
战国错金银带流铜鼎
洛阳市文物工作队藏

萎文章之等，以敬饰之。"(《荀子·礼论》)棺椁是两种不同的葬具，直接装殓尸体的叫"棺"，围砌或套在棺外的设施叫"椁"，两者因配套使用而相提并论。周代对棺椁的使用定有制度，据《礼记》记载，天子棺椁四重，诸侯三重，大夫二重，士一重，庶民有棺无椁。棺木的用料是"尊者用大材，卑者用小材"，天子柏木，诸侯松木，士用杂木。棺椁装饰为天子"水兕之革"（水牛皮），贵族用各色丝织物。因此，棺椁的数量、用料和装饰都体现了"贵贱有仪，上下有等"的周礼精神。以后各代虽有演变，但等级关系始终如一，如《明会典》卷九九记载，明代棺木，品官用油杉、朱漆，椁用土杉；庶人棺以油杉、柏或土杉松为之，只能用黑漆、金漆，不得用朱红漆涂油，否则以违禁逾制论处。

随葬品（金银珠宝、奇石异器等）和明器所用质料、数量、尺寸及装饰纹图均依死者等级地位和官品为序，庶人的葬品既少且小，只能尽家力而为。早在原始社会后期，墓地随葬品的多寡、厚薄就有差别。商代商王和各级贵族墓的随葬品极其丰富、精美，包括各种青铜器、玉石器、陶器、漆木器、骨角器等，像妇好墓随葬四百六十余件青铜器、七百五十多件玉石器、七千多枚海贝，许多器物工艺精湛、精妙绝伦。[1] 周代承袭商朝，但酒器减少，食器增多，其中鼎最为重要，周礼规定：天子用九鼎，诸侯用七鼎，大夫用五鼎，士用三鼎或一鼎。到了春秋，则是天子、诸侯用九鼎，卿用七

---

[1] 王仲殊：《中国古代墓葬概说》，《考古》1981年第5期。

鼎，大夫用五鼎，士用三或一鼎。战国时代虽然群雄争霸，烽火连天，但"国弥大，家弥富，葬弥厚"（《吕氏春秋·节丧》）。湖北随州曾侯乙墓出土的编钟乐器和青铜礼器，显示了墓主作为国君身份的大排场。而下层庶民顶多在墓中用陶"礼器"随葬，大多是鬲、盒、罐、瓮等日用品，贫穷者甚至只用几个猪骨头随葬，等级之差是如此悬殊。

秦汉时期的随葬品与前代相比，青铜器减少，漆器比重增加，特别是大型漆器、镶金银扣、宝珠作纽等高级工艺发展。汉墓中有许

陕西神木大保当汉墓出土
东汉彩绘画像石墓门

多储存食物、饮料的器皿，西汉中期后，增添仓、灶、井、磨、楼阁、庄园模型和牲畜偶像的陶质明器，一直到东汉，明器的种类和数量愈来愈多，这是中国古代随葬品的一次大变革。作为中国第一个皇帝的秦始皇，随葬品更是不计其数，据说项羽入关掘陵"以三十万人三十日运物不能穷"(《水经·渭水注》)。如出土的错金乐府编钟、铜车马等，稀世罕见。巨大的兵马俑坑中，有各类武士俑约七千个，陶马一百多匹，驷马战车一百余辆，并以军阵的形式排列组合，气势极为宏大。汉武帝的庶兄中山靖王刘胜及其妻窦绾墓室中，随葬器物四千二百多件，分为陶器、铜器、铁器、金银器、玉石器、漆器、纺织品以及车马、俑、钱币等类，其中如长信宫灯、错金博山炉、错金银鸟篆文壶、鎏金银蟠龙纹壶等，都是难得的艺术瑰宝。尤其是刘胜、窦绾以"金缕玉衣"作为殓服，这与以往殓以多层衣衾的习俗迥异，金缕玉衣外观和人体一样，由二千四百九十八片玉片组成，并用纤细的金丝加以缀编。此外，在许多汉墓中都出土过玉衣或玉片。[1]《后汉书·礼仪志》记载，汉代皇帝死后使用金缕玉衣；诸侯王、列侯始封、贵人、公主使用银缕玉衣；大贵人、长公主使用铜缕玉衣。至东汉时期，玉衣已明确分为金缕、银缕、铜缕三个等级，确立了分级使用的制度。

魏晋南北朝的随葬品主要是陶瓷器和生活用具。贵族官僚墓中的随葬品大多是各种陶俑，俑的种类和数量很多，汉代流行的陶制

---

[1]《满城汉墓发掘报告》，文物出版社，1980年。

庄园模型趋弱。唐代随葬品以三彩釉的陶俑为主，数量按墓主人身份不同而有不同的限额，并配合其他葬物定有等级之分：

三品以上　明器九十事，共置五十舁
五品以上　明器六十事，共置三十舁
九品以上　明器四十事，共置十舁

以上明器并用瓦木为之，天王等四神不得过一尺，其余人物不得过七寸。

庶人，明器十五事，不置四神和十二时辰俑，所造明器必须用瓦，不得过七寸，共三舁。

唐以后各代均依此等级划分演变，如宋代五品、六品，三十事，共八床；七品常参官，二十事，六床；六品以下京官及检校试官，十五事，五床；庶人只能十二事，二床。明代公侯九十事，一品、二品八十事，三品、四品七十事，五品六十事，六品、七品三十事，八品、九品二十事，而庶人为一事。当然，皇帝是不受这些等级规定限制的，如明神宗万历皇帝的定陵中，出土各类随葬器物达两千多件，金银玉瓷琳琅满目，玉圭、衮服等精美华贵，金丝编织的翼善冠蛟龙飞舞，巧

河南嵩山出土
唐代武则天除罪金简
河南博物院藏

夺天工，皇后的凤冠上竟镶有五千多颗珍珠和一百余块宝石，确实使人惊叹不已。清末慈禧太后的随葬品更是奇珍异宝，据《清孝钦后入殓及山陵供奉珠宝玉器等物一览册》记载，仅棺内就有大小珍珠计三万二千多颗，宝石一千二百余块，至于凤冠上重达四两的宝珠、口含的夜明珠等，无不为举世珍宝。所以，盘踞在等级制度巅峰上的帝王奢侈厚葬，必然影响着各个阶层，以致一些贫苦下层人家借钱也要厚葬亲属，以表示孝心和下辈子改变等级地位的愿望。

在随葬习俗中，最残暴的是人殉陪葬。原始社会末期的甘肃齐家文化氏族公共墓地中，就曾发现女子为男子殉葬的合葬墓，考古学界公认这是中国已知最早的杀妻（妾）殉葬墓。[1] 盘庚迁殷以后，商代盛行人殉，用活人为家长、奴隶主殉葬，殉人的数量与墓主生前的等级地位成正比，身份愈贵，殉人愈多。在殷墟商王和各级贵族的墓葬中，仅发现的殉人数就近四千人，数量惊人，其中商王大墓里有三百六十多人。小贵族墓里一般为一人或数人。殉葬者既有家内奴隶，也有近亲、侍从，按身份和等级，殉葬只能是他们的本分，到阴间地府去侍候主人的衣食住行。周代继续推行人殉制度，诸侯王死后，殉葬少则数人、数十人，最多的是秦穆公，有一百七十七人。《墨子·节葬下》说："天子杀殉，众者数百，寡者数十；将军大夫杀殉，众者数十，寡者数人。"尽管战国时期社会舆论强烈反对用活人殉葬，但秦始皇死后，后宫无子者"皆令从死,死者甚众"（《史记·秦

---

[1] 黄展岳：《我国古代的人殉和人牲》，《考古》1974年第3期。

始皇本纪》)。据西汉学者刘向在谏汉成帝不要厚葬的疏中说,"多杀宫人,生埋工匠,计以万数"(《汉书·刘向传》)。如此规模的殉葬,可谓空前绝后。汉代以后大规模的殉葬已不复存在,但汉魏两晋时零星地活埋殉葬仍不断发生。由于法律限制人殉,作为奴婢侍仆的替身,木俑和陶俑被大量置放于统治阶级的墓中。

但到了明清,以人为殉的随葬死灰复燃。明太祖朱元璋的孝陵共有妃嫔四十人以身殉葬,明成祖朱棣的长陵也有从殉妃嫔三十多人,明仁宗朱高炽的献陵有七个妃嫔殉葬,宣宗朱瞻基的景陵有十个嫔妃"殉节从葬"。至于被殉葬的宫女因地位低下,已无从查考了。可见,明初帝王山陵用人殉毫无疑问地成为一种制度。《李朝实录》中记载其使臣回国陈述成祖朱棣死后宫廷殉葬情形,他说:"及帝之崩,

新疆吐鲁番阿斯塔那唐墓出土
唐代劳作女俑

宫人殉葬者三十余人。当死之日，皆饷之（使其吃饭）于庭，饷辍（饭毕），俱引升堂，哭声震殿阁。堂上置小木床，使立其上，挂绳围于其上，以头纳其中，遂去其床，皆自雉（吊死）。……诸死者之初升堂也，仁宗（朱高炽）亲入辞诀。"（朝鲜《李朝实录·中国史料》第320页）明代藩王死了也用妃妾宫人殉葬，《明史·后妃传》说"犹用其制（指殉葬），盖当时王府皆然"。这就道破了明皇室中普遍实行的殉葬之制。清初流行以人殉葬习俗，官书及私人记载均不避讳，《东华录》《满洲实录》《北游录》等书皆记载清太祖死时，大妃和庶妃"以身殉焉"，中宫皇后死"将四婢殉之"，皇太极死时用男奴殉葬，摄政王多尔衮、豫亲王多铎、郑亲王济尔哈朗等人死后，福晋、奴仆都有殉葬者。德国人魏特著《汤若望回忆录》曾叙述顺治十七年清世祖福临的董鄂妃死后情况：

"贵妃薨逝，皇帝陛下为哀痛所攻，竟至寻死觅活，一切不顾，人们不得不昼夜守着他，使他不得施行自杀。三十名太监与宫中女官，悉行赐死，免得皇妃在其他世界中缺乏服侍者。"

王士禛《池北偶谈》卷一说："八旗习俗，多以仆妾殉葬。"可知殉葬制度并不限于皇室，而是普遍流行于八旗的贵族家中。古代帝王和达官贵人，不仅生前妻妾成群，奴仆如云，死后还企图将妻妾带进坟墓，继续供其驱使生活。人殉的现象正是等级特权的集中反映。

丧葬仪礼另一个重要内容是告丧奔丧和出殡仪仗。帝王驾崩，朝廷派专使讣告诸侯和天下臣民；大臣薨逝，应首先通报国君和朝廷；

庶民弃世,则家人告知亲族和乡里邻居。告丧的程序和范围依等级而定。而奔丧也是同样,皇帝的国丧要求诸侯王公、重臣守将迅速赴京参加治丧,不能离开者则"望都而哭";品官死逝,由皇帝亲临致哀或遣使赐赠财物以料后事。如唐代职事官薨卒,国家例给赙物助丧,并按死者官品高低决定多少,正一品最多,帛二百段,粟二百石;从九品最少,帛十段,无粟。在这里告丧奔丧乃至吊唁并不是什么人情悼念,而是赤裸裸的等级身份关系。

出殡即将灵柩从停尸地运往下葬地,时间长短也按等级有所不同,周代礼制规定:天子七月而葬,诸侯五月,大夫三月,士和庶民一月。秦汉以后时间大为缩短,但仍以等级地位来定时间长短,以示恩宠或隆重之意。民间更是长短不一,无有常例。在出殡过程中,为显示生前等级身份,特别注意仪仗。例如披系于灵车四柱的绳带(古称"绋"),由送葬者在旁拉着以防倾覆,带数和人数均依

陕西蓝田出土
唐代白石舍利石函上的送丧图

死者等级而定：天子六绋，执绋者千人；诸侯四绋，执绋者五百人；大夫二绋，执绋者三百人。送葬者还要唱着哀悼死者的挽歌，并按挽歌节拍敲击铜铎，柩车两旁举着障柩的"翣"（与羽盖、掌扇相近）。这些出殡仪仗器物，依官吏品级来规定数量的差异，庶人不许僭用。历代之制如下：

  唐代 一品，引绋四，披六，铎十六，翣六。

     二、三品，引绋二，披四，铎十二，翣四。

     四、五品，引绋二，披二，铎八，翣四。

     六品以下，引绋二，披二，铎四，翣二。

  后唐 三品以下，引、披、铎、翣数不详，挽歌三十六人。

     五品以上，引二，披二，铎四，翣四，挽歌十六人。

     九品以上，二翣。

  宋代 三品以上，引四，披四，铎六，翣六，挽歌三十六人。

     四品，引二，披二，铎四，翣四，挽歌十六人。

     五品六品，挽歌八人。

     七品八品，挽歌六人。

  明代 公侯，引四，披六，翣六，铎十六。

     一品二品，引二，翣四，铎十二。

     三品四品，引二，翣二，铎四。

  清朝 五品以上翣四，六、七品翣二。

此外,《唐会要·葬》还云唐代三品以上挽歌三十六人,五品以上十六人,九品以上十人。这些严格的丧仪器仗规定,鲜明地突出了"别优劣,辨品第"的等级观念。

在柩舆灵车方面,虽然官吏士庶共有,但数量和装饰却有很大的差异,华丽朴素全以死者身份地位而定。《礼记·丧大纪》中便记载国君至士大夫的不同柩饰:国君用龙帷,三池,振容,黼荒等;大夫用画帷,二池,不振容,画荒等;士用布帷,布荒,一池等。秦汉柩行更趋隆重,帝王驾崩后运送尸柩的灵车为辒辌车,具黄屋左纛,配以副乘,黄色幕帐遮掩,送葬队伍浩浩荡荡,不仅有专门抬旌幡、挽幛的羽林孤儿,还有列队排阵的军队、战车,时俗以送葬人多为尚,乘车骑马的文武百官纷纷送葬助哀。达官显贵也讲究出殡仪仗场面,楼护母死,"送至丧车二三千辆";黄琼卒,"四方名豪会帐下六七千人"。

隋、唐、宋各代柩车上的装饰如车幔(幰)、幰竿、垂带、流苏以及车厢画饰,皆以品级为差,品级愈高,则幰竿愈长,垂带、流苏也愈多。例如隋制规定:三品以上油幰,朱丝络网,施襈,两厢画龙,幰竿诸末垂六流苏。七品以上油幰,施襈,两厢画云气,垂四流苏。八品以下至庶人,鳖甲车,无幰、襈、流苏、画饰。又如唐制规定:三品以上用开辙车,油幰朱丝络网,两厢画龙虎,朱幰竿,长二丈六尺,带五重,流苏十八道。五品以上,幰竿长二丈二尺,带四重,流苏十六道。九品以上,幰竿长一丈九尺,带三重,流苏十四道。庶人只用合辙车,幰竿一丈六尺,带二重,流苏四道。

会昌元年新制则规定工商百姓诸色人吏无官者，禁用油幰流苏等饰，并不得缯彩结络。再如宋制规定：三品以上油幰，两厢画龙，幰竿垂六流苏。七品以上油幰，两厢画云气，垂四流苏。九品以上无流苏。庶人丧车皆用鳖甲车，无幰、襈、画饰。明代品官丧车皆缯缘，饰以帷幔，四面垂流苏，庶人只能以衾覆棺而已。清代柩舆荒幛及舆杠各有定制：品官柩舆四檐垂流苏，青蓝色缯荒缯帏，公侯伯织五彩，二品以上用销金，五品以上生画云气，六、七品素缯无饰，八、九品与有顶戴主人绢荒绢帏，庶人则以布衾罩棺，柩舆不施幛盖，杠两端黑，中饰红垩。如随便僭用，要以礼法处置。抬柩人数的多寡亦随品级身份而异，后唐时品官出殡舁舆多者至二十人，庶人只用八人。(《五代会要·丧葬下》)清代品官高者可多至六十四人，九品及有顶戴者也可用二十四人，而庶人只能少于十六人。(《清会典》卷三八)

以上所述的等级划分，是丧礼仪仗繁简的区别。人们可以想象得出官宦人家死后的威风，鼓吹仪仗陈器的繁缛，棺椁丧车的富丽，以及抬柩、执绋、挽歌人数的众多，而且官品越高出殡越热闹，道人争看，街路有祭。《旧唐书·李义府传》记载，"义府寻请改葬其祖父，营墓永康陵侧，三原令李孝节私课丁夫车牛，为其载土筑坟，昼夜不息。于是高陵、栎阳、富平、云阳、华原、同官、泾阳等七县以孝节之故，惧不得已，悉课丁车赴役。高陵张敬业恭勤怯懦，不堪其劳，死于作所。王公以下，争致赠遗，其羽仪、导从、辒辌、器服，并穷极奢侈；又会葬车马、祖奠供帐，自灞桥属于三原，七十里间，相继不绝。武德已来，王公葬送之盛，未始有也"。这出殡的场面可真是够大的了。

二、墓葬碑碣

如果说将死者按一定方式放置在特定场所称为"葬"，那么用以放置尸体的固定设施则称为"墓"。原始社会后期，墓圹一般是长方形或方形的竖穴式土坑。在氏族瓦解时，墓坑逐渐用木材垒筑铺盖，构成了木椁。但当时"葬之中野，不封不树"（《周易·系辞》），既无坟丘也无标记。进入阶级社会后，墓葬制度中就存在着严格的等级差别，统治者的陵墓有着十分宏大的规模。像殷墟商王陵墓，有"亚"字形墓和"中"字形墓，占地一千八百平方米；诸侯三百四十平方米；大贵族二十余平方米，小贵族十平方米；而平民不足两平方米。并且从王陵到一般的贵族墓都在地面上建有房屋，平民则根本没有这样供祭祀的"享堂"。西周的墓制虽承袭商代，但棺椁有严格的等级制度，即所谓"天子棺椁七重，诸侯五重，大夫三重，士再重"。经考古发现表明，有些墓室中内置双重棺，可见记载大体上是可信的。[1] 陪葬的"车马坑"，其规模也视墓主的身份而定，王侯车马坑最大的埋车十二辆，马七十二匹，大夫的则埋车五辆，马十匹，而平民只能埋条狗或其他东西。

---

[1] 王世民：《中国春秋战国时代的冢墓》，《考古》1981 年第 5 期。

春秋战国时期，许多统治阶级的墓在地面上用夯土筑成坟丘，而王公、诸侯、贵族的大墓仍用多重棺椁，像陕西凤翔秦公大墓、湖北随州曾侯乙墓、河北平山中山王墓等都存在等级区别，尤其是战国时期坟丘已很普遍，"丘垄必巨"成为帝王陵墓的一个显著特点。这一时期"陵""墓"称谓也开始区分，陵成为君王等上等身份的称呼，比喻为尊高的山陵；而墓则成为其他身份的专称，只是坟丘的标志。

千古一帝的秦始皇陵冢，规模极其宏大，《史记·秦始皇本纪》说："始皇初即位，穿治郦山，及并天下，天下徒送诣七十余万人，穿三泉，下铜而致椁，宫观百官奇器珍怪徙臧满之。令匠作机弩矢，有所穿近者辄射之。以水银为百川江河大海，机相灌输，上具天文，下具地理。以人鱼膏为烛，度不灭者久之。"整个陵园按照咸阳城设计，有内外两重城垣，呈南北狭长的"回"字形。方形覆斗式的巨大封土堆矗立于内城西南部，大概是"夫西方，长老之地，尊者之位也。尊长在西，卑幼在东"（《论衡·四讳》）。汉代早期还是沿袭先秦以来的"族墓"制度，武帝以后则以皇帝为中心确立墓制。除文帝的霸陵是依山凿建不起坟丘外，其他西汉帝陵都有覆斗状坟丘，其高度和范围有一定的规制。《关中记》云："汉帝诸陵皆高十二丈，方百二十步。唯茂陵高十四丈，方百四十步。"武帝执政五十四年，其茂陵就耗费了相当于汉代鼎盛时期十八年的全部贡赋，而修建历时五十三年，"金钱财物，鸟、兽、鱼、鳖、牛、马、虎、豹生禽，凡百九十物，尽瘗臧之"（《汉书·贡禹传》）。当然是规模最大的一座。总观秦汉史实，陵墓建造有两个突出特征：第一，生前即大造陵墓，从帝王到一般臣僚无不如此，每个皇帝把"死"当作"生"看待，"汉天子即位一年而为陵，天下贡赋三分之，一供宗庙，一供宾客，一充山陵"（《晋书·索琳传》）。全国三分之一贡赋用来修建陵墓，其规模可想而知。第二，陵墓营建高度有严格等级规定："列侯坟高四丈，关内侯以下至庶人各有差。"（见《周礼·春官·冢人》郑注引《汉律》）但这条《汉律》佚文没有留下每个等级具体记载，据东汉纬书中关于坟墓高度的等级规定：天子坟高三仞，诸侯半之，卿大夫八尺，士四尺，庶人无坟。（见《白虎通·崩薨》引《礼·含文嘉》）这似乎又与《盐铁论》所说的"庶人之坟半仞"有所不同。汉代定制列侯坟高四丈，诸侯王墓当在五

陕西临潼秦始皇帝陵陪葬坑出土
秦代青铜鹤
秦始皇兵马俑博物馆藏

到八丈之间，天子陵墓在十二丈以上，这应该是比较准确的等级规定。纬书所说的高度只有汉制的五分之一，显然不足信。对于一些特殊人物，还建以特殊的墓冢，如霍去病起冢像祁连山，卫青起冢像塞外庐山等。

与此同时，墓制由"竖穴"改为"横穴"，而且用砖石构筑墓室，模仿现实生活中的"宫殿居室"。棺椁之制也发展得更趋完善，除梓宫、便房、内外回廊外，还有"黄肠题凑"的形式，"以柏木黄心致累棺外，故曰黄肠。木头皆向内，故曰题凑"（《汉书·霍光传》）。就是在帝主陵寝椁室周围用柏木枋堆垒成的框形结构，个别勋臣贵戚也可使用这种表示墓葬主人身份地位的形制。西汉墓葬中与前代显著的区别表现为：一是官僚地主非常重视对土地的占有，不仅有随葬的"薄土"，而且还多了铅做的"买地券"，证明在冥世中对墓地及生前土地的合法所有权。二是随葬品中有大量竹书和帛书，不仅有《仪礼》《诗经》《易经》等，还有医书、兵书等，表明"厚葬久丧以送死，孔子所立也"（《淮南子·氾论训》）的儒家重教伦理意识。三是盛行用官印或私印随葬，标志墓主生前的社会地位和身份。

汉代墓地承袭战国时种树多少的等级制，《商君书·境内》说："其官级一等，其墓树级一树。"《周礼·春官·冢人》也说："以爵等为丘封之度与其树数。"按等级决定墓地种树多少。但没有树木种类的等级规定。东汉纬书《含文嘉》《春秋纬》等说，天子坟"树以松"，诸侯坟"树以柏"，大夫坟"树以栾"，士坟"树以槐"，庶

第五章／等级与丧葬

人"无坟，树以杨柳"。也有说"卿大夫树杨，士树榆"。实际上汉代帝陵和民间冢墓都以种柏树为主，纬书所说墓地树木种类的等级规定，可能是一种理想的制度，并未真正实行。但它也说明了，墓地各种陪葬物都分定等级次序。除此外，如阙按等级有单阙、二出阙、三出阙之分。武原侯坐葬过律被夺国，枞阳侯亦因冢过规定而被髡削，(《潜夫论》卷三《浮侈篇》)可见在墓葬方面的等级制度是很严格的。

汉代墓葬的等级还表现在坟丘的形状上，皇帝的陵墓为正方形或长方形覆斗式，高级官僚的坟墓则多呈正方形。坟丘以方形为贵，可能是沿袭了战国时期的制度。

至于一般贵族、官僚与平民的坟墓，据清代孔广森《周礼郑注蒙案》研究，其高度分别是：关内侯三丈五尺，中二千石到比二千石官吏三丈，一千石到比六百石官吏二丈五尺，四百石到比二百石官吏二丈，庶人坟高一丈五尺，自上而下皆以五尺为差递减。由于汉代提倡重伦理，以孝治天下和显示死者尊卑身份的风气盛行，所以平民百姓也竟皆仿效厚葬，许多穷困人家都竭尽全力为亲属长辈营造坟墓、置办棺木，如还未发迹的韩信家贫，"母死无以葬，乃行营高燥地，令傍可置万家者"。吴逵"夫妻勤苦，期年中成七墓十三棺。邻里嘉其义，葬日悉出助之"。当然，大多数百姓死而不得妥善埋葬，有的用陶棺，有的用瓦盖，甚至有的没有葬具而仅以砖砌埋土。坟墓的简陋、奢华突出地显示了等级社会的构成。

魏晋南北朝时期，社会经济被严重破坏，盗墓之风盛行，迫使统治阶级的厚葬痆殓不得不有所改变，帝陵虽有坟丘，但不很显著，墓室均为单室，北方一些王朝还盛行潜埋密葬以防盗陵，直到北魏文明太后执政后，才开始恢复陵墓制度。贵族官僚墓中规模宏大、雕刻精致的画像石墓已很少见，墓室平面布局虽已简化和减小，但显示等级制的特殊标志又有新的发展。如两晋墓中细部设施结构都有角柱、斗拱、直棂窗等，还有砖砌的棺床、台桌等，使整个墓室更像现实生活中的家庭住户。有的大墓在隧道顶部开天井，直通地面，这也是仿照现实住宅，天井愈多，愈显得门多宅深，院落重重。而且贵族官僚墓中多用陶制的牛车模型随葬，并以此为中心增添由兵卒、文吏、武弁、家内奴婢等组成的出行仪仗队，反映了私人武装部曲的军事性质。

隋朝至盛唐的墓葬与北魏一脉相承，当时贵族官僚的大墓，都是采用斜坡式隧道，并开天井，两壁设龛。懿德太子墓有天井七个、壁龛八个，章怀太子墓有天井四个、壁龛六个，正三品司刑太常伯李爽墓有天井三个、壁龛两个。天井和壁龛的多寡基本上与墓主人的官品爵位相一致，按等级使用。隋代流行以土洞为墓室，高级官僚的大墓亦不例外。但唐代则多采用砖室，土洞墓已降为低级官吏或平民所用。一般的品官多为单墓室，二品以上的大官和诸王、太子、公主才有两室，墓内绘制的鞍马、车骑、仪卫、侍者、乐伎等，其内容和规格都视墓主身份等级而有所区别。[1]

---

[1] 黄展岳：《中国西安、洛阳汉唐陵墓的调查与发掘》，《考古》1981年第6期。

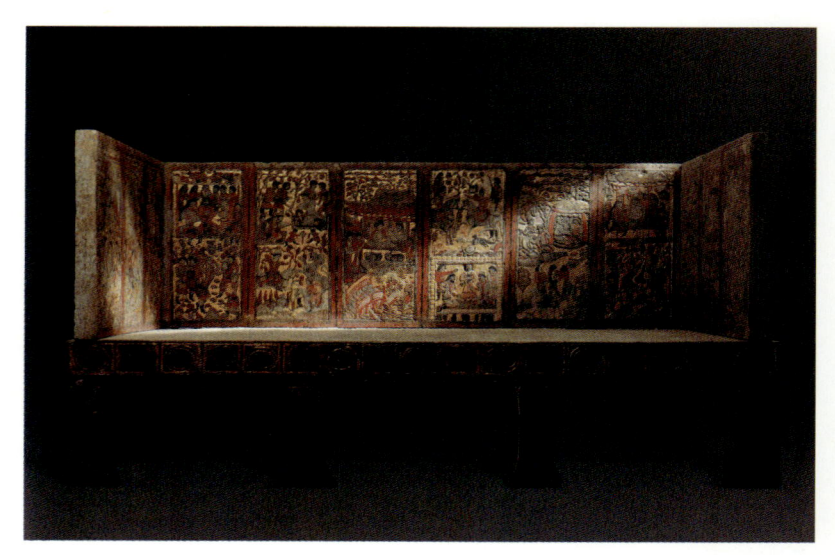

陕西西安出土
北周安伽墓围屏石榻

　　唐代对各级品官坟地周围步数、坟高尺寸皆有明文规定，据《通典》所载《开元礼纂类》云：一品墓地面积为九十步，坟高一丈八尺；二品为八十步，一丈六尺；三品为七十步，一丈四尺；四品为六十步，一丈二尺；五品为五十步，九尺；六品以下，墓地方二十步，七尺。墓的大小、高低都与官品成比例，等级制度鲜明无比，丝毫不差。当然，逾制越级现象屡有发生。苏味道因自己居宰相位，改葬其父，侵毁乡人墓田，役使过度而为宪司所劾。战将李光进葬其母，相致祭者四十四幄，穷极奢靡。唐高宗永隆二年诏令："商贾富人，厚葬越礼，卿可严加捉搦，勿使更然。"（《旧唐书·高宗本纪》）睿宗太极元年，左司郎中唐绍说："臣闻王公已下，送终明器等物，具标甲令，品秩高下，各有节文。……近者王公百官，竞为厚葬。偶人像马，雕饰如生。徒以炫耀路人，本不因心致礼。更相扇慕，破产倾资，风俗流行，遂下兼士庶，若无禁制，奢侈日增。望诸王公以下，送葬明器，皆依令式，并陈于墓所，不得衢路行。"(《旧唐书·舆服志》)唐玄宗开元二年制曰:"(近来厚葬)既竭家产，多至凋敝，……且墓为真宅，自便有房。今乃别造田园，名为下帐。又冥器等物，皆竞骄侈，失礼违令，殊非所宜。……宜令所司据品令高下，明为节制;冥器等物，仍定色数及长短大小。园宅下帐，并宜禁绝，坟墓茔域，务遵简俭。凡诸送终之具，并不得以金银为饰。如有违者，先决杖一百，州县长官，不能举察，并贬授远官。"(《旧唐书·玄宗本纪》)这样的法令诏制虽然严厉，但在当时也往往成为一纸空文。

　　贵族官僚乃至平民百姓的厚葬逾制，其实不过是上行下效罢了。唐代帝王的陵墓更是推行"事死如事生"的礼制，以生前居住的宫殿布局来规划陵园。如分布在关中的唐十八陵，高祖献陵、敬宗庄陵、武宗端陵、僖宗靖陵均用夯土筑成覆斗形坟丘；深凿墓室，封土高大，又选择高阜之地，更显得气势非凡。其他诸陵是"依山为陵"，选择山峦凿洞为地宫，绕山筑城，既高封大树，又空前绝后，据推测，唐陵应设有前、中、后三室，这是其他等级不能使用的墓制。如唐高宗与武则天合葬的乾陵，以梁山主峰为中心仿照长安内外城建制陵园，四面各开一门，南面门阙至朱雀门的神道长约三公里，《长安志》卷一记载陵园约八十里，占地面积三十余万亩，成为唐陵中的楷模。因此，唐帝王与宗室皇亲陵墓皆制度宏大，李弘太子死而称其墓为陵,"功费巨亿,百姓厌役,呼嗟满道,遂乱投砖瓦而散"(《旧唐书·高宗诸子传》)。永泰公主以礼改葬,也号墓为陵,施之极尊。贞元十四年,修缮献、昭、乾、定、泰五陵各造屋五百七十间,桥陵一百四十间,元陵三十间,花费巨大。这仅是修旧,营建更不知耗费了多少钱财。

宋代没有继承唐代的"依山为陵",帝王陵墓都是平地营建封土堆,而且改变前代皇帝生前预筑寿陵的办法,皇帝驾崩后在七个月内完成陵墓,因而宋陵规模远不及唐陵气势宏伟。宋陵形制相同,以土丘为中心用墙垣围成方形的陵域,并在帝陵后面别筑皇后陵,这是前代皇后未有的特殊礼遇,也可能是母后听政提高地位的表现。北宋墓中最富有特色的是一种仿木结构建筑的砖室墓,不仅以五铺作重拱,而且是雕花格子门,单墓室也演变为前后两室,装饰壁画或雕砖,内容表现墓主人的日常生活和夫妻"开芳宴"的场面,表明死者在阴间继续享受现实生活中的乐趣。当然,宋代同唐代一样,规定品官至庶人的墓域坟高范围,如一品至四品如同唐制,五品为墓地面积五十步,坟高一丈;六品为四十步,七品以下二十步,坟高都是八尺。百姓墓地只能占十八步,坟高不得过六尺。这个制度也为元代所承袭,品官墓地坟高都类同宋制,只是庶人墓地更小,不准超过九步。这也说明处在等级社会结构下层的人民群众的地位愈来愈低。

明代的帝陵与汉唐以来的帝陵相比,最大的特点是坟丘不成方形而成圆形,周围砌砖墙而称"宝城",其位置在全陵的最后。宝城之前设明楼树石碑，上刻皇帝谥号，这也是明陵的新创。玄宫在宝城之下，其形制亦模仿宫殿。以发掘的明定陵为例，玄宫分前、中、后三殿，左右又通配殿，皇帝和皇后的棺椁放置在后殿棺床上，旁边还有各种精美器物两千多件。整个陵园建筑和地宫墓室，全部用巨石垒砌起券，高大宽敞，奢靡无度，据史载耗用白银八百万两。就是一般的王公墓地，也奢华淫侈，像明鲁王朱檀墓，开凿于山东九龙山南麓地内二十余米，圹内砖筑前后墓室，全长二十多米。墓中放置各种物品和各式各样漆木家具，以及宋代古琴、绢画与元刻本书籍等，门内有四百多个手持仪仗器具的木俑，敷彩鲜艳，并以品色穿戴衣冠，死者犹如生前在王府内的生活，悠闲于幽坟冥墓之中。而明代品官坟茔礼制的等级规定也很严格，《明会典·工部二三》载：公侯坟地面积为方一百步，坟高二丈；一品至七品依次为方九十步到三十步，坟高降差由一丈八尺到六尺。庶人墓地方九步，坟高自然不能过六尺。这样，唐宋以来的墓地等级差

河南巩义宋陵文官石像

别更大了。此外，公侯至五品以上官员墓地还可围有墓墙，但高度依次为一丈、九尺、八尺、七尺、六尺、四尺，小官吏和平民百姓不得建此墓墙，在修建墓冢时要充分参照礼制规定，以保持严密的等级制度秩序。

清朝帝陵基本上仿效明制，但宝顶的形状由明代的圆形改为前方后圆形，不管是河北遵化的东陵，还是河北易县的西陵，都豪华壮丽、规模宏大。清代品级官员坟茔占地与墓高和唐宋制度相同，也是九十步到二十步之差，或一丈六尺到六尺之减，庶人只能占地九步，坟高四尺。清朝坟茔的特点是围墙周围大大扩展，一品、二品为三十五丈，三品至五品为三十丈，六品、七品以下为十二丈，而庶人只能为八丈，否则按违式逾律处治。(《清律例》卷一七)等级的细则制度更为严密，衡量墓主身份地位的标志更加突出。

随墓葬制度派生出来的是碑碣、石兽表志等，并逐渐形成使用的等级规定。据研究，碑起源于春秋，就其作用而言，碑可分为三种：一是立于宫门前"识日景，引阴阳"(《仪礼·聘礼》郑玄注)，类似日晷。二是宗庙院内拴祭祀牲畜的石柱，"牲入庙门，立于碑"(《礼记·祭仪》)。三即墓碑，《礼记·檀弓》曰"公室视丰碑"。郑玄注云："丰碑，斫大木为之，形如石碑，于椁前后四角树之，穿中间为鹿卢，下棺以绋绕，天子六绋四碑，前后各重鹿卢也。诸侯四绋二碑，大夫二绋二碑，士二绋无碑。"由此可知，墓碑起源于下葬时用来牵引放下棺椁的丰碑，最初是用木头做的。周代王公贵族殡葬时用辘轳系绳（即"绋"）缓缓放下，支架就是上端穿圆孔扣绳的碑，故东汉石碑圭形、半圆形上有一圆孔。这种碑到汉代方改用石制，起先无字，殡仪结束后即留在墓穴里，后来为纪念逝者而简单地刻上墓主的姓氏官爵、卒葬年月等，从而成为具有完整意义的墓碑的滥觞。

作为雏形的墓碑，原来是埋在墓圹里的，西汉时移到地面成为墓前标识。东汉时由于豪强大族重视上冢礼俗，讲究建坟筑墓，再加上炼钢技术进步，而钢凿便于雕刻石材，于是石碑和石祠、石阙、石柱一样广泛流行。当时不仅达官贵人都树立墓碑，就是没有官职的庶民也立墓碑，如《隶释》有《故民吴仲山碑》；幼童如《蔡邕集》

陕西兴平霍去病墓
西汉马踏匈奴石雕

中的《童幼胡根碑》。墓碑有家属或宗族中人设立的，又有弟子、门人设立的，更有故吏、地方官设立的。因此在《金石录》等书中，记载有大量东汉墓碑刻文，[1] 墓碑成了世家大族炫耀显赫身份、地位的重要工具，每每在墓前以歌功颂德碑文来扬名表墓。

从东汉起，碑的形制渐趋固定，制作也愈来愈精细。刘勰说"自后汉以来，碑碣云起"（《文心雕龙·诔碑》）。当时确是碑和碣并称于世。

碑的上方称碑额或碑首（碑头），尖的叫"圭首"，圆的叫"晕首"；其上刻制螭、虎、龙、雀等纹饰或麒麟、天禄等浮雕。碑的下方称碑面。汉碑其额和碑面是连在一块石板上，南北朝以后，碑额和碑面分用两块石板。厚的墓碑两侧还可刻字或雕饰花纹。为防止碑石沉陷，又常制嵌碑入槽的碑座，称为"碑趺"。由于碑座常刻成"赑屃"（据传这是龙生九子之一）形状，好似乌龟，故"碑趺"又称"龟趺"。而碑上的尖顶圆孔也渐渐消失了。

碣，又称"楬著""楬橥"，是作标志的小木桩。《周礼·秋官·蜡氏》称："若有死于道路者，则令埋而置楬焉。"即"书死者名也"。所以碑、碣形状大致相仿，但作用略有不同。"楬"改为石制后，与碑相差无几，据《后汉书·窦宪传》李贤注云："方者谓之碑，圆者谓之碣。"看来碑、碣在方圆之间是有区别的。

唐代，用碑用碣根据死者生前官阶而定，据《唐六典》卷四礼

---

[1] 杨宽：《中国陵寝制度史》，《中国文化研究集刊》第3辑。

部郎中条载"碑碣之制":"五品以上立碑,螭首龟趺,趺上高不过九尺。七品以上立碣,圭首方趺,趺上高不过四尺。"可见,碑、碣的选用反映了死者爵位的高低。宋代品官墓冢前的碑、碣也沿袭了唐制。明代对碑身、碑首、碑趺的尺寸和首趺的形状、花样,均做了严格的限制:

公侯　螭首龟趺(碑高九尺,宽三尺六寸;碑首高三尺二寸,碑趺高三尺八寸)。

一品　螭首龟趺(碑身高八尺五寸,宽三尺四寸;碑首高三尺,碑趺高三尺六寸)。

二品　麒麟首龟趺(碑身高八尺,宽三尺二寸;碑首高二尺八寸,碑趺高三尺四寸)。

三品　天禄辟邪首龟趺(碑高七尺五寸,宽三尺;碑首高二尺六寸,碑趺高三尺二寸)。

四品　圆首方趺(碑身高七尺,宽二尺八寸;碑首高二尺四寸,碑趺高三尺)。

五品　圆首方趺(碑高六尺五寸,宽二尺六寸;碑首高二尺二寸,碑趺高二尺八寸)。

六品　圆首方趺(碑身高六尺,宽二尺四寸;碑首高二尺,碑趺高二尺四寸)。

七品　圆首方趺(碑高五尺五寸,宽二尺二寸;碑首高一尺八寸,碑趺高二尺四寸)。

清代在明制基础上又做了损益：

一品　螭首龟趺（碑高八尺五寸，宽三尺四寸；碑首高三尺，碑趺高三尺六寸）。

二品　麒麟首龟趺（碑身高八尺，宽三尺；碑首高二尺八寸，碑趺高三尺四寸）。

三品　天禄辟邪首龟趺（碑高七尺五寸，宽三尺；碑首二尺八寸，碑趺一尺二寸）。

四品至七品　圆首龟趺（碑身高七尺，宽二尺八寸；碑首高二尺六寸，碑趺高一尺）。

士　圆首方趺。

从上可以清楚地看到，唐、宋、明、清几代皆是七品以上或士有碑碣，庶人原则上是不许用碑碣的。《唐会要》卷三八"葬"称："若隐沦道素，孝义著闻，虽不仕，亦立碣。"这是几种例外不仕的人。明、清则明确限定庶人只用墓志，不许立碣，即"庶人有志无碣"（《清通礼·凶礼》）。清代还规定碑碣上的题字必须书写官位，《清通礼》云"品官墓碑书某官某公之墓，妇人则书某封某氏。八、九品以下及庶士碑文曰某官某之墓，无官则书庶士某之墓，妇称某封氏，无封则称某氏"。虽然字数不多，但死者的等级地位和社会身份一清二楚，倾城相闻。

一般说来，墓碑因立处各异，亦有不同名称。立在墓道上的称神道碑，立于墓前的称墓表；前者堪舆风水、行道东南；后者叙学行德、表彰于外。显官贵爵的墓碑是立在墓道上的，官阶低的则树墓碣，墓表不论墓中人生前入仕与否皆立之。特别是安葬时埋在圹内的墓志，贵贱皆可用之。墓志上刻有死者姓氏、世系、官衔、事迹、卒葬年月等，最初是为了防备陵谷变迁便于后人辨认，其形有圭首碑形、赑屃龟状、四角方柱、梯形方板等形状。北魏起方形墓志始成定制，上为志盖刻有标题，下石为志底刻有铭文，并刻有青龙、白虎、朱雀、玄武等守护神线画。这当然是有地位的人所使用的，平民百姓往往在砖上刻几个字就行了。

更有些专属于高官贵爵的哀荣，除辍朝、赐祭、赐谥、赐物外，立于墓地的石人石兽等也有等级规定。如唐制，"石兽之类，三品以上用六，五品以上用四"（《唐六典》卷四）。宋制，三品以上石人二，石羊二，石虎二，石望柱二。五品以上，石羊二，石虎二，石望柱二（《宋史·礼志》）。明制，公侯至二品，石人二，石马三，石羊二，石虎二，石望柱二。三品至五品均是用二，只不过虎、羊、马略有不同罢了。(《明会典·工部》) 清制类同明朝。至于帝王陵墓所用的石人石兽的种类自然不受这些等级限制，像唐太宗昭陵的六骏高浮雕和十四蕃臣石雕像，唐高宗、武则天合葬墓前的华表、石狮、翼兽、鸵鸟、牵马人和六十一蕃臣像等，宋陵神道旁的大象、瑞禽、角端、仗马、文臣、武将等，明十三陵神路两侧的石兽、狮子、骆驼、獬豸、石人等，都是雄伟壮观的石刻群，更是帝王至高至尊等级的标志。

丧葬的等级固然律令限制甚严,违者常受处分,但丧家为了提高自己的门第等级,往往不惜以身试法,使官府防不胜防,罚不胜罚。但为了倡导孝道,也不便认真追究,结果"厚葬成俗久矣,虽诏令颁下,事竟不行"(《唐会要》卷三八《葬》)。唐元和六年官庶丧葬本有定制,会昌元年御史台又酌定新制,品官与庶人的明器都增加件数,异数和人物尺寸也分别扩大,目的皆是为了从宽处理,御史台奏:"伏以丧葬之礼,素有等差,士庶之家,近罕遵守,逾越既甚,糜费滋多……创立新制,所有高卑得体,丰约合宜。"(《唐会要》卷三八《葬》)宋代太平兴国七年李昉等重定士庶葬丧制度曰:"臣等参详子孙之葬父祖,卑幼之葬尊亲,全尚朴素即有伤孝道,其所用锦绣,伏请不加禁断。"(《宋史·礼志》)也是同一态度的表现。

当然,历代为了严防等级逾制,皆有禁令,唐、宋坟茔石兽之属有违者杖一百,五代、后唐如物色数目大小有违条式及饰金银者杖六十,明、清法律规定器物违式僭用者,有官者杖一百还要罢职,无官者杖五十责令改正。但官吏难以惩罚,所以常将责任放在承办的行人、工匠身上,如有违犯,供造行人出售和工人违造信物皆问其罪。因而在承办丧殡前必须查明丧家官秩高卑和人数物色,以防止丧家冒称高官。有关官吏若不及时纠察违制之罪,也要加以惩责,分别罚俸降级。

事实上,"上得兼下,下不得僭上;贵得用贱,贱不得用贵"的丧葬原则,有时也要以经济能力来保证。贵而不富的人家,往往拙于财力,丧葬不能备礼,有些穷官如御史之流,经常身后萧条,无以为殓。富而不贵的人家又苦于禁令，想大肆铺张又不可能。《红楼梦》里秦可卿之丧正是贾府财旺时，可惜她丈夫不过是个黉门监，灵幡不高，执事不多，为使丧礼规格高些，故贾珍千方百计捐一官衔，使丧事办得风光称心。贾母是命妇，丧事原可十分隆重，却又因家业破败而力不从心。从前一事可知有财而无官位的窘迫，从后一事则可看出有地位而无财的困境。明清时代遗留下来许多庶人古冢，不仅有碑有碣，有时还有小型石兽石柱等。如果冷静思索，足以说明钱财物力与等级身份、经济能力与政治地位在丧葬殡仪制度上的互等关系和实际差别。这也是值得研究者继续探讨的课题。

三、守孝祭祀

从孟子"大孝终身慕父母"的立场来讲，人人应当慎终追远，生则敬养，死则敬享，这是子孙对长辈辛苦一生应尽的义务。但在一个任何生活方式都有阶级基础和等级限制的社会里，守孝与祭祀也是"德厚者流光，德薄者流卑"（《穀梁传》卷六《僖公上》），从而使其有着等级区别。

首先从守孝谈起。亲属死亡埋葬后，家人或亲戚要继续举行一些活动仪式来纪念死者，按照与死者关系的亲疏，来决定仪式时间的长短，这就是守孝，又称居丧。守孝者必须身穿特制的丧服，遵守一定的悼念规范，日常生活和社交活动不得放任无羁，以表示自己的悲哀。而特制的丧服，就是传说的"五服制度"。五服即斩衰、齐衰、大功、小功、缌麻，它们的形制、质料和做工各不相同，依照轻重等次和时间长短分别为：

（一）斩衰。它是用最粗的生麻布做成，不缉边，断处外露，以示不饰，意思是割布作衰，悲痛至甚。它用于儿子和未嫁女儿为父亲，承重孙（即父亲早亡的长房嫡孙）为祖父，妻、妾为丈夫等守孝。服丧期为三年，是最重的丧服。

（二）齐衰。它以粗麻布做成，衣边缝起。用于儿子和未嫁女儿为母亲服之三年，承重孙为祖母服三年；已出嫁女儿为父母、丈夫为妻子、继子为继母、孙子为祖父母等服一年；重孙为曾祖父母服五月；玄孙为高祖父母服三月。

（三）大功。它用熟麻布做成，虽做工粗糙，但色白较细。用于为堂兄弟、未嫁的堂姐妹或已嫁的姑母、姐妹，以及已嫁女为伯叔父、兄弟等，服期是九个月。

（四）小功。它以较细的熟麻布做成，质料、做工都比大功细密，用于为祖父之兄弟姐妹等，或堂伯叔祖父母等，以及为外祖父母、舅父、姨母等，皆服五个月。

（五）缌麻。它以细麻布做成，做工讲究而质缕如丝，用于为曾祖父母之兄弟姐妹或族伯叔父母兄弟等，以及为岳父母、表兄弟、庶母、乳母等，服期三个月。

使用何种丧服，取决于同死者血缘关系的远近。五服制度的主要功能是确定居丧守孝的等级，因而在古代等级社会中一直没有大变，历代政府在制定法律时，常以"五服"关系来判定亲属间的争端纠纷，属于五服之内的亲属犯罪处理与外人大相径庭。宋代以后任官调职，要回避五服之内的亲属。当然，在等级社会里，古人还往往为没有亲缘关系的尊者披麻戴孝，如周代诸侯为天子、大臣为国君服斩衰之孝，汉代天下吏民为驾崩皇帝服孝三年，曹魏时属吏为殁卒长官服齐衰，晋朝也是如此。有时学生也要为老师服斩衰三年，像孔子死后，弟子服三年之丧者甚多，子贡甚至在墓庐住了六年。为尊、为长、为师服丧，无疑是对五服制度的重要补充。由此也可看出，烦冗、复杂的五服制度的根本目的和基本原则是"尊尊""亲亲"。不仅要为祖辈之丧和家族成员亡故披麻戴孝，而且要为皇帝、长官等顶头上司服丧，为亲属服丧时要注意亲疏、主次，直系旁系的规格之分，为皇帝官僚服丧时要注意尊卑、贵贱的等级之别。所以，丧服既是等级在家庭宗族中的地位标志，又是等级在社会君臣上下关系中的外在表现。历代统治者把五服制度作为礼教的重要内容而提倡弘扬，其根本原因就在于它的原则。目的都为了巩固、区分等级社会秩序。

如果说"五服"是等级社会的一种反映，那么丁忧与守制更是官吏士大夫的事，农工商等庶人一般都不丁忧、守制。穷人葬乱坟顾不及棺殓风水，也拿不出许多套不同等级、规格的丧服，旋埋旋平，无人不劳动去专门守制祭祀，所以，丁忧、守制是贵族、官僚及士大夫的丧葬仪礼。

丁忧又叫丁艰。《尔雅·释诂》："丁，当也。"《日知录·期功丧去官》注："古人凡丧皆谓之忧。"可知丁忧是值丧、居丧的意思。

古时候只要是直系亲属丧亡都可称之为"忧",后来才特指遭父母丧或承重祖父母丧。凡遇这类丧事都要奔丧,陶渊明《归去来兮辞》自序"寻程氏妹丧于武林,情在骏奔,自免去职"即是一例。以后又将奔丧限制在一年丧服期的范围之内,至明朝洪武二十三年才废除了期年奔丧的制度,为祖父母、伯叔父母兄弟等均为一年的丧服,如果都让奔丧守制,有的人连遭数丧,或者道路数千里,那就会导致居官日少,更易频繁,旷官废事,这当然对国家正常工作不利,于是自此以后,除父母及祖父母承重者丁忧外,其余期服不许奔丧弃官。

守制乃是指遵守居丧的制度,严格节制日常生活的衣、食、住、行,并以种种自我抑制的极端方式来体现所谓的"孝道"。其主要内容是:一般人要谢绝应酬事务,专心悼念亡者。《晋书·刘隗传》记载庐江太守梁龛服妻丧,在释服的前一天"请客奏伎",与丞相长史周顗等三十余人欢聚一堂,结果与会者分别受到免官削爵和停俸一月的处罚。做官者在服丧时要解除职务,在家守孝三年(后改为二十七月),如汉代县令原涉居父丧墓庐三年,"显名京师"(《汉书·游侠传》)。《汉书·扬雄传》应劭注云"汉律以不为亲行三年丧不得选举";哀帝时,规定博士弟子父母死,处家持丧服三年。如遇国家特殊需要,守制没有期满而被朝廷强令出仕,称作"夺情"或"起复",但入署办公时应穿素服,不能参加朝会、祭祀等礼仪。官员为保持职位隐匿亲丧,被认为是"大不孝",要受到严厉处罚。如后唐明宗时,滑州掌书记孟升因隐匿母丧被朝廷赐自尽。有孝在身者禁止赴考，不能因追求功名而忽略丧亲之忧，即使是五服中最轻的缌丧也不准赴考，西晋泰始年间，杨旌遭伯母忧，丧服未除而应孝廉举博士，时人对其大加贬责。宋天禧年间，举人郭稹冒缌丧赴考，为同辈告发，被交付御史台劾问。到明朝后，此限制才放宽，除服三年之丧外，余者皆可赴举。居丧时期还严禁饮宴，不得穿着奢华服饰，如唐宪宗元和九年四月，陆赓故世，其子陆慎余、其兄陆博文在居丧期间穿着华丽衣服过坊市，饮酒食肉，结果都被杖打四十，一个流放，一个押回原籍。居丧中婚娶生子更被认为是违背礼制，东汉儒士赵宣葬亲后居墓道中行服二十余年，乡邑称孝，州郡礼请，后被太守陈蕃查得他的五个孩子"皆服中所生"，遂将赵宣下狱治罪。《唐律疏议》卷十二户婚条规定"诸居父母丧生子及兄弟别籍、异财者，徒一年"。《东观奏记》中记载："大中朝，有前乡贡进士杨仁赡，女弟出嫁前进士于瓌，纳函之日，有期丧，仁赡不易其日，宪司纠论，贬康州参军，驰驿发遣。"此外，守制期间不能唱歌起舞，出入不走正门，应在父母墓旁搭棚而居，要"对而不答"，前三日不饮食，七月内只能喝粥，禁食瓜果蔬菜肉类，三年不得喝酒，也不得洗澡，要等到"头有疮则沐，身有疡则浴"（《礼记·曲礼》）；清朝甚至不准理发。总之，要搞得体瘦如柴，毁容蓬面，"士庶见者莫不下泣"，这才是孝道。

由丁忧、守制的这些礼教规定不难看出，绝大多数都是针对贵族官僚以及士大夫的，带有明显的等级色彩，朝廷赐物送钱、遣使慰问守制在家的那些人，都是达官贵人。洪武十一年广西布政使臧哲因母丧守制在家,明太祖派人赏其米六十石、钞二十五锭。十七年又命吏部:"凡官员丁忧,已在职五年、廉勤无赃私过犯者,照名秩给半禄终制;在职三年者,给三月全禄。"(《日知录·奔丧守制》)魏晋以后的"夺情""起复"之举,也是为了官吏们的权柄地位和功名利禄,与老百姓毫不相干,所以为官者有的多方钻营以图起复,有的重金贿赂权势高官以谋授职,目的都是在孝亲和忠君的幌子下,达到自己的私欲罢了。人们在古籍著述中,常见某官丁忧、某官守制的记载,却很少看到普通百姓的居丧守孝,这充分说明丧葬仪礼制度是有严格的等级区别的。

作为追悼亡灵、寄托哀思的祭祀活动,不仅在服丧期内举行,还定期逢节上坟墓祭。据说殷商时就有了一套祭祀制度,杀牲殉人滥用,到春秋战国之际墓祭也开始推行,上陵之礼和上冢礼俗随之产生。在当时宗法等级社会结构里,常将宗庙、社稷作为国家的象征,于是祭祀也成为重要的祀典。西周更将祭祀习俗制度化、等级化,当时规定:天子七庙,诸侯五庙,大夫三庙,士二庙(或一庙),庶人只在家里祭其父。(见《礼记·王制》、《祭法》、《孔子家语》八、《庙制解》)后代各朝保持了这一规定,并对祭祀世代规定一定限数,如北齐之制,王及五等开国执事官散从二品以上皆祭祀五代,五等散官正三品以下至从五品以上祭祀三代,执事官正六品以下到从七品以上祭祀二代。唐代开元十二年敕,一品可祭祀四庙,三品许祭三庙,五品许祭二庙,嫡士许祭一庙。《开元礼》又改定二品以上祭祀四庙,三品以上祭祀三庙,四品五品有兼爵位者也可祭祀三庙。(见《通典》

卷一〇八,《唐会要》卷一九《百官家庙》)宋制,正一品官平章事以上立四庙,枢密使、参知政事、宣徽使、尚书节度使等以上者皆立三庙。但后期宋代祭祀制度有了转变,即世代限数渐渐开始缩减,徽宗大观二年手诏"侍从官以至士庶通祭三代,无等差多寡之别"(《宋史·礼志》)。许多文臣执政官、武臣节度使以上还祭祀五代,文武升朝官祭祀三代,其余品官祭祀二代,这样原定的"等差之义"就被打破,庶人也由祭祀一代逐渐推远及祭祀三代、四代,贵贱差等在这方面有了消除。明代品官不分级别皆奉四世祭祀,庶人也可以奉二世。到清代,无论品官士庶一律按四代祭祀,于是贵贱等级在祭祀上才不再有世代多寡的区别。

宗庙、家庙的建筑规格也有等级分寸。唐制:三品以上九架,厦两旁;三庙者五间,中为三室,左右厦一间,前后虚之,无重拱、藻井。(《新唐书·礼乐志三》)明制:五庙者五间九架,厦两旁;四庙者为三间五架(《明史·礼志六》)。清制:三品以上官庙五间,阶五级,东西庑各三间;四至七品官庙三间,阶三级,东西庑各一间;八品九品庙亦为三间,但中广左右狭,阶只一级,无庑房,堂及周垣只有一门,而七品以上可有三门。(《清通礼》卷十七)

按《国语》《穀梁传》《礼记》等书说,平民百姓一贯不许立庙,只能祭祀于寝。北齐之制,八品以下和庶人皆祭于寝(《典通》卷四八)。《开元礼》规定六品以下至庶人皆祭祀祖先于正寝。宋朝除许正一品和少数高官立庙外,其余品官及士庶皆祭祀于寝。(《宋史·礼志·嘉礼十二》)明制,庶人无祠堂,仅以二代神主(即灵牌)

放置居室中间即可。清代九品以上始得立庙，庶士、庶人以寝堂之北为龛奉祀；庶士能以板别龛为四室，庶人则不能。所以，通过立庙或祭寝就自然地将平民百姓划于等级社会下层。

祭器按官品皆以多为贵，以多显示身份。唐制：五品以上每室樽、簋、簠等器皿各二。笾豆竹木器皿二品以上各十，三品为八，四品五品为六。六品以下樽、簋等器皿各一，笾豆各二。宋制：正一品、从一品、正二品每室的笾豆依次为十二、十、八，簠、簋则依次为四、二。清制：三品以上每室笾豆各六，七品以上各四，八品以下则各二，其他俎、铏、敦等器皿也按等递减。

祭品历来有严格限制。春秋时天子祭祀用会（三太牢），诸侯用太牢，卿、大夫用少牢，士用特牲，庶人用鱼。(《国语·楚语下》)因为当时饮食本身就有等级限制，如天子食太牢（牛羊豕），诸侯食牛，卿食羊，大夫食豕，士食鱼炙，庶人食菜。所以祭品有等级区分也就不足为怪。北齐规定，三品以上牲用太牢，从五品以上用

河南三门峡出土
战国错金几何纹方鉴
河南博物院藏

少牢，六品以下到从七品以上用特牲。唐制限定五品以上祭祀用少牢，六品以下至庶人用特牲，即使祖父官有高下，也全用子孙之牲。明代二品以上羊、豕各一，五品以上用一只羊，六品以下用一豕，并且须分四体，不能具牲。清代三品以上羊、豕各一，四品至七品特牲，八品以下用豕肩，庶士用饼二盘、肉食果蔬四器、饭羹各二，而庶人每案不得过四器。祭器、祭品数目的多寡，成为衡量身份等级的标志。

官吏在私祭时必须穿着公服，这样，又以公服作为等级的标识。唐代二品以上官员私家祭祀穿戴元冕（五品之服），五品以上穿戴爵弁（六品以下九品以上从祀之服），六品以下则穿服进贤冠（文武朝参、三老、五更之服）。据宋代司马光《书仪》云：祭祀私家时，有官者用公服靴笏，无官者用幞头靴襕或衫带，各取所服平日最盛者。明代家祭时，文武官员要用陪同皇帝献祀的祭服，三品以上除去方心曲领，四品以下除去领和佩绶，命妇也得穿礼服。清礼，家祭主人朝服，率执事者盛服入庙。

最后需要提及的是，古代帝王、诸侯、卿大夫或高官显宦死后，根据其生平事迹而加以"谥号"，既有表扬的阿谀之词，也有批评的贬义之语，还有同情的哀忧之言。但谥号只限于贵族官僚阶层，平民不经朝廷议赐是没有资格享用谥号的。汉代以后，一些有名望的学者死后，其弟子门生或亲友给他议定谥号，称为"私谥"，代表了民间对某人的评价。唐代以后谥法有严格的制度，如唐三品以上官员才可上报钦定谥号，宋、明也如此，都是依据死者生前的爵位、

陕西兴平出土
西汉鎏金银铜竹节熏炉

河南济源汉墓出土
东汉彩绘多枝陶灯

陕西凤翔出土
西汉鎏金羊灯

陕西西安汉宣帝杜陵出土
西汉高足玉杯

官品及品行优劣来封赐谥号，因此庶人百姓是无法获得的，即使皇帝朝廷特赐一些谥号给布衣，也是依其对朝廷的特殊贡献才授予的，目的不过是笼络人心罢了。至于高官显宦中的谥号往往为颠倒黑白，拔高溢美之词就更不在话下了。不难看出，作为丧葬礼制的谥号，仍是维护等级制度的一种手段，它是帝王将相、达官贵人的专利，是借此显示贵族官僚生死尊荣，体现其身份的尊贵，处于社会底层的人民是不会被封建统治者浩然讴歌的。

第六章　等级与官制

中国古代的统治者，为建立从中央到地方完整的以君本位为框架的等级隶属结构，呕心沥血，精心擘画，从而逐步完善了对文官的管理制度。这种文官制度，也就是官僚制度，虽然形成于政府划分为文武职官和专制主义集权政治确立以后，但"君臣各有定分，上下皆有级别"的官制核心，却从作为奴隶制国家典型形态的周朝就已普遍实行，"世卿制度"即呈现出一幅"王臣公，公臣大夫，大夫臣士，士臣皂，皂臣舆，舆臣隶，隶臣僚，僚臣仆，仆臣台，马有圉，牛有牧"（《左传·昭公七年》）的等级君臣制的图景，确如《诗经·小雅·北山》说的"溥天之下，莫非王土；率土之滨，莫非王臣"。所有的诸侯、卿士、庶民都是君主直接或间接的臣子，按身份一级臣属于一级，在废除分封制后依然强化、发展了这种上下等级关系。

　　秦始皇统一六国后，皇帝以下组成以丞相为文官之长，朝内各类职官按级管理封建国家的政府，在朝廷及郡县的辐射状态里，构成金字塔式的文官等级权力结构。此后两千多年间，中央行政体制

唐代《历代帝王图》局部
美国波士顿美术馆藏

经过三公制、三省制、二府制、一省制、内阁制的演变，地方管理体制也实行过州、郡、县三级或省、道、府、县四级管理的衍化，但等级的基本框架辗转相承，沿袭未变。而且，人与人之间的等级日趋繁复，官制中体现高下、尊卑的规定也愈来愈细。

在以等级结构为基础的古代文官系统中，上与下各自统属，内与外互相节制，名分与职责严明，权利与义务相称，既不许逾越，也不得专擅。为了维护文官的等级结构，由秦至清各朝都制定了详略不一的确认官吏等级秩序的行政法令和律令，如《唐六典》以行政典章为依据，分部门列以编制品秩，叙以职掌大小权限，"明下有司，著为恒式，使公私共守，贵贱遵行"（《全唐文》卷六二七《代郑相公请删定施行六典开元礼状》)。按行政法典调整和规范等级人事,从而达到制度化和法律化的程度。中国古代官制组织严密,等级森严,权责固定,运转协调,都与及时地制定有关官制的法典是分不开的。

由于各级官吏各自享有与其官品相应的政治经济特权,是社会财富按等级合法的瓜分者,因此,从卑贱的庶民变为尊贵的官员成为社会各阶级、阶层最有吸引力的向往与追求,"学而优则仕",这也是改变等级地位、社会身份的捷径。而且由小官提升到大官,又是官场中尔虞我诈、钩心斗角、互相倾轧的根源。为了爬上更高的等级,不求有功但求无过,造成了充斥于官场的暮气。况且下级官吏只服从于上级官吏,而作为官僚群体又只效忠于皇帝,很难发挥各级官吏的创造性与主动性,往往形成相互制衡的矛盾关系,结果是官制更加紊乱,冗官极端扩大。

冗官膨胀是官僚等级盛行和官本位逆转的必然产物。封建王朝的官司衙署一朝比一朝庞大,其官吏数量一代多于一代,这种官僚的增长速度远远超过社会人口的增长速度,检阅各类史书记载,东汉有官七千五百六十七人,隋代有官一万二千五百七十六人,唐代有官一万八千八百零五人,北宋达四万八千零七十五人,南宋与金朝官额合计达十万人,明代官数亦达十万。就是说,宋以后的官数约相当于东汉的十二倍。若与历代户口统计相比照,就知北宋人数比汉增长百分之九十六,而官数增长百分之五百三十五,明代人数统计还不及汉,但官数比汉增长百分之一千二百二十一。这意味着自东汉以来官数增长是人口的四点九倍。如果把胥吏与官僚合计，则西汉时十二万人，东汉时十五万人，隋代二十万人，唐代三十七万人，宋代五十七万人。产生这种现象，不仅是因人口的繁衍、经济的发展和政权的扩大，更重要的是等级特权的诱惑，只要做官就可享受俸钱、职钱、禄田、仆人、衣料、马料、茶盐、炭纸等十余种物质待遇，病老退休官员还可支取全俸，加上各种赏赐和馈赠以及免差免役等权利，实际收入大大增加。而且利用职权侵占财产，经商贩货，偷税漏税，都使官吏凌驾于社会各阶层之上，在品官的等级权威背后，是源源流入私囊的种种好处。此外，做官可以荫子荫孙，封赠父母妻女，免刑减罪。所以，官吏烦冗，机构重叠，品多名滥，成为秦汉以来官制发展的必然趋势，即使遭到农民起义的打击，也会再生循环，等级结构的基础始终没有瓦解，并成为皇帝专制政治统治的重要支柱。

经过几千年的积累，中国古代官制沿革清晰，制度详审，虽历代因革损益，但等级原则和上下系统有法可循，特别是等级的标志非常显著，下面按其特征做一概要分析。

一、封爵授勋

"爵"是表示身份地位的称号和荣衔，其本义乃是一种酒器，又用为祭祀的礼器，商周时的分封必由天子赐爵，用以主持一方的祭祀，因而"爵"成了等级从属关系中代表地位高下的一种称号。

据《礼记·王制》记载："王者之制禄爵，公、侯、伯、子、男凡五等。"郑注："禄，所受食；爵，秩次也。"可见，爵就是贵族官僚的等级。关于西周是否有严格的五等爵制，过去经学家多持肯定态度，近代学者则大多予以否定。不过，在各国诸侯及贵族中，曾有过公、侯、伯、子、男这几种称呼，确也是事实，如宋是"公国"，鲁、卫、蔡、齐、陈是"侯国"，郑、曹是"伯国"，吴、楚、越是"子国"，许是"男国"等。当然，那时的公、侯、伯、子、男是掌权的国君，和后世的爵位有所不同。现代发现的甲骨文中有"侯""伯""男""田"等封号，这是否是《尚书·酒诰》中所说的"越在外服，侯、甸、男、卫、邦伯"，还有争议。

一般认为，西周爵位分为三级，即诸侯、大夫、士，基本上按照血缘关系来确定等级，这一时期是官爵不分，爵位就是官位，封爵和封地同时进行，诸侯封地为国，大夫封地为邑，士的封地为禄田。春秋以后，爵制开始完备，各国爵制沿袭西周，普遍分为卿、大夫、士三等，每等又各自分成上、中（亚、次）、下三级，成为三等九级，卿、大夫、士都要经过国君的任命程序才算数，这种任命称为"受命"。一个人可被任命三次，命数越多越尊贵，受命之后就称为"命卿""命大夫""命士"。所谓"爵以建事"（《国语·晋语》八），是指职事之官，就是根据爵位的高低授以不同的官职，各国重要官职都由卿爵担任，并可世袭爵位，从而使等级制和世官制密切结合。

等级由爵位表示出来，使得"爵"定位次之尊卑，"官"定职务

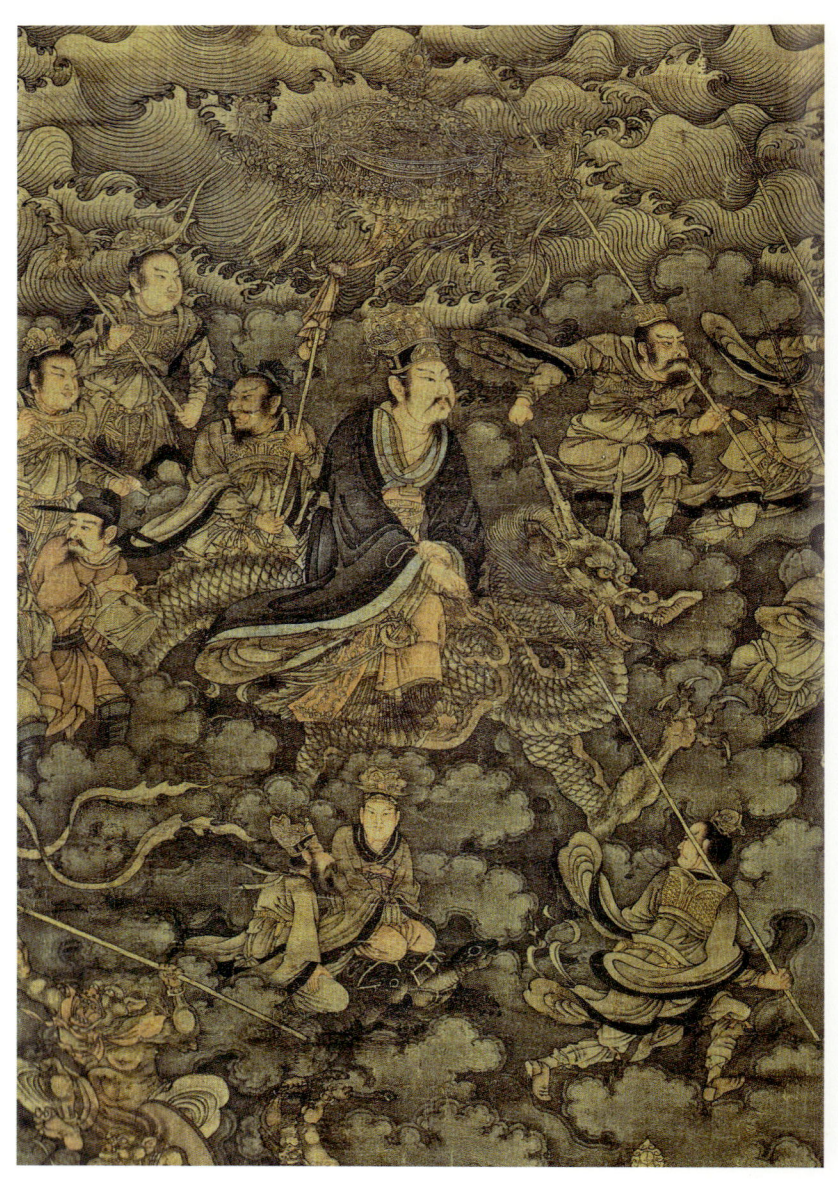

宋代《三官图》
美国波士顿美术馆藏

的大小，于是官爵合一愈为严密。到了战国时期，随着军功制的兴起，封爵逐渐打破血缘限制，扩及有功平民与其他杰出人才，比较典型且对后代影响较大的，是秦国建立了自公士至彻侯的二十等爵。商鞅在变法时明确规定了爵位的等级系列：公士，上造，簪袅，不更，大夫，官大夫，公大夫，公乘，五大夫，左庶长，右庶长，左更，中更，右更，少上造，大上造，驷车庶长，大庶长，关内侯，彻侯。这二十等爵严明细密，凡是在战争中取得军功者均可得到爵位并得到相应的特权，如有爵一级即可役使"庶子"一人；若归还一定的爵位，可赎免沦为隶臣妾的父母妻子；犯罪受罚可用爵位相抵。汉高祖时诏令"秦民爵公大夫以上，令丞与亢礼"，可见公大夫爵以上可享受与县令同等的待遇。值得注意的是，秦爵从第一到第八级是民爵，第九到第二十级才是官爵，爵分官民，这在我国历史上是仅有的。秦始皇东巡时，在泰山一棵大松树下避雨，遂封此松为"五大夫松"，即是秦爵的第九级，为官爵的最低一级。可见，秦代官与爵已有了分离的倾向。

汉代封爵无明确的制度，但事实上汉初基本沿袭了秦制，从高祖刘邦起，在秦二十等爵之上加了诸侯王一级，变爵制为二十一级，如楚汉战争中刘邦封了七个异姓的"王"，即楚王韩信、梁王彭越、淮南王英布等。后来大都被刘邦剪除，并立下"非刘氏不王，非功臣不侯"的誓约。所以，汉代皇子才能封王，通称诸侯王；异姓只能封侯，通称为列侯。诸侯王的庶子在封国内再分封，也封为侯，通称为王子侯。汉代凡封王侯者，都有一块作为俸禄的食邑，依户口食其租税，可臣其吏民但不实际治民，称为"食封"。列侯往往以户数多少来确定封爵大小，既有县也有乡、亭为食邑的，故称为乡侯、亭侯。这种名称一直沿用到魏晋时。汉武帝时又置武功爵，其名称为："一级曰造士，二级曰闲舆卫，三级曰良士，四级曰元戎士，五级曰官首，六级曰秉铎，七级曰千夫，八级曰乐卿，九级曰执戎，十级曰左庶长，十一级曰军卫。"（《史记·平准书》注）成帝以后，又增加公爵，用来封商周后裔。还有一种只有侯号而无食邑的"关内侯"，封授范围更广，新莽末年更始政权时，市井商贾都能得到爵位，当时曾有"烂羊头、关内侯"的民谚。

汉代爵制与官制已经逐渐分离，但没有完全脱节，有爵者自然可以担任官吏，而要担任丞相等重要官职者，也须先封侯方可为官。特别是文、景时王侯权力过重，威胁到中央朝廷，导致统治者削藩，限制贵族势力膨胀而介入政治事务，这样爵位渐渐权轻而官职权力增重。但在保证统治阶级特权上，丝毫没有实质性变化，除皇族、外戚可按成例封爵外，嫔妃等亦有类似封爵的封号制度，按等次分享统治集团的特权利益。

汉以后，封爵制度时轻时重，过轻会影响尊贵等级的切身利益，过重又会与皇权分庭抗礼，因而爵制徘徊不前。曹魏时，宗室爵位分为王、公、侯、伯、子、男六个等级，功臣勇将则在列侯、关内侯之下又置名号侯爵十八级，关中侯爵十七级，皆金印紫绶；关外侯爵十六级，铜印龟钮墨绶；五大夫十五级，铜印环钮墨绶。自名号侯以下皆不食租，无封户，开了虚封之例。就是列侯的食邑亦很少，与汉代封侯万户相差甚远，目的是制约受爵者势力扩张。西晋时，吸取曹魏宗室封爵过少而使大权旁落于外姓的教训而大封宗室，实行王、公、侯三等制，不久又规定非皇子不得王，诸王之子孙除嫡长子继承王爵外，支系可分别封为公、侯、伯、子、男，各有食邑，三分食一。功臣封爵和赐爵亦较滥，"在职者皆封侯，厮役亦加以爵位，金银冶铸不给于印，故有白版之侯"（《文献通考·封建》）。由于封爵过重，诸王既可典国又享租税，再自选官属，无疑称霸一方，从而造成八王之乱，中央无法制约。之后稍微限制了封王之权，官职转移到世族手中。南朝设置典签，作为朝廷监督封王的大员，并改变了爵位等次，如陈把封王定为王、嗣王、藩王三等，王以下爵位定为开国县公、侯、伯、子、男、沐食侯、乡亭侯、关内侯、关外侯九等。

北魏改五等爵制为四，即王、公、侯、子，"王封大郡，公封小郡，侯封大县，子封小县。王第一品，公第二品，侯第三品，子第四品"（《魏书·官氏志》）。后来复加伯、男爵位，并且封爵越来越滥。北齐爵位为王、公、侯、伯、子、男六等，封邑内租调王食三分之一，公以下食四分之一。北周实行五等爵制，但只是虚封而不能食邑。到了隋代，文帝时为九等爵制，炀帝时改为三等。"开皇中，置国王、郡王、国公、郡公、县公、侯、伯、子、男为九等者，至是（大业三年）唯留王、公、侯三等，余并废之"（《隋书·百官志》）。封爵皆以郡县地名为爵号，异姓不得封王，受封者只享封户租税，但不能治民，从而使官爵脱离，爵位已不起划分官吏等级的作用。

唐承隋制，封爵仍为九等，由吏部司封郎中、员外郎掌管，制度规定"一曰王，正一品，食邑一万户。二曰郡王，从一品，食邑五千户。三曰国公，从一品，食邑三千户。四曰郡公，正二品，食邑二千户。五曰县公，从二品，食邑一千五百户。六曰县侯，从三品，食邑一千户。七曰县伯，正四品，食邑七百户。八曰县子，正五品，食邑五百户。九曰县男，从五品，食邑三百户"。"凡名山大川及畿内诸县，皆不以封"（《旧唐书·职官志》）。

亲王只有皇子才能授予，郡王以下则文武大臣都可以获得。要获得封爵的途径一是靠血统，如亲王之承嫡者为嗣王，余子为郡公，

陕西礼泉张士贵墓出土
唐代武官俑

陕西礼泉张士贵墓出土
唐代文官俑

陕西礼泉郑仁泰墓出土
唐代彩绘釉陶贴金武官俑

袭郡王、嗣王者封国公，而袭国公者封郡公等，也有少数按原爵承袭的。二是靠立功进封，如唐初虽有"非李氏不王"（《新唐书·苏安恒传》）的规定，但开国功臣中李靖曾封卫国公，李勣曾封英国公，代宗时郭子仪封汾阳郡王，德宗时李晟曾封西平郡王，尤其是武则天大封诸武为王，张柬之等五人拥立中宗即位而同日封王，所以异姓封郡王者大有人在，并使王爵称号有冗滥之嫌。（《陔余丛考》卷一《唐时王爵之滥》）安史之乱期间，从至德元载到大历三年短短十三年，异姓封王者达一百一十二人。

封爵原本有食邑若干户的规定，但实际都是徒有其名，称为虚封。只有加上"食实封"若干户之类的名号才能享有相应的封户租税，或者从国家那里相应领得一定的封赐。而且封爵并不治民，只是一种政治上的荣誉标志和经济上的租调收入分配。唐中期以后，宗室子孙封王者均在京城，不临地方擅权；大臣封公侯者也不能世袭，因而，受爵者如不担任实际官职，对政治活动就没有多大影响，主要起着调整统治集团内部等级变化的作用。隋唐的公主、嫔妃等级的划分与官品对照，而与爵位脱离。这样，封爵制度经过几个朝代的改革，终于同官吏制度分开。

宋代对功臣的封爵，基本上如唐制。如寇准封莱国公、韩琦封魏国公、文彦博封潞国公、王安石封荆国公、司马光封温国公等，也有异姓封王的，如童贯曾封广阳郡王，张俊曾封清河郡王，岳飞被追封鄂王，韩世忠被追封蕲王等。至于宋代宗室封爵有王、郡王、国公、郡公、县公、侯六种，没有伯、子、男这三级，而北宋规定，皇族宗室均定居于开封，不得到外地受封，食邑为虚封的空头名称，再加上宋代爵不世袭，使得封爵的重要性大不如前。

明代皇族以外的封爵比较简单，明初只有公、侯、伯、子、男五种封赠开国功臣，后来不再授予，实际上只有公、侯、伯三等封给功臣及外戚。而且在爵号之前不再是都冠以地名，也可以冠懿称，连一点食封的虚名也不保留了，如李善长封韩国公、蓝玉封凉国公等。明代异姓功臣生前均不封王，死后才追赠，如徐达为中山王、常遇春为开平王等。但是，文臣一般不得封公侯，最高封爵是伯。爵位是否世袭，由加封时明令规定，有的世世相传，有的传二三世，有的只及其身，而外戚不得世袭。故明代封爵只是享有特权的称号，

元代成吉思汗圣旨银牌
成吉思汗陵保管所藏

江苏南京明宫殿遗址出土
明代明皇城校尉铜牌
中国国家博物馆藏

明代"九宫长随"牙牌
中国国家博物馆藏

是官制之外的等级待遇。

清代的爵位分为两个系统，一是皇族的爵级，分为亲王、郡王、贝勒、贝子、镇国公、辅国公、镇国将军、辅国将军、奉国将军、奉恩将军十级（镇国公、辅国公又有"入八分""不入八分"之别，故又可计为十二级）。二是皇族之外的爵级，则又分为公、侯、伯、子、男、轻车都尉（以上各级又分为三等）、骑都尉、云骑尉、恩骑尉九级。清代除入关时特地破例封吴三桂等人为王外，一般汉族是不能封王的，像曾国藩曾封一等侯，而左宗棠、李鸿章曾封一等伯等，汉族文官中连封公爵者也没有。为了加强满族的绝对统治，清宗室封爵者均可出仕任官，只不过是封爵不建国，按等级受禄于朝，丧失了食封的性质。受爵者可任官，就使爵位、品秩、俸禄互相挂钩。清代爵位也可世袭，但承袭时须降等，袭封有一定的次数限制，等级特权的意义则始终不变，一直走完封建社会的历程。

勋官始于北朝周、齐交战之际，"勋"者，功勋，本来是赏给立功将士的荣誉称号，其后亦渐及朝官。隋文帝时定勋级为上柱国至都督共十一等。炀帝及唐武德、贞观时多所改易，由于当时勋官与散官名称相同，渐至错乱，唐高宗咸亨五年（674）加以厘革后，定为十二转，成为无实职却可标志等级的虚衔。

根据制度的规定，凡以战功授勋者，首先根据杀获敌人的多少来评定其战功大小，进而决定其勋转的授予。比如，坚守城池，苦战立功第一者，授勋三转。在两军对阵中若出少击多，杀获敌人十分之四者，授勋五转；两军相当，杀获敌人十分之二者，授勋三转；

如此等等。自高宗以后,"战士授勋者动盈万计",并且要番上服役,"据令乃与公卿齐班,论实在于胥吏之下"(《旧唐书·职官志》),勋官变成了无用的空头支票。

唐代勋官表

勋官名	勋级	品级
上柱国	十二转	视正二品
柱国	十一转	视从二品
上护军	十转	视正三品
护军	九转	视从三品
上轻车都尉	八转	视正四品
轻车都尉	七转	视从四品
上骑都尉	六转	视正五品
骑都尉	五转	视从五品
骁骑尉	四转	视正六品
飞骑尉	三转	视从六品
云骑尉	二转	视正七品
武骑尉	一转	视从七品

(据《新唐书·百官志一》)

朝官文臣及其他无战功者也可授勋。这主要是看其劳绩,也有特恩赏赐的。但并不是文臣一入仕即可授勋,有的官员虽然"位至宰辅藩镇,其勋皆自初叙"(《唐会要》卷八一《勋》)。不过这种制度在唐末五代已荡然无存了。获得勋官的另一个办法是以散阶回充,由于散官三品与五品是唐代官僚中的两个重要阶梯,直接涉及等级待遇,按资格应叙升却未得入三品、五品者,可把应加的阶官换成勋官。由此可知，勋官并不是完全无用，它不仅能比肩散官、职事官品，也是与公卿处于同等班位的等级荣誉。

宋、辽、金、元均沿袭了唐代的勋官制度，其名称也基本如唐制。明代又分为文勋与武勋，名称也有新变化，如文勋十级：左、右柱国及柱国、正治上卿、正治卿、资治尹、资治少尹、赞治尹、赞治少尹、修正庶尹、协正庶尹。武勋十二级：左、右柱国及柱国、上护军、护军、上轻车都尉、轻车都尉、上骑都尉、骑都尉、骁骑尉、飞骑尉、云骑尉、武骑尉。与品级比较，这些勋级相当于正二品到从七品。清代废除了勋官制度，将"勋"与"爵"合而为一，从而使勋位完成了它分高下、别尊卑的功能。

二、品秩阶位

与古代文官的等级结构相一致的既有万石之官，也有斗食小吏，为了按不同类别和等级管理，采用品秩高下来表示官吏阶梯式的级别。这样，品秩序列分等次把统治者与被统治者分开，如果没有占据官位，就是家财万贯也要对最小的官吏俯首行礼。同时，品秩把官、职分开，官阶表示地位高低，职务只是责权大小，因而重等级不重职务，以获得政治特权和经济特权，当然，品阶又与官职有着一定联系，避免引起两个系列的矛盾。

周代的官吏等级以命划分，九命最高，一命最低，从九命到一命形成品秩等分的雏形。《周礼·春官》勾勒出这样一个层次分明的序列："上公九命为伯，其国家、宫室、车旗、衣服、礼仪皆以九为节。侯伯七命，其国家、宫室、车旗、衣服、礼仪皆以七为节。子男五命，其国家、宫室、车旗、衣服、礼仪皆以五为节。王之三公八命，其卿六命，大夫四命。及其出封，皆加一等，其国家、宫室、车旗、衣服、礼仪亦如之。凡诸侯之嫡子，誓于天子，摄其君，则下其君之礼一等；未誓，则以皮帛继子男。公之孤四命，以皮帛眡小国之君，其卿三命，其大夫再命，其士一命。……子男之卿再命，其大夫一命，其士不命，其宫室、车旗、衣服、礼仪各眡其命之数。"由这些记载可知，周代封国的卿士命级依次递降，如侯、伯国的卿是"三命"，大夫是"再命"，士是"一命"，而子、男国的卿是"再命"，大夫是"一命"，士是"不命"。"命"是等级身份标志，"节"则是特权待遇标准。这种分封世卿的周代官制，虽然未必确切，但所述的等级尊卑为历代王朝沿用，是后世品秩制度的开端。[1]

秦汉以"石"作为等级、俸禄的划分，以"官"定职守，使秩级制度开始完善。

此外，还有比二百石、百石、斗食、佐吏等吏员。"以石论秩"源于俸禄的计量方法，取代了以前命数和封爵的地位，但仍与官职等级紧密相关，全部官吏都被纳入这一系列等级制度中，成为区别高下尊卑的主要标记。

---

[1] 楚庄：《中国古代官制中的品秩制度》，《百科知识》1982年第11期。

秦汉官吏秩级、俸禄表

秩级	官职举例	俸禄（月）
万石	三公	谷 350 斛
中二千石	九卿	180 斛
二千石	城门校尉　郡守	120 斛
比二千石	奉车都尉	100 斛
千石	廷尉（大理）县令	90 斛
比千石	大中大夫	80 斛
六百石	部刺史	70 斛
比六百石	中郎	60 斛
四百石	县长	50 斛
比四百石	侍郎	45 斛
三百石	县丞尉	40 斛
比三百石	郎中　县丞尉	37 斛
二百石	县丞尉	30 斛

曹魏时期起源的"九品中正"选拔制度，本来是按士人才能分别评为九等，后来却以此将官员的高低尊卑也分作九个等级，称为"九品"。东晋、南朝沿袭九品秩级，并做了官职的具体划分，如《宋书·百官志》记载：

　　一品　太傅、太保、司徒、大司马等。

　　二品　特进、骠骑车骑卫将军、都督等。

　　三品　侍中、尚书令、中书监令等。

　　四品　御史中丞、统兵刺史等。

五品　黄门散骑侍郎、中书侍郎、刺史等。

六品　尚书丞郎、侍御史、博士等。

七品　谒者、诸卿尹丞、诸府参军等。

八品　郡丞、县长等。

九品　县丞、县尉等。

北魏对九品的官职又进行了更细致的区分，先将每品分为正与从，即正一品、从一品到正九品、从九品，第四品以下的正与从又各分上下阶，即自正四品上阶、正四品下阶、从四品上阶、从四品下阶一直到正九品上阶、正九品下阶、从九品上阶、从九品下阶。这样，就由最初的九个等级发展为三十个等级，其中分品分阶，一般合称"品阶"。北周品秩用于北魏、北齐，并模仿周礼改品为命，每命分二级，从正九命到正一命，与九品实质相同。北周的创新，在于把流外官秩也划为九等。

九品秩级经过魏晋南北朝发展而逐渐定型，隋唐都以九品区分官职等级，并有了散官与职事官之分。散官是一种表示身份地位的等级称号，没有实际职掌，而职事官表示其实际职守，任官于省部

广东广州西汉南越王墓出土
西汉文帝行玺金印

寺监和州县。所以《隋书·百官志》说："居曹有职务者为执（职）事官，无职务者为散官。"

职事官都有"品"。隋文帝时厘定为九品三十阶，即自一品至九品各分正从，正四品至从九品又各分上、下阶。炀帝时曾去上、下阶。唐初复为九品三十阶。一般说来，三品以上、五品以上及六品以下，表示职事官中三个大的等级阶梯。三品以上职事官是中央、省、部、台、寺的第一把手和地方府尹、上州刺史，他们由皇帝亲自任命。四品、

唐代文散官阶品表

散官名称	阶品	散官名称	阶品
开府仪同三司	从一品	奉议郎	从六品上
特进	正二品	通直郎	从六品下
光禄大夫	从二品	朝请郎	正七品上
金紫光禄大夫	正三品	宣德郎	正七品下
银青光禄大夫	从三品	朝散郎	从七品上
正议大夫	正四品上	宣义郎	从七品下
通议大夫	正四品下	给事郎	正八品上
太中大夫	从四品上	征事郎	正八品下
中大夫	从四品下	承奉郎	从八品上
中散大夫	正五品上	承务郎	从八品下
朝议大夫	正五品下	儒林郎	正九品上
朝请大夫	从五品上	登仕郎	正九品下
朝散大夫	从五品下	文林郎	从九品上
朝议郎	正六品上	将仕郎	从九品下
承议郎	正六品下		

（据《新唐书·百官志一》）

五品官多半是中央各部门次官要职及司署长官，他们由宰相提名，经皇帝批准。至于"六品以下,官卑数多"（《资治通鉴》卷二四八"大中二年"），是低级官员，他们的任命只需通过吏、兵二部铨选注拟并经过例行的一些审报即可。

职事官之外还有流外官,自勋品、二品、三品以至九品共分九等，以处胥吏杂色者流。散官称阶官或本官，隋文帝定制以特进、左右光禄大夫等为散官，又有翊军将军等四十三散号将军，后又置朝议等八郎、武骑等八尉。炀帝时又有所减省。进入唐代后建立了整齐划一的文武散官制度，文散官从开府仪同三司至将仕郎共二十九阶，武散官从骠骑大将军至陪戎副尉共四十五阶，其中有"怀化""归德"立字的十六个散官号是专门授给归附的少数民族首领。唐代的品秩制度，以散为主，以职为辅，不但文武官员、勋位爵称归入相应品级，连公主、嫔妃、命妇也均纳入品秩制度中，保证"辨贵贱、叙劳能"的森严等级和复杂职掌整齐划一，这也是古代品秩制度成熟的标志。

简单地说，散勋爵号都是表示地位身份的，随着中唐使职差遣的发展，职事官也慢慢变成了阶官性质，仅表示其迁转资历而已。于是就有了检校官、试官等，任使职才真莅其事。晚唐、五代已露端倪，北宋已成定制的是，使职又变为阶官，而使职差遣的"判""知""权"等倒成了真正有实权的职官，这无疑是阶官的扩大化，当时士大夫"以差遣要剧为贵途，而不以阶、勋、爵邑有无为轻重"（《宋史·职官志》序）。

唐代武散官阶品表

散官名称	阶品	散官名称	阶品
骠骑大将军	从一品	昭武副尉	正六品下
辅国大将军	正二品	振威校尉	从六品上
镇军大将军	从二品	振威副尉	从六品下
冠军大将军	正三品上	致果校尉	正七品上
怀化将军	正三品下	致果副尉	正七品下
云麾将军	从三品上	翊麾校尉	从七品上
归德将军	从三品下	翊麾副尉	从七品下
忠武将军	正四品上	宣节校尉	正八品上
壮武将军	正四品下	宣节副尉	正八品下
宣威将军	从四品上	御侮校尉	从八品上
明威将军	从四品下	御侮副尉	从八品下
定远将军	正五品上	仁勇校尉	正九品上
宁远将军	正五品下	仁勇副尉	正九品下
游骑将军	从五品上	陪戎校尉	从九品下
游击将军	从五品下	陪戎副尉	从九品下
昭武校尉	正六品上		

宋代官阶变成了等级和享受俸禄的称号，本官不再担任跟官名相应的职务，因此正官或本官又称"阶官""寄禄官"，"居其官不知其职者，十常八九"（《宋史·职官志》）。这样，各级官府叠床架屋，官僚机构变得空前庞大。宋神宗元丰时进行了较大的改制，以《唐六典》为蓝图，采用旧文散官名称重定二十五阶，依此定俸禄。减少官员等级，改为九品正、从共十八阶。徽宗时又定文散官三十七阶，武散官五十二阶，以区别官员之间的高下、尊卑。

禮部侍郎致仕王渙九十歲

宋代礼部侍郎王涣像
美国弗利尔美术馆藏

明代品秩以官员正、从九品分为十八级,文官有四十二散阶,每品有二至三阶;武官有三十散阶。明朝虽然形式上仿效宋代官制,但实际上不仅把职事官归入品秩系列,还使散阶、勋位和官职所属品级逐渐接近。清代更进一步使阶官与品级完全对应,官居几品即授几品阶官,散官失去了身份地位的意义,基本做到职阶一体,这样,品秩显示的等级比前代更明确、更整齐。清代文武职阶官各十八级,依正、从一品到正、从九品对应划分,职事官的品秩,如京官大致为:大学士、协办大学士正一品,六部尚书、都御史从一品,内务府总管大臣正二品,学士、六部侍郎从二品,军机大臣、副都御史正三品,军机章京领班从三品至正四品,六部郎中、掌印给事中正五品。地方官大致为:总督从一品,巡抚从二品,道员、知府正四品,直隶州知州正五品,知州从五品,知县正七品。

宋代禁军"神卫"铜质官印
中国国家博物馆藏

大元帝师统领诸国僧尼中兴释教之印
西藏博物馆藏

明代百户印

第六章 / 等级与官制　　265

品秩阶位作为等级制度在封建官制中的直接表现，既是等级的标志，又是特权的象征，一方面起着威慑和炫耀的作用，另一方面也通过烦琐而又森严的规定来划分阶层与阶级，因此，它是中国古代社会里一个重要的历史现象。

三、选官论等

中国古代选官制度与宗法制度紧密相扣，官位世袭，公门有公，卿门有卿，贱有常辱，贵有常荣，因此，高低贵贱的等级制从夏商以后的"家天下"便开始出现在官制中。官职被限定在贵族等级范围之内，官贵子弟恒为官贵，是奴隶制时代和封建社会的一条铁律。

世官制是奴隶制时代具有标志意义的选官制度，《尚书·泰誓》云"官人以世"；《诗经·文王》也记"文王孙子，本支百世，凡周之士，丕显亦世"。从商周到战国诸国都奉行世官制，无论是王室大臣还是卿大夫，均为同姓或异姓的世袭贵戚。这样官吏"世及"在于那些担任王室和诸侯国官职的大小贵族，均遵照嫡长子宗法继承制的原则代代相袭，受封的各级封君自然世代垄断官职。故赵翼说："自古皆封建，诸侯各君其国，卿大夫亦世其官，成例相沿，视为固然。"（《廿二史札记》卷二）至于士大夫同样由嫡长子继承，其他子弟为士，而士的长子以外为平民。总括起来，就是凭借宗法血亲和远近嫡庶来划分等级，而凭借等级维持世卿世禄制。

战国的社会变革，使得一些大国突破世官制的框架，商鞅变法使唯功唯贤的新选官途径出现，但世官现象始终存在着，首先，"葆子"世袭受到法律的保护和优待[1]；其次，史官、太卜官等"父子畴官，世世相传"；再次，武将因家世得官大有人在；最后，爵官不分，可世袭。两汉虽然以察举作为入仕的正途，孝子廉吏、策试秀才似乎很有特色，但实际上"任子"仍是常见之途。任子是依靠前辈的官位等级而保任子孙为官的制度，是秦代"葆子"的延续。就形式而言，除父任、兄任外，还有宗家任、族父任、外戚任、姊任、祖父任等多种情形。就人数来看，任子弟二人以上者很普遍，并不受一人之限。《汉仪注》说："吏二千石以上视事满三年，得任同产若子一人为郎。"其实无二千石官秩者，亦有任子的事实。当时通过察举进入官宦行列的儒吏们曾强烈反对靠父兄荫庇得官，但得不到既得利益的统治集团支持，任子选官论等照旧。东汉豪强宗族的发展，使任子制度更加盛行起来，并成为达官世族维护自己等级特权的有效工具，不仅帝王诏令允许，连宦官任子入仕也成为普遍现象，

西汉张掖太守虎符
中国国家博物馆藏

---

[1] 黄留珠：《秦汉仕进制度》，西北大学出版社，1985年。

这种照顾在职官僚利益的等级世袭制，基础是很稳固的。

魏晋南北朝创立的"九品中正制"，开始是一种发展了的察举制，是为了选贤选才，但由于专门品评人才的"中正"，是按照祖辈资历、做官家世、爵位高低、门户名望等综合士人"行状"，这实质上仍是等级身份和血缘宗法的扩展，所以不久就与汉代任子制雷同，不仅成为世族把持政权的工具，而且导致以家世选官的门阀政治产生，"世胄蹑高位，英俊沉下僚"（左思《咏史》）；为官择人按等级变成赤裸裸的社会现实。

在贵胄子弟继承官位、把持政权的情况下，"立中正不考人才行业，空辨氏姓高下"（《魏书·崔亮传》）。"今台阁选举，涂塞耳目，九品访人，唯问中正。故据上品者，非公侯之子孙，则当涂之昆弟也"（《晋书·段灼传》）。朝廷一切清贵官职几乎均为高门士族把持，西晋时士族中琅邪王祥，太原王沉，泰山羊祜，河东裴秀等都是权贵高官。东晋时更加严重，整个政权为王、庾、谢、桓等几家门阀所控制。南朝时，庶族寒门进身被选官受到更大的限制，特别是第一等级的王、谢高门居吏部一连几代，直接掌握铨衡之权，因而保证了世族官位的蝉联。以琅邪王氏为例，据《世说新语》所附世系统计，王家从西晋居高位到陈朝显贵约三百年，传十二世，史书有名者二百五十五人，其中做官者为二百零五人，未做官者或是早夭、不慧，或是辟召不就，真正不为官者极少，做到中书令、侍中、尚书令等权要人物达四十三人。[1]其他士族与这种门阀情况大体相同。

随着士庶严格界限的最终形成，巩固等级尊卑也发挥到了极限，那些豪门世族子弟，仅凭血统等级地位就可以"平流进取，坐至公卿"（《南齐书·褚渊传》）；以至于"崔卢王谢子弟，生发未燥，已拜列侯，身未离襁褓而业被冠带"（屠隆《鸿苞节录》）。而庶族寒门即使立功升拔，也不能改变社会地位的高下。这种等级之间的差别，不但士族视为天经地义，而且寒门新贵也众口如一，等级的壁垒森严，常常连皇帝亦无可奈何，更不要说选官的别姓族、辨尊贵了。

隋唐新兴的科举制取代了九品中正制，从此，察举制时代结束，科举选官制度开始，一直到明清，科举选官达到极盛。科举选官以分科考试、取士授官为特征，唯才是用，不避亲疏，士庶并重，多方用人，比较平等地向着社会各个等级敞开大门，比起汉代察举和魏晋九品中正法无疑是一大进步，既打击了士族腐朽势力，又保证了文官贤才的素质。特别是唐朝科举只是取得做官资格，还须经过吏部铨选才能授职任事，加之内外官数量固定，并以法律禁止长官随意补选官吏，以防冗滥，所以科考选拔人才有着积极的意义。然而，在封建中央专制集权政治的统治下，唐代选官存在着正途（科举）与杂色（异途）的对立，用人唯贤还是唯亲问题，打破血统世官还是维护家族等级，一直是唐朝改革派与保守派斗争的焦点，等级世袭垄断的观念不会轻易退出历史舞台。

---

[1] 张祥光：《论两晋南朝门阀制度》，《贵州社会科学》1983年第1期。

《文献通考·选举七》说："任子法始于汉，而其法尤备于唐。"这种评论符合实际，如果说秦汉"葆子""任子"是世官制的延续，那么凭父祖官资选官的门荫制度到唐代已特别完备。《新唐书·选举志下》云"凡用荫，一品子，正七品上；二品子，正七品下；三品子，从七品上；从三品子，从七品下；正四品子，正八品上；从四品子，正八品下；正五品子，从八品上；从五品及国公子，从八品下"（《唐会要》卷八一相同）。此外，"三品以上荫曾孙，五品以上荫孙。孙降子一等，曾孙降孙一等"。从这些规定可看出，凡从五品以上的官员都有荫子的特权，三品以上者还能荫曾孙，受荫者出身的阶品及所任官职，要视其父祖官品等级而定。与从五品以上职事官同级的勋官、散官、赠官、封爵也享有门荫的特权，《唐会要》载开元四年敕令："……赠官降正官一等，散官同职事，若三品带勋官，即依勋官品，同职事荫四品降一等，五品降二等。郡县公子准从五品孙，县男已上子，降一等，勋官二品子，又降一等，二王后子孙，准正三品荫。"由于官品高下不同，高级品官可荫子孙二人，其三品以下只能荫一人。可见，唐代门荫的权限、范围、途径、等次都很明确、具体，这自然给旧士族继续保持世代做官开了大门，延缓了门阀士族的彻底衰亡，同时也使新上台的权贵官僚获得等级特权，加速了其腐败的过程。

唐初，李世民就痛斥门荫之弊，他说："夫功臣子弟多无才行，藉祖父资荫，遂处大官，德义不修，奢纵是好。"（《贞观政要》卷三）但李世民只是反对前代门阀，而自己恰恰又实行门荫世袭，贞观十一年（637）他就委任刺史"藉其门资"世代相承，《新唐书·百官四》云："武德、贞观世重资荫。"当时所荫子孙评定阶品后，先授予亲勋翊卫，到宫阁廊外做一个短时期的番上宿卫，类似于两汉的郎官，常侍卫在皇帝左右，很快就升迁补授其他官职。武后垂拱年间，纳言魏玄同指出："今贵戚子弟，例早求官，髫龀之年，已腰银艾（指印绶），或童丱之岁，已袭朱紫；弘文崇贤之生，千牛辇脚之类，课试既浅，艺能亦薄，而门阀有素，资望自高。"（《通典·选举五》）这是说荫子孙入仕外，还可荫补弘文、崇文生，这些贵胄子孙"虽同明经、进士，以其资荫全高，试取粗通文义"（《旧唐书·职官二》）。因为两馆生靠父祖等级地位科举入仕轻而易举，所以高官子孙争相入补。

尤其是在授官时，受荫子孙比一般人略高，在官制上处于优越的地位。如门荫制规定，正一品官荫子出身正七品上；即使最低的从五品官，荫子出身也从八品下。而经科举考试及第赐予的出身，最高的秀才科，上上第正八品上；明经上上第从八品下，进士科素负盛名，其甲第才从九品上。如此看来，科举及第出身的最高者，只同荫子出身最低的官品相当。《通典·选举五·杂议论中》载："一经及第人，选日请授中县尉之类；判入第三等及荫高，授上县尉之类；两经出身，授上县尉之类，判入第三等及荫高，授紧县尉之类，用荫止于此。"如果把唐制县有六等之差与授官次第对照，同为及第者，有荫和无荫，在授官时正好相差一等。况且进士、明经科举及第后还必须通过吏部的身、言、书、判考试，合格才能注册授官，许多人科举及第后几十年不能得官。而门荫入仕者随时可补授官职，在仕途上一帆风顺，因而一些怀有侥幸心理的人，往往藉荫、假荫和诈冒资荫，尽管朝廷三令五申，但始终未能根绝。

据统计，在唐代一百三十五名士族出身的宰相中，门荫入仕者有二十五名，占总数的将近百分之十八点五。[1] 因为限于史籍记载，尚有三十名出身不明，不能排除没有受荫入仕的宰相，肯定还占有一定的比重。因此，德宗时礼部员外郎沈既济曾说："其高荫子弟，重承恩奖，皆端居役物，坐食百姓，其何以堪之！是以言代胄之家太优。"（《通典·选举六·杂议论下》）一些官僚世家凭借门荫制，数代世袭冠冕。如赵郡名门大族李栖筠，官至御史大夫；其子李吉甫以门荫入仕而官至宰相，其孙李德裕也以门荫补校书郎，后二任宰相。唐代著名的牛李党争，从等级变化角度去看，即门荫与科举的斗争。

唐后期，虽然科举及第在选官中确立了主导地位，科举入仕的重要性越来越突出，以至官贵子弟也竟以科第为荣，不过封荫授官始终都是官制中的一个重要部分。从这一点来说，门荫制和门阀制度并没有什么本质的区别，都是等级特权制度，只不过是以官品的高下代替了过去的门第贵贱而已。

宋代似乎"取士不问家世"（《通志·氏族略》），甚至限制官僚及世家子弟的考试，改革科举制度，广泛吸收士人参政。但实际上，宋代恩荫比之前代更加泛滥，因为科举的改革使官僚阶层的子弟无

---

[1] 乌廷玉：《唐代士族地主和庶族地主的历史地位》，《中国史研究》1980 年第 1 期。

法成批地入仕得官，造成所谓"公卿子弟多艰于进取"（《石林燕语》卷五）的局面。寒儒贫士源源入仕为官，照此下去，达官贵人及其后代的等级地位必受威胁，因此，官僚阶层迫切要求扩大荫子特权，以弥补科举制度使自己蒙受的损失。特别是大官僚、权贵人物占据要位重职，渴望传子传孙，以保持等级身份的稳固，于是，门荫恩补就成为满足他们迫切愿望的最便利工具。赵宋统治者出于加强统治的政治需要，为换取官僚地主阶层的支持，也有意识地特别优待显贵官僚，扩大恩荫任子特权，以保障起码的等级秩序。

宋代恩荫特权作为等级制的产物，有六个特点：

第一，范围广泛。宋代台省官六品以上，其他的官五品以上，每三年南郊大礼时，都有一次"恩荫任子"的机会，每次品级最低的荫子或孙一人；品级高的可封荫六人。常常是"一人入仕，则子孙、亲族俱可得官，大者并可及于门客、医士，可谓滥矣"（赵翼《廿二史札记》卷二五）。此外大臣致仕时有"致仕恩泽"，可荫若干人；死后有"遗表恩泽"又荫若干人。如宋真宗"王旦卒，录其子弟、侄、外孙、门客、常从授官者数十人，诸子服除，又各进一官。向敏中卒，子婿并迁官，又官亲校数人。王钦若卒，录其亲属及所亲信二十余人，此以优眷加荫者也"（《廿二史札记》卷二五）。官僚受恩荫的权利和机会，大大扩大了。

第二，名目繁杂。与前代相比，宋代恩荫的名目可谓花样翻新。有所谓"常荫"，包括"臣僚大礼荫补""致仕荫补"和"遗表荫补"等。还有"特恩"：一种是荫及前代，隋唐五代十国诸帝王的后裔"皆命以官"。五代三品官告身尚存，子孙就可荫补为官。另一种是恩荫于故臣，真宗规定："四品以上，追事太祖、太宗潜藩或尝更边任家无食禄者，录其子孙。"（《宋史·真宗纪》）更有甚者，新天子即位时，"监司、郡守遣亲属入贺，亦得授官"。还有"上书荫补"，胡旦及妻曾三次献出自己编撰的《汉春秋》等书，每次都分别录其一子侄当官。皇帝的公主逢节郊礼时可荫丈夫的亲属，本人过生日，每年可奏补一人。

第三，数额冗滥。前代一般只能荫一人或二人，宋代却多得多，孝宗时规定："宰相十人，执政八人，侍从六人，中散大夫至中大夫四人，带职朝奉郎至朝议大夫三人。"（柯维骐《宋史新编》卷三五）宋代恩荫授官，真宗时一次郊礼约为一百人，神宗时达六百多人，徽宗时增至一千四百多人，到南宋高宗绍兴七年，竟达四千人，仅这一项，就超出科举及其他途径年平均任官的最高数额。

第四，乞赐科名。荫补做官后，纷纷通过各种渠道乞赐科举出身，一旦被赐科名，他们就可以比一般荫子者晋升提拔迅速，所以赐进士及第、赐进士出身、赐同学究出身等，接连不断，使得吏治败坏，机构臃肿。

第五，充任京官。宋代侍中大夫、待制以上的官员都"以京官任子弟"；"至若在京百司，金谷浩瀚，权势子弟，长为占据"（《范文正公集》）。大批荫补者充任京官，势必排斥科举途径上来的官员，使他们被派往边远地区，几十年"不得一任"。

恶性循环。宋初官员"甫莅任即得荫矣"，因而"群臣子弟以荫得官，往往未离童龀"(《廿二史札记》卷二五)。少则几年，多则十几年，他们又可以荫子荫孙，甚至出现"未应娶妇，已得任子"(《文献通考·选举七》)的怪现象。所以"荫授之官，又行荫典"(《续通典》卷一二)；荫授愈加泛滥，形成恶性循环。

宋代恩荫特权的这些特点，造成荫补者多为官僚地主等阶层的子孙，而科举出身者却以普通士子居多，长期如此实行的结果，必是前者保守腐败，后者才能较优，双方的差异必然导致排斥倾轧，党派斗争，这也是宋代官制的重大弊害。据统计，宋代科举共录取五万人左右，而因恩荫出身者也有五万人以上，[1] 这一方面说明两者在选官中所占地位的重要，另一方面也说明等级特权在官制中的继续膨胀。

元代蒙古人本身就实行世袭制，所以荫子之制自被推行。一般范围是从嫡长子、同母弟到其他子孙，如无则依次旁推。至元四年（1267）规定，"诸官品正从分等，职官用荫，各止一名。诸荫官不以居官、去任、致仕、身故，其承荫之人，年及二十五以上者听"(《元史·选举志》)。以后又陆续制定了一套严格的用荫审批程序，即使承荫者也须试一经一史。当然，蒙古人、诸色目人按等级比汉人优一等荫叙，民族等级与官品等级融为一体。

明代官僚荫庇子孙的等级特权，在初期大体是沿用元制。洪武十六年（1383）规定：正一品子、正五品用；从一品子，从五品用；

---

[1] 金旭东：《试论宋代的恩荫制度》，《云南社会科学》1985年第3期。

正二品子、正六品用……以下依次降等荫叙，直到正、从七品子于未入流下等职内叙用。武官也可按爵官袭继。永乐年间以后，荫子恩补渐为限制，"在京三品以上，考满著绩，方得请荫"（《续文献通考·选举》）。除遇国家大典加恩荫于勋戚重臣外，一般文、武一品至七品子受门荫只能录补子、孙，范围比宋代大大缩小。死难阵亡或卒于王事者，或于功荫，或以难荫，目的是鼓励效忠皇朝，当然也有传子接代保障"高人一等"社会地位的意义。

清建国以后，将关外实行的以奖励军功为核心的功臣袭职制，同明代荫子制相结合，确立了以恩荫、难荫、特荫为特点的封荫制度。顺治元年（1644）规定，恩荫官阶定为"文官三品以上"；八年（1651）又放宽到"在京四品以上，在外三品以上"，武官则在内在外均为二品以上。康熙十三年（1674）又诏谕"原品解任食俸者准荫"，这样现任官和原品官皆可受荫。乾隆时又定：公、侯、伯依一品荫，子依二品荫，男依三品荫，即有爵位者也可受荫。清代一般

清代铜品级山
故宫博物院藏

清代乾隆古稀天子之宝
故宫博物院藏

只荫子,受荫满汉官员可送一子入国子监做"荫生",经过两年学习(难荫监生为半年)后,通过形式上的考试,可出任员外郎、主事、知州、通判等清官美职,享受做官的特权。难荫主要是因阵亡、殉难、殉节、职亡等,按其官阶高低授予世职。特荫是清统治者为酬谢帝王之师、辅佐元老、封疆重臣等功勋,赏荫他们的子孙为内阁中书、进士、举人、主事等世职。

满汉官僚的子弟凭门荫入仕后,数年之间就可出任显职,据统计,从顺治到光绪末年,在大学士中有百分之五的人出身荫生,在六部尚书等职中有百分之十四者为荫生世职,在总督中约有百分之十一，在巡抚中有百分之九。[1] 虽然有极少数贤才良臣，但是大多是昏聩无能的误国庸才。"荫子为官"的等级特权制度，非但未使封建统治长治久安，反而败坏吏治，加速了清王朝的灭亡。这也是封荫引起寄生乃至瓦解的必然结果。

---

[1] 王贵文：《清代的荫子制度》，《辽宁大学学报》1989年第1期。

第七章 等级与财产

中国古代社会财富的合法瓜分者，就是享有与各自官品、身份、地位相应的政治经济特权的各级官吏，他们通过钱帛俸禄、职田租米、金银赏赐、额外补助、经商牟利、贪污受贿等途径聚敛财产，搜刮民膏，从而使处在社会底层的庶民百姓椎心泣血，陷入贫困。而历代统治者为了稳固完整的等级隶属结构，保证各级官吏为自己尽职效力和满足统治阶级内部不同等级的既得利益，也大规模地、连续不断地将获得的社会财富再分配给他们，并以品秩等级来确定俸禄、职田等制度，这更促进了等级结构的严密和法律化。这样，与等级制度相一致的既有安逸奢华的万石之官，也有蔬食温饱的斗斛小吏，从最高到最低，等级之间的差别可谓天悬地隔，不仅反映了名分与职责的严格，也表明了权利与义务的相称。

一、俸禄差额

春秋以前由于实行"世卿世禄制"，天子把土地、庶众以采邑和禄田的形式层层分封给世袭的显爵高官，以维持宗法等级的统治。战国以后，普遍建立了量功授禄的制度，燕昭王"不以禄私其亲，功多者授之"（《战国策·燕策二》）。魏国李悝变法强调"食有劳而禄有功"（《说苑·政理》）。并且逐渐把封邑转化为谷石计禄，形成了按职给禄、以能取酬、用谷衡量的规矩。秦代沿袭了这种谷禄制方法，以石论秩，当然，这时的"石"只表示官级之高下，并不表示官吏实际俸禄之多少。

西汉各级官吏的俸禄以斛计算，但实际支给却是以钱代谷，谷粮另由太仓供给。如"律，丞相、大司马、大将军俸钱月六万，御史大夫俸月四万也"（《汉书·成帝纪》如淳注）。"谏大夫，秩八百石，俸钱月九千二百"。"光禄大夫，秩二千石，俸钱月万二千"（《汉书·贡禹传》）。"律，百石俸月六百"（《汉书·宣帝纪》如淳注）。由此可知，西汉官吏俸禄是按月领取，虽以斛的概数作为官阶的等级，而每月所得则是以钱具体计数。

西汉官吏月俸表

秩级	俸禄标准	月俸钱
三公万石	三百五十斛	六万
中二千石	一百八十斛	四万
二千石	一百二十斛	一万六千
比二千石	一百斛	一万二千
千石	九十斛	—
比千石	八十斛	—
六百石	七十斛	九千二百

续表

秩级	俸禄标准	月俸钱
比六百石	六十斛	—
四百石	五十斛	—
三百石	四十斛	—
二百石	三十斛	—
百石	十六斛	六百
斗食	十一斛	—

从此表看到，依官级取俸禄的差额很大，由百石至中二千石的俸钱，竟相差六十六倍。所以，西汉中叶以后，两次下诏来提高下级官吏的俸禄。一是宣帝神爵三年下诏："吏不廉平则治道衰。今小吏皆勤事，而奉禄薄，欲使其毋侵渔百姓，难矣。其益吏百石以下俸十五。"（《汉书·宣帝纪》）即增加百石以下吏员实俸十分之五，

陕西西安出土
春秋楚国郢爰

陕西西安出土
西汉麟趾金

山西侯马出土
春秋晋国货币——尖足空首布

第七章 / 等级与财产　283

以减少他们因俸低而对百姓的盘剥。二是绥和二年哀帝即位后，"益吏三百石以下奉"（《汉书·哀帝纪》）。目的还是缩小级差，以争取低级官吏尽职尽责。应当注意的是，西汉官吏的俸禄以法律作为定制，这表明俸禄的多少不仅是区分官职尊卑等级的标志，有时还直接代替了官职的称号，郡守便通称为二千石，金钱赤裸裸地显示了品级的高低。

陕西西安出土
西汉金饼

东汉初年"并官省职,费减亿计",因为适逢战乱之后,户口耗少,不得不节省经费。建武二十六年又"诏有司增百官奉,其千石已上,减于西京旧制,六百石以下,增于旧秩"(《后汉书·光武帝纪》)。据《后汉书·百官志》中俸禄来看,刘秀并未更改西汉的官秩等级,而且下诏减俸只是一个空文,仍是优待高官,千石以上没有减俸,比六百石、四百石、比四百石(尚书左右丞及侍郎等)反有所减少,

而三百石到百石不变。这表明刘秀只是玩弄政治手腕，在高门豪强的阻挠下（如度田未能实行一样），根本不敢轻易触动其经济利益，他的原则就是笼络高级官员、限制中级官员、施恩低级小吏。安帝时因国用不足，又"诏减百官及州郡县俸各有差"（《后汉书·安帝纪》）。到殇帝延平年间，确立了俸禄按钱谷支付的制度，其具体数额如下表。

由这个俸禄表可知，实物占了一定支付比例，虽然经过几次调整，但东汉高官与小吏的差额仍达十一倍之多，等级的区别非常清楚。至于官吏俸禄外的勒索百姓、贪污受贿以及皇帝赏赐等，也是他们的一大财源，特别是高官所得厚禄和黄金赏赐，数额庞大，成为上层等级中利用特权攫取财富的典型。

东汉官吏月俸表

秩级	俸禄	月实领谷	月实领钱
万石	三百五十斛	—	—
中二千石	一百八十斛	七十二斛	九千
二千石	一百二十斛	三十六斛	六千五百
比二千石	一百斛	三十四斛	五千
千石	八十斛	三十斛	四千
六百石	七十斛	三十一斛	三千五百
比六百石	五十斛	—	—
四百石	四十五斛	十五斛	二千五百
比四百石	四十斛	—	—
三百石	四十斛	十二斛	二千
比三百石	三十七斛	—	—

续表

秩级	俸禄	月实领谷	月实领钱
二百石	三十斛	九斛	一千
比二百石	二十七斛	—	—
百石	十六斛	四点八斛	八百
斗食	十一斛	—	—
佐吏	八斛	—	—

魏晋以后，天下大乱，货币贬值，反映到官俸吏禄上，就是钱币比重下降、实物上升，官俸给钱的项目逐渐被布帛取代，钱币基本退出流通领域。曹魏"将吏奉禄，稍见折减，方之于昔，五分居一"（《三国志·魏书·高堂隆传》）。即官俸降到东汉官俸的五分之一。西晋统一全国后，制定一品食俸日米五斛，绢三百匹，绵二百斤；二品食俸日米三斛，绢二百匹，绵一百五十斤；三品食俸日米三斛，绢一百五十匹，绵一百斤。四品以下官员俸禄在《晋书·职官志》中记载不详，但从西晋官员职位和享受特权的区别来判断，一至三品为高阶梯，四至五品为中阶梯，七至九品为低阶梯，所以推算官吏月俸应为：四品七十二斛，五品五十四斛，六品三十六斛，七品二十七斛，八品十八斛，九品是八斛，最高官与最低官相差十八倍。若按绢、绵与官阶相差的原则算，则四品为一百二十匹，五品九十匹，六品六十匹，七品四十五匹，八品三十匹，九品十五匹。即一品为九品的二十倍[1]。这与西晋确立"九品中正法"的选官制度自然有关系，

---

[1] 朱大渭：《魏晋南北朝的官俸》，《中国经济史研究》1986年第4期。

俸禄的差别就是等级或等第的区别。

南朝的官俸，宋武帝即位后下诏"百官事殷俸薄，禄不代耕……诸供给昔减半者，可悉复旧"（《宋书·武帝纪》）。即恢复两晋官俸旧制，并对俸少的低级官员"畴量增之"。以后齐、梁、陈皆"多循旧制"，变化不大。但是南朝"州郡秩俸及杂供给，多随土所出，无有定准"（《南齐书·豫章文献王嶷传》）。许多官员正俸之外另有杂调收入，零陵郡收杂调四千石，相当于太守年俸的二点四倍，就是减少一半，也相当于一点二倍，可见南朝地方官员的实际收入，要比朝廷规定的官俸高得多，因而，南朝官场中很多官吏不愿在中央任职，而愿去地方当官"觅外禄"，并毫不讳言是为积聚财产，史称"南土沃实，在任者常致巨富，世云广州刺史但经城门一过，便得三千万"（《南齐书·王琨传》）。"梁益二州，土境丰富，前后刺史，莫不营聚蓄，多者致万金。所携宾僚，并京邑贫士，出为郡县，皆以苟得自资。"（《宋书·刘秀之传》）这说明他们额外剥削数目是很大的。

南朝官吏年俸表

官品	年俸（米以斛计）	绢合米数（一匹绢四斛米）
一	一千八百	一千二百
二	一千四百四十	八百
三	一千零八十	六百
四	八百六十二	四百八十
五	六百四十八	三百六十
六	四百三十二	二百四十
七	三百二十四	一百八十

续表

官品	年俸（米以斛计）	绢合米数（一匹绢四斛米）
八	二百一十六	一百二十
九	九十六	六十

北魏太和八年开始实行官俸制，随后规定所收帛"大率十匹为公调，二匹为调外费，三匹为内外百官俸"（《魏书·食货志》）。显然，北魏俸禄有帛有谷，实行均田制后才统一以帛计俸。按阶梯官俸比例看，一品为一千三百匹，二品为九百七十四匹，三品为六百四十八匹，四品为三百八十七匹，五品为二百五十七匹，六品为一百六十匹，七品为九十六匹，八品为五十八匹，九品为四十匹。这种年俸不包括从品的概算，但各第等之间的差额已很清楚。北齐完全沿袭北魏的官制官俸，一品年俸帛八百匹，下至从三品各递减一百匹，从三品年俸帛三百匹。四品减六十匹，年俸帛二百四十匹。从四品至从五品各递减四十匹，从五品年俸帛一百二十匹。六品至从七品各递减二十匹，从七品年俸帛四十匹。八品以下各品递减四匹，从九品年俸为二十四匹。每品内又分秩等，即职内分等制，以品给禄，品内分秩，以匹计俸。至于地方州郡县三级长官，则依管辖地域大小、人户多少和重要程度各分九等，即刺史、太守、县令各依官阶又分上、中、下。北齐官俸总数以帛计，然后折合成帛、粟、钱三份，当然是官阶越高，俸禄越多，据分析，北齐最高官俸约为最低官俸的三十三倍，等级之差犹如天壤之别。

北周官制仿效周代建置，其用"命"作官品定俸禄，命内秩阶是年俸的基数：

北周官吏年俸表

官名	官命	年俸（米以石计）	同命内秩阶（米以石计）
三公	正九命	五千	六十
三孤	正八命	三千五百	五十
六卿	正七命	二千五百	五十
上大夫	正六命	二千	四十
中大夫	正五命	一千	四十
下大夫	正四命	五百	三十
上士	正三命	二百五	三十
中士	正二命	一百二十五	二十
下士	正一命	六十三	二十

由这个官俸表可知，最高与最低官俸之间两者相差为七十九倍，其差额这么大，主要是由于各命之间相差太大所致，与其他各代官俸相比，似有不合理处，当时就有人认为高官"意嫌太厚"（《颜氏家训》卷二《风操》），而下级官吏年俸过低，似难以维持生计。这个比较特殊的官俸差额现象，使得几乎每个官阶为一阶梯，但官阶越高差别越大，都是同每个朝代一致的，等级与财产有着不可分割的关系。

隋唐时期，因经过魏晋南北朝的多次更改之后，在品级、职位和俸禄方面出现了一个新阶段。隋代官俸以米计石，分春秋两次发给，从正一品九百石开始到正四品三百石，依品每级递减百石；由从四品二百五十石到正六品一百石，依品每级递减五十石；从四品九十石到从八品五十石，每品则递减十石。这样，官品就有三个大的等级，中间又分小的等级，最高官与最低官相差十八倍。唐代的官俸制更加完善和详细化，虽然其官品依正从上下分为九品三十级，但其俸禄却只依九品正从分为十八级。一般来说，唐代官员的俸禄包括土地、实物和钱货三项，并且逐渐发展到以钱货收入为主。实物主要指禄米，按散官本品付给，如武德初制定京官一品七百石、从一品六百石，下至正九品四十石、从九品三十石，每年给之，外官无禄。贞观八年后又制定了外官禄，但数额比京官略低。唐代官员的俸钱前后变化很大，京官与外官也有不同，例如唐前期京官俸料钱是这样的：

唐前期京官月俸表

单位：贯

年代	月俸								
	一品	二品	三品	四品	五品	六品	七品	八品	九品
贞观时	六、八	六	五、一	四、二	三、六	二、四	二、一	一、六	一、三
乾封时	十一	九	六	四、二	三、六	二、四	二、二	一、八	一、五
开元时	三十一	二十四	十七	十一、八	九、二	五、三	四	二、四	一、八

这些钱不包括防阁、庶仆代役钱的。开元二十四年将俸料、食料、杂用、防阁与庶仆四项分别确定，统称为月俸，并将依散官本品给钱变为按职事品支给。（见下页表）

安史之乱后，京官月俸又不按职事品而依职事官给赐，总的趋势是不断增加，据《唐会要》《新唐书》记载，大历十二年、贞元四年和会昌年间曾三次增加官俸，例如乾封元年一品官为十一贯，到会昌时为二千贯；三品官由六贯增为一千贯；八品官由一贯九增为三十贯。据统计：一至三品高官俸钱增长约一百六十七倍，四品至八品官员增

第七章 / 等级与财产

长约十五倍,连九品也增长了一倍,官俸成为政府的重要开支[1]。代宗后地方外官俸钱增加反而高出京官,而且比法定数额为多,"京官不能自给,常从外官乞贷"(《资治通鉴》卷二三五)。特别是实领俸数往往高于纸面上的数字,如白居易任江州司马时,按规定只领月俸五万文,但实领六七万。又如王建任陕州司马时,按规定也是五万文,但领了十万文。倘若做了高官,且又有兼职,其所得更为惊人。《新唐书·食货志》云:"自开元后,置使甚众,每使各给杂钱。宰相杨国忠身兼数职,常封外月给钱百万。"《新唐书·郭子仪传》说他"岁入官俸二十万贯,私利不在焉"。这样优厚的待遇,自然使得他们的财产急剧膨胀,等级的差别亦愈来愈大。

唐代官品俸禄表

官品	月俸	食料	杂用	防阁	庶仆	合计
一品	八千	一千八百	一千二百	二万		三万一千
二品	六千五百	一千五百	一千	一万五千		二万四千
三品	五千	一千一百	九百	一万		一万七千
四品	四千五百	七百	六百	六千六百		一万二千四百
五品	三千	六百	五百	五千		九千一百
六品	二千三百	四百	四百		二千二百	五千三百
七品	一千七百五	三百五十	三百五十		一千六百	四千零五十
八品	一千三百	三百	二百五十		六百二十五	二千四百七十五
九品	一千零五十	二百五十	二百		四百一十七	一千九百一十七

(五品以上有防阁,六品以下有庶仆)

---

[1] 阎守诚:《唐代官吏的俸料钱》,《晋阳学刊》1982 年第 3 期。

宋代俸禄以优厚著称，虚职冗官皆给俸，而且名目繁多，如最高文散官除每月俸钱一百二十贯外，还有绢绫罗绵等，以及职钱、公用钱、出差路费、仆人费用等，使得各级官吏都有大量占有财产的特权，并且拉开等级的差距，如文散官中最高与最低者官俸每月相差十七倍，职事官中最高者与最低者相差十八倍，再加上高额赏赐，无形中便强化了等级制度。元代至元年间重定俸禄制度后，以正从九品分级，每品内又分上中下等（正二品以上和正五品以下分两等），以从一品俸额为最高，用银两计算，最高官与最低官之间相差八倍多。明代官俸以正从九品划分为十八级，正一品到从四品每岁俸钞三百贯，正从五品一百五十贯，正从六品九十贯，正从七品六十贯，正从八品四十五贯，正从九品三十贯。虽然等级差别在俸禄上的反映不如前代那样详繁，但阶阶有差却是很清楚的。此外，明代永乐以后爵位官全支米，文武职官米钞兼支，由于钱钞时贵时贱，造成官俸实际下降，故《明史·食货志》说"自古官俸之薄者未有若此者"，官吏们因而以贪污受贿、鱼肉百姓为收入来源，官高者非法掠夺，官低者也敲诈勒索，使得吏治大坏。

北宋纸币铜版拓片
辽宁省博物馆藏

清代除专门制定满人世爵勋官俸禄的标准外，对满汉的京官统一在顺治后定有制度。

清代官品俸禄表

官品	岁银（两）	岁米（石）
正从一品	一百八十	九十
正从二品	一百五十五	七十七点五
正从三品	一百三十	六十五
正从四品	一百零五	五十二点五
正从五品	八十	四十
正从六品	六十	三十
正从七品	四十五	二十二点五
正从八品	四十	二十
正九品	三十三点一	十六点五
从九品或未入流	三十一点五	十五点七

为了使各级官吏懂得养廉，以保持清白声誉，清朝还制定恩俸制与养廉银制。恩俸即皇帝特诏的加俸，一般为正俸的一倍；养廉银即按官吏职务等级另给数额不等的银两。于是，京官均享受恩俸，地方官吏则养廉增俸，使得所有官吏都能依品秩等第增加俸禄数额。但清代俸禄仍属低俸性质，官吏为满足私欲，贪污勒索，盘剥掠夺，可谓是无所不用其极。当然，在中国古代社会，官员俸禄的多寡，有本人对本阶级贡献成比例的一面，但更多的原因，则是按等级划分和占有财产的一面，官阶越高而官俸越厚，各代均在最高官俸与最低官俸之间分若干阶梯，并以差额作为等第高下、地位尊卑的区别，

这也是确凿无疑的。

二、土地占有

如果说官俸是按等级品秩分配的一种收入，那么依等级占有土地则更是官吏们攫取财富的突出标志。

商周时期的土地制度主要是井田制，"溥天之下，莫非王土；率土之滨，莫非王臣"。一切土地在名义上都属于周王，而周天子根据宗法制和五等爵制，把土地以及耕地上的庶人、奴隶分封给各级诸侯，建立封国；各级诸侯又分封给卿大夫作采邑，卿大夫则又分配给士之家。这样，占有者按等级接受分地，形成层层相属而比较稳定的经济单位和财产属权。"公食贡，大夫食邑，士食田，庶人食力……官宰食加。"（《国语·晋语四》）春秋之后，"为田开阡陌封疆而赋税平"，井田逐渐被废除，秦国按军功规定"尊卑爵秩等级"，赏爵一级，赐田一顷,宅九亩。谁爵位高就占有土地多,秦律对此还做了详细的"盗律"条文，严禁对各个等级财产的危害。

西汉初年沿袭秦代按功爵赐田宅的制度，爵位在士大夫以上的，皆照等级分给食邑，并优先给予田宅。随着经济的发展，统治阶级中各个等第采取不同手段兼并土地，逼得农民陷于"卖田宅，鬻子孙"（《汉书·食货志》）的境地。为了缓和因"强者规田以千数，弱者曾无立锥之居"（《汉书·王莽传》）引起的阶级矛盾，哀帝时丞相孔光等按等次拟定"限田限奴婢"方案，规定诸王、列侯、公主、吏民占有土地以三十顷为限,商人不许占田做官,诸王只能占有奴婢二百人,列侯、公主一百人,吏民三十人。但这个方案未实行就被搁置。东汉建立主要依靠豪强地主支持,因此豪强地主纷纷封侯列臣,在占有土地的优惠待遇上也更显著,封国大的占地达四县或六县之广,封户有数万之众。

东汉之后,各代法律都普遍规定了土地的等级占有制度,早在曹魏时期就颁行了"赐公卿以下租牛客户各有差"的法令。西晋则在此基础上,进一步制定了按官品占田、占客的法律制度,《晋书·食货志》载:"其官品第一至第九,各以贵贱占田。品第一者,占五十顷;第二品,四十五顷;第三品,四十顷;第四品,三十五顷;第五品,三十顷;第六品,二十五顷;第七品,二十顷;第八品,十五顷;第九品,十顷。"此外,西晋还有作为官俸的菜田,一品十顷,二品八顷,三品六顷,四品五顷,五品四顷,六品三顷五十亩,七品三顷,八品二顷五十亩,九品二顷。一品官为九品官的五倍。当然,各级官员多是大大小小的土地主,因而拥有的土地比这些数目要丰裕得多。东晋偏安江南后,出现职田制度,刘宋时期都督的职田二十一顷,州官十一顷,属于中二千石级的郡官六顷,一般郡守五顷,县令三顷。但是因京畿窄狭,所以东晋南朝的中央官吏都不实行职田。

北魏太和九年颁布均田令中,规定"诸宰民之官,各随地给公田,刺史十五顷,太守十顷,治中别驾各八顷,县令郡丞六顷,更代相付,卖者坐如律"(《魏书·食货志》)。这种"准古班百官之禄,以品第各有差"的占有土地,说明当时南北双方虽处于敌对状态,但等级

汉代金五铢
陕西历史博物馆藏

社会的经济结构却基本相同。北周官员也有职分田，"顷亩以品为差"（《资治通鉴》开皇十四年注），但实际情况不明。隋代官员占有土地有了新的发展，制度详明，《隋书·食货志》："京官又给职分田，一品者给田五顷，每品以五十亩为差，至五品，则为田三顷，六品二顷五十亩。其下每品以五十亩为差，至九品为一顷。外官亦各有职分田。"这样，最高官占地为最低官的五倍，等级序列中的阶梯构成很显明。

唐代官吏占有土地主要是通过均田资料反映，《唐六典》卷三《户部尚书》载其梗概："凡官人受永业田，亲王一百顷，职事官正一品六十顷，郡王及职事官从一品五十顷，国公若职事官二品四十顷，郡公若职事官从二品三十五顷，县公若职事官正三品二十五顷，职事官从三品二十顷，侯若职事官正四品十四顷，伯若职事官从四品十一顷，子若职事官正五品八顷，男若职事官从五品五顷。上柱国三十顷，柱国二十五顷，上护军二十顷，护军十五顷，上轻车都尉十顷，轻车都尉七顷，上骑都尉六顷，骑都尉四顷，骁骑尉、飞骑尉各八十亩，云骑尉、武骑尉各六十亩，其散官五品以上同职事官给。"

"凡诸州及都护府官人职分田：二品十二顷，三品四品以二顷

唐代三彩骆驼俑
陕西历史博物馆藏

唐代三彩胡人骑驼俑
陕西历史博物馆藏

为差，五品至八品以一顷为差，九品二顷五十亩。镇戍关津岳渎及在外监官五品五顷，六品三顷五十亩，七品三顷，八品二顷，九品一顷五十亩。"

由上述记载来看，勋爵贵族和各级官吏不仅通过赐予、请、射得到可以世袭和买卖的永业田，还有作为在职时的俸禄"职分田"，尽管不具有所有权，但具有占有权，加上赐田、勋田等，合法地占有大量土地，成为充裕财产的来源。尤其是按等级差别确定不同的土地数额，使得各级官吏均享有财产占有的特权。仅就职分田一品为九品的六倍说，等级的层次也很明显。唐高祖武德年间诏书就说"宗绪之情，义越常品，宜加惠泽，以明等级"（《通典》卷六）。唐代的户婚律即以法权形式把土地权利按照等级来划分，规定："农田（即受田）百亩。其官人永业准品（即品级）及老小寡妻受田，各有等级。"(《唐律疏议》卷一三)唐太宗更是"止取今日官爵高下作等级",或"以今日冠冕为等级高下"(《新唐书·高俭传》)。因此,有特权的品级和不完全自由的"常品",这两个层次的划分,本身就包括了五花八门的等级,享有等级程度不同的对土地的占有权。例如皇室宗亲作为等级社会的最上层,"咸胙疆土,世为藩翰",必然占有许多土地和封户,太平公主食邑多至一万户,安乐公主占四千户,宁王、薛王等也有二千户,早超出"诸王并宜食一千户封"(《唐会要·缘封杂记》)的规定。他们还可得到赐田,淮安王李神通有功,"太宗乃给田数十顷"(《旧唐书·隐太子传》)。贵族士家也占有许多田地,因为他们享有爵位封户"传之子孙",像唐初食封贵族"只有三二十家,今(中宗时)以恩泽受封,至百四十家以上"(《唐会要》卷九十)。国家租赋有一半被他们分割侵占。此外,贵族勋爵者可通过勋田、赐田等途径占有土地,像唐高祖赐裴寂"良田千顷,甲第一区,物四万段"(《旧唐书·裴寂传》)。太宗赐李勣"良田五十顷,甲第一区"。一般官员和庶族地主虽然不能得到许多赐田、勋田,但他们按官品或兼并农民田业亦能占有大量土地。而"良人"自耕农和客户等则以九等户制来编籍,虽然九等户中也包括在职的高官权贵,但被奴役的对象显然是良人、庶众,他们卖舍贴田、失土迁乡,土地很少。特别在均田制破坏后,失掉口分、永业田的农户就更多了。就是均田制规定"丁男中男以一顷给田",也绝非实际所有,况且只有使用权而没有占有权,这就更不能与达官贵人相比,所以,在土地占有中,等级占有是很显著的。

宋代由于"田制不立"(《宋史·食货志》),因而国家按等级品官占有土地的授田制在这时有了新特点,即允许土地自由买卖,使官僚地主用购置的方法去占据早有图谋的土地,在给予官僚种种特权的同时,支持他们"广置良田",并用法律进行保障,把一品到九品的官员之家称为"官户",尽管宋代官户在减免二税、科配等方面比唐代品官的特权要少,但仍享有免除差役及夫役的特权,一度还

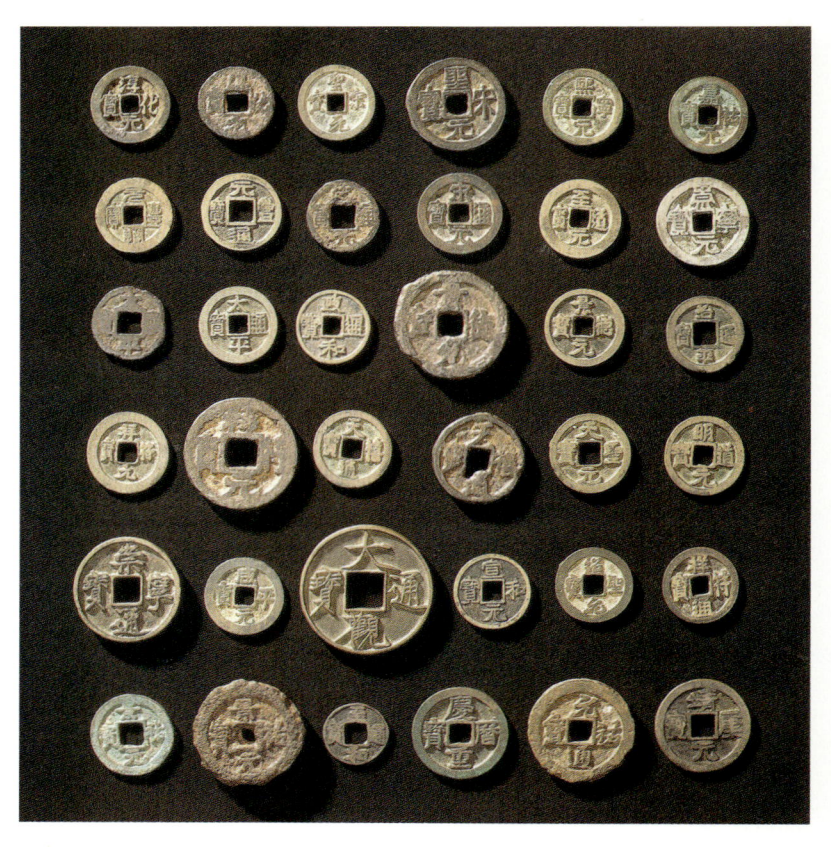

北宋铜钱、铁钱
首都博物馆藏

规定官户在科配、和买限额内（真宗时定为三十顷，徽宗时改为十顷到一百顷）的所占田产，可以免除，这就说明官僚地主仍享有新的特权，尤其是身任官职者，假如"使与民户通差，则仕者不能兼治"（薛季宣《浪语集》卷二八）。因此，宋代官僚地主利用等级特权无限制地占田与逃避赋税，太宗时是"富者有弥望之田，贫者无卓锥之地"。仁宗时则"势官富姓，占田无限，兼并冒伪，习以成俗"，占田数字大增。到英宗以后，纳税土地仅占全国耕地面积的十分之三左右，大部分土地都被官户、形势户和寺观户等享有免役特权的等级所占有。虽然宋朝廷曾制定过按照官员品级高低来规定占有田产的最高限额（见《宋会要辑稿·食货一》之二〇），但各级官僚的贪财欲望和兼并手段早已使它变为一纸空文。

元代，全国土地分为官田和私田两种。官田一部分作为军队屯田，一部分赏赐王公贵族和僧侣，一部分作为官吏职田按正从八品依等次分配。私田是蒙古贵族、各族地主和少数自耕农私人占有。所以有勋阶爵位的蒙古贵族和高品大官是土地最大的占有者，既有职分田又有食邑封地，既有投下州又有赐田，数量相当庞大，如元世祖一次赏赐大贵族益都田千顷。（《元史·撒吉思传》）色目和汉族上层人物同样可利用政治特权兼并或掠夺民田，像叙州安抚使张庭瑞，家有"上田五千亩"（姚燧《牧庵集》卷二〇）。而处在社会底层的佃户则不仅少地无地，而且随田转卖的现象也很严重。

明代各级官吏不但可以从朝廷得到赐田，而且可以减免赋税、不服劳役。从洪武时开始，就对公、侯、伯等"有功之臣"礼遇优隆，

元代任仁发《饮饲图》局部
中国国家博物馆藏

如洪武三年朱元璋"赐勋臣公侯丞相以下庄田,多者百顷,亲王庄田千顷。又赐公侯暨武臣公田,又赐百官公田,以其租入充禄"(《明史·食货志》)。十年又下令:"食禄之家,与庶民贵贱有等,趋事执役以奉上者,庶民之事。若贤人君子,既贵其身,而复役其家,则君子野人无所分别,非劝士待贤之道。自今百司见任官员之家有田土者,输租税外,悉免其徭役,著为令。"(《明太祖实录》卷一一一)正德十六年诏令豁免品官田赋:京官三品以上免田四顷,五品以上免田三顷,七品以上免田二顷,九品以上免田一顷。嘉靖二十四年又议

元代《卖鱼图》局部
山西洪洞广胜寺壁画

定优免条例：京官一品免粮三十石、三十人丁，二品免粮二十四石、二十四人丁，三品免粮二十石、二十人丁，以下按品级有差，递至九品免粮六石、六人丁。内官亦如之，外官各减一半，举人、监生、生员等各免粮二石、二人丁，杂职、承差、吏典等各免粮一石、一人丁。这样依官品高低、京官外官、官吏缙绅等方面享有优免特权，激起了各级官吏强烈的吞并土地的欲望，据洪武三十年统计，全国占地七顷以上的地主就有一万四千二百四十一户之多。(《明太祖实录》卷二五二)明中叶后，土地兼并日趋激烈，王公、勋戚、宦官所设的庄田之多，超过了以前任何朝代，京畿皇庄由弘治时的五座（占地一万二千八百余顷）发展到正德时的三十六座（占地三万七千五百余顷）。一般官僚豪绅占地也很严重，他们土地"阡陌连亘"，任意侵占，而农民则有田无几，大部分沦为佃户。因此，由土地占有数额上可

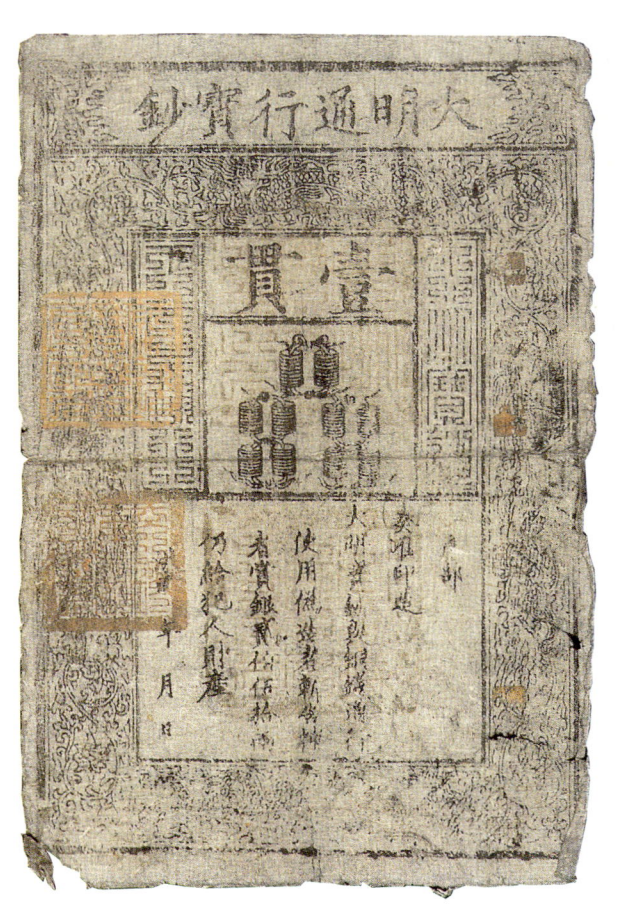

明代通行宝钞（一贯）
首都博物馆藏

明代通行宝钞（一贯）
首都博物馆藏

以清楚地看到各种社会地位构成的整个阶梯。

清初在近畿一带实行土地抢夺政策，达官显贵不仅大量圈占土地，以后更倚仗权势继续抢占民田，使土地所有制更具等级身份特权的性质。在圈占的十六万六千七百九十四顷耕地中，除一部分是

明代通行宝钞（一贯）钞版
首都博物馆藏

第七章 / 等级与财产　　305

八旗旗丁外，大部分是满族贵族的庄田，他们的庄头更是无恶不作，索保住在宛平县"横霸一方，田连阡陌，所招佃户，供其驱使"。焦国栋在宝坻县也是"横霸田土千余顷"。一般官僚地主也乘机兼并土地，《红楼梦》里所描写的"几千顷地，几百牲口"的大户人家在北方为数不少，而南方松江地区"有心计之家，乘机广收，遂有田连数万亩，次则三四万至一二万者"(《阅世编》卷一《田产》)。乾嘉年间有名的权臣和珅掠夺兼并农民土地竟达八十万亩。依照等级身份地位派分、兼并、侵占土地的情况，在清代普遍进行，而处于等级下层的"小民"，"有恒产者十之三四，余皆赁地出租"，以致"田大半归富户，而民大半皆耕丁"。所以，占有土地作为等级身份和财产富裕的重要组成部分，从皇帝、宗室贵族、缙绅、绅衿、雇工、贱民等各自等级范围中自然划分出来，由于这种经济特权基础稳固，等级制度变化和解体异常缓慢，一直延续到清朝垮台。

三、官吏经商

官员个人凭借政治特权和政治地位垄断经济或经商，自两汉迄于明清，延续了两千年之久。早在西汉前期，汉文帝曾将蜀郡铜山铁矿收益权赐给宠臣邓通。汉武帝曾一度取消了这种特权，下令严厉禁止官员经商。但霍光当政后，官僚经商的特权又东山再起，食禄之家纷纷兼取小民之利，霍光之子霍禹即率先经商，"私屠酤"(《汉书·赵广汉传》)，即私营屠宰业并兼售酒业。至元帝时，诸曹侍中以上近臣，多私自贩卖。成帝时，丞相张禹就是个内殖货财的大官僚兼大商人。官吏与商贾的结合，不仅使许多达官贵人收取贿赂，牟取暴利，而且也使商人"因其富厚，交通王侯，力过吏势，以利相倾"，"大者倾郡，中者倾县，下者倾乡里"（《史记·货殖列传》）。甚至"赊贷郡国，人莫敢负"。西汉末年政府还允许商贾补官买爵，造成官场上竞谋资财的风气。东汉时期，对官僚经商从未加以限制，官吏仍享有经商特权，追逐商利之风在官场继续盛行。

降及两晋南北朝，官吏经商仍属合法。东晋以后，又赋予其免税特权。因此，官员于商利所在，更是趋之若鹜，上至"公侯之尊，莫不殖园圃之田，而收市井之利"，余者"渐染相仿，莫以为耻"。例如南朝宋孝武帝诸皇子、公主、后妃皆置邸舍，追逐什一之利。萧梁时，益州刺史萧纪在蜀十七年，收商利得黄金万斤、银五万斤。而北魏太武帝时，太子拓跋晃亦贩酤市廛，与民争利。北齐后主亦曾置穷儿之市，躬自交易。这些宗室贵戚倚仗着以皇帝为后盾的等级特权，对各级官吏经商形成一种世风起了推波助澜的作用，正所谓"上有好者，下必甚焉"。

唐朝诸王、公主置邸店贩鬻者，亦颇为不少，他们囤积居奇，独占鳌头，坐收倍乘之息。而富商大贾"多与官吏往还，递相凭嘱"，元稹《估客乐》诗说："先问十常侍，次求百公卿。侯家与主第，点缀无不精。归来始安坐，富与王者勍。"即商人勾结权贵的生动写照。当然，富商巨贾为"蔑祸而固福"，也必须"援结诸豪贵，藉其荫庇"。因此，捐官买爵始终是商贾凭财力跻身于官场的捷径。为了制止官吏滥用特权去"上争王者之利","下锢齐民之业",败坏吏治,辱没高贵等级,所以当一个王朝统治还比较清明的时候,就对官僚经商加以严格禁止。唐太宗曾令"五品以上,不得入市"(《新唐书·太宗纪》);后又规定"凡官人身及同居大功已上亲,自执工商,家专其业,皆不得入仕";诸王、公主及宫人,不得遣亲信在市兴贩及开设邸店沽卖。唐玄宗时,又令清资官不得干商利,已置店铺者,必须转让出卖。代宗时,复禁王公百官置邸铺贩鬻,并委派御史台纠察。后又因禁限难止,遂下令一律课税,不许享有免税特权。穆宗、武宗、宣宗时,又一再重申官僚经商要依百姓例差科,这虽然有抑商的一面,但也有默许其合法性的一面。所以,官吏经商如虎添翼,益发有恃无恐,从而为宋代官吏大肆经商奠定了格局。

宋代商品经济的发展,使得官吏们无限的欲望与有限的正常收入之间发生矛盾,尽管宋代官吏的俸禄趋势是增加的,并设有公用钱(又称公使钱)作为官吏个人津贴,但与商人相比自然差得远,如北宋商人资产达百万贯的"兼并之民"极多,超过十万

浙江杭州雷峰塔出土
五代吴越国善财童子玉立像
浙江省博物馆藏

贯者"比比皆是"(《长编》卷八五大中祥符八年)。宋徽宗时，汴京的"界身"巷，"并是金银采帛交易之所……每一交易，动即千万"(《东京梦华录》卷二)。南宋更是"多者至累百巨万，而少者不下数十万缗"。而官吏呢？且不说北宋前期"天下吏人，素无常禄，唯以受赇为生"。就拿有固定俸禄的宰相高官来说，也不过俸钱"月三百千"、禄粟"月一百石"，即便是将其他杂给收入通通加起，也仅相当于一个中等商人的收入。因而，当官为了捞钱的做法在宋代官吏群中极为普遍，除了利用等级权力贪污、苞苴（馈送）外，最主要的渠道就是经商，几乎无官不商。

宋初开国名相赵普，曾以隙地易尚食园圃，广第宅，营邸店，夺民利。大将石守信"累任节镇，专务聚敛，积财巨万"；其子石保吉等"累世将相，家多财，所至有邸店、别墅"。其他大臣贵族，率多如此，甚至身居相位者，还"专以商贩为急务"(《宋史全文》卷三三理宗)。宋仁宗时，王安石在《言事书》中指出："方今制禄，大抵皆薄，自非朝廷侍从之列，食口稍众，未有不兼农商之利而能充其养也。……故今官大者，往往交赂遗、营资产，以负贪汙之毁；官小者，贩鬻乞丐，无所不为。"(《王临川集》卷三九)大臣夏竦"性贪，数商贩部中。在并州，使其仆贸易，为所侵盗，至杖杀之。积家财累钜万，自奉尤侈"(《宋史·夏竦传》)。前知桂州萧固，还差人去两浙"商贩私物"。宋徽宗时，各路罢任的官员都将带来的土特产、香药之类集中在资圣门前出售，沿街还开设许多药铺，公开以"将领""官人""殿丞""防御"等文武官称命名。

宋代的宗室日益繁多，散处各地。他们很多人在地方上"逐什百之利，为懋迁之计，与商贾皂隶为伍"（《宋会要辑稿》），"或酝造酒，兴贩私物"。宋孝宗时，宗室赵善弋在池州"以酤酒为生，亦复间椎牛供客馔"（《夷坚志补》卷三）。宋宁宗时，一宗室在岳州"扑买"了洞庭湖畔大小湖泊的大半，"擅其利，鱼鲜之人不赀"（《夷坚志》辛集卷下），几乎垄断了当地的渔业。

一般"仕宦之人"，也是"纡朱怀金，专为商旅之业者有之，兴贩禁物、茶盐、香草之类，动以舟车，贸迁往来，日取富足"（《蔡襄文集》卷一五）。有不少举人在赴京城参加省试和殿试，或在游历的旅途中，来回贩卖货物。如宋徽宗时，湖州六名士子"入京师赴省试，共买纱一百匹，一仆负之"（《夷坚丁志》卷一一）。大文学家晏殊、苏东坡等也从事商业活动，著名的散文家穆修，就在相国寺摆过书摊。甚至大唱义利之别的理学创始人程颢、程颐，也在京师与州郡之间大搞长途运输，赚钱不少，毫无愧色地与人津津乐道于商业活动[1]。

军队武官也唯利是图，他们往往"伐山为薪炭，聚木为排筏，行商生贾，开酒坊，解质库"。宋孝宗时，有的将领居然把大批官兵差派出外经商，走时借给本钱五千，回来要交一万五千，官兵们只得贩茶，须往返三五次，才得钱足。宋南渡后，更是盛刮经商之风，大将张俊派人到海外贸易，获银利几十倍，由于家多银，惧怕有人

---

[1] 刘益安：《北宋商品经济发展及官吏经商》，《中州学刊》1984年第3期。

偷盗，乃以每千两铸为一球，称之为"没奈何"。史称张俊"岁收租米六十万斛"，经商致富后又役使兵卒搬运花石，在杭州为他修太平楼，"人皆怨之"。

综上所述，不难看出宋代统治阶级中的各个等级都经商致富，皇亲以公侯之贵，牟商贾之利；官僚则以品级之权，通商暴利；一般仕宦则身份优遇，赴市井发财；举子士人则利用路途之便，以轻货赚钱。虽然宋朝廷一再明令禁止官吏经商，"食厚禄者不得与民争利，居崇官者不得在处回图"（《续资治通鉴长编·真宗纪》）；但有法不依，执法不严，法令本身又不阻止官府经商，并允许地方官府开店买卖、回易放贷等，有时还拨本钱、免商税支持经商"将充公用"，这样，官吏赢利"掩为己有"，"挟朝廷之势，以争利于市井"，成为名副其实的"官商"，使"官"的权力成为按身份地位谋取私利的工具。

需要指出的是，在任官员利用特权经营商业者，并非连续不断地参加商业活动，他们以攫取商业利润为目的，以做官为主而附带经商，通过"官"权做不平价的贱买贵卖，这是与那些没有跻入仕途的商贾不同的地方。[1]

明代是专制皇权高度发展的时期，依靠皇权庇护经商是上层等级的必然产物。

首先，皇帝本人就直接或间接地经商取利，武宗、世宗、神宗可谓典型。据秦金讲，京城有宝源、吉庆二店，原来经办茶叶生意，

---

[1] 朱瑞熙：《宋代商人的社会地位及其历史作用》，《历史研究》1986年第2期。

后被掠为皇店。(《明经世文编》卷一七四)正德十三年,武宗到大同,夺都指挥关山、指挥杨俊两宅,置店二所,改为酒肆。(《明朝小史》卷十一)武宗还"尝游宝和店,身衣估人衣,首戴瓜拉,自宝和至宝延凡六店,历与贸易持簿算,喧询不相下"(《明武宗外纪》)。世宗、神宗在京城开有六处皇店,经营取利,不入国库却入内帑,成为皇帝的体己钱。上有所好,下必甚之,其他达官贵人必唯利是取,唯财是夺。

上层宗室从正统年间起,经商活动渐次兴起,到嘉靖时成为普遍现象,万历十八年"听无爵者自便",更是公开允许宗室贵族经商牟利。那些爵高位显的上层宗室开设官店与盐店,通过奏讨、赐给、自立等途径"每于关津都会大张市肆,网罗商税"(《明史·李东阳传》)。据记载,陕西庆藩占有房店铺面三千三百一十一间,[1]湖广荣王正德时乞请店肆一千五十八间(《明武宗实录》卷四十八),山东泾王在东衮道所辖沂州占有官店多处,数量相当可观。而盐店是通过皇帝手中得来引盐特权与廉价残盐,如蜀王赐盐每岁达三千引,潞王"岁请赡田、食盐,无不应者"(《明史》本传),福王被赐四川井盐后又讨得长芦盐一千三百引,其他景王、岐王等皆设店卖盐取利。此外,宗室贵族占有炭场、窑厂、煤洞、油房、酒厂等能经商发财的手工业,他们并非白手起家,而是依仗特权明夺暗取,号曰投献。

高官权贵也凭借超经济的政治特权,或强折民居建店,或以官

---

[1] 王毓铨:《明代的王府庄田》,《历史论丛》1964年第1辑。

明代金花银
中国国家博物馆藏

店改易私店，拿着官府的告书，打着官营的招牌，对一般商贾横敛多科，强买强卖，稍有不从，辄加凌辱，有时强令各项客商杂货俱入其店出卖，不许附近私店擅行停宿；有时辜榷商贾舟车，大者肆行勒索，小至负担税利，使民商不敢营运，使物价飞涨腾涌。这类例子在明史料里比比皆是，不再一一论列。

由此可见，明代从朱元璋开始到宪宗、孝宗时曾多次严格限制权贵官僚经商致富，也确实制裁过一些经商官员，但都没有收效，原因就在于它与皇权串通一气，而莫奈谁何，等级的特权又使他们垄断了最能赚钱的行当，坐收钱利。

清初，亦曾颁布过各种禁令限制官僚经商，但不久便松弛废除，如清朝乾隆的宠臣和珅经商的本钱就有七千多万两白银，其家产折银约八亿两，相当于二十年政府财政总收入，超过乾隆年间所耗军费的八倍。如果不是利用特权经商，就不可能有其敌国之财富。又如清代的票号、钱庄，咸为官员捷足先占，其他捞钱的行业，也是贵戚官僚垄断经营。

　　历史证明，宗室贵戚、显爵高官的经商活动，只能是等级特权的产物，其归宿也只能是助长身份地位、尊贵等第的陈陈相因，它不仅成为达官贵人重要收入来源和聚集财产的保障，又是社会地位和一切特许权力的基础，并进一步钳制了商品经济的发展。可以说，中国古代商品经济始终没有大的发展，就是由于等级制度的禁锢与破坏。

第八章 等级与法律

"礼不下庶人，刑不上大夫。"(《礼记·曲礼上》)"由士以上则必以礼乐节之，众庶百姓则必以法数制之。"(《荀子·富国》)"礼教荣辱以加君子，化其情也；桎梏鞭扑以加小人，化其刑也。君子不犯辱,况于刑乎？小人不忌刑,况于辱乎？"(荀悦《申鉴》卷一《政体》)这些话，以礼教和刑法作为两种不同的社会约束，不仅将庶人与大夫的等级划清，而且将各个等级的刑罚制裁分别处置，这也说明，礼是从积极的方面予以规定，以道德教化和社会舆论的力量要求尊贵等级适应的行为规范；法则是从消极的方面予以规定，以严酷的手段迫使卑贱等级遵从就范。一个是规范，一个是罚则；一个为目的，一个作手段。关系是何等密切。"人心违于礼义，然后入于刑法"；"礼之所去，刑之所取，失礼则入刑，相为表里者也"。这里的礼，确乎变成法了。"礼入于法"从而成为中国古代法律的一大特色。

　　礼与法原是各自独立、互不相干的制度，怎么会"礼入于法"呢？首先，"礼"作为儒家个人的行为准则和理想的社会秩序，最鲜

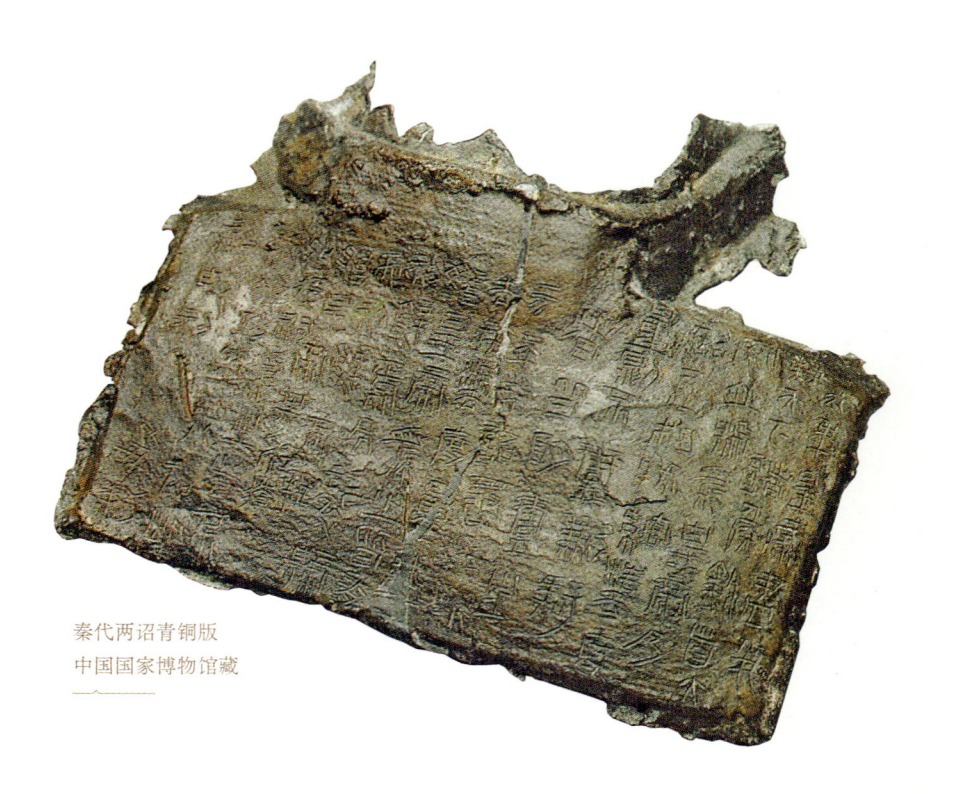

秦代两诏青铜版
中国国家博物馆藏

明的特性在于"别异"。在家里"礼"可以正父子、定夫妇、序长幼。推之社会则要分君臣，明尊卑，别贵贱。所以，无论是奴隶社会的礼或是封建社会的礼，都是确定尊卑长幼、贵贱上下等级身份关系的工具。其次，法家并不一般地否定"礼"，它所反对的是把礼应用于政治领域，礼教德化可行之于家，而治国非用赏罚分明的强迫手段不可。这便是法或刑。于是产生出最早的礼与法、德与刑的对立。法家为能帮助君主治天下，急功近利的理想是"一刑"措施，所谓"刑过不避大夫，赏善不遗匹夫"。虽然这种"刑无等级"的理想不能真正付诸实践，但对于礼却相悖逆。其实，儒法两种学说并不是水火不能相容的。太史公《论六家要旨》云"法家严而少恩，然其正君臣上下之分，不可改矣"。又说法家"若尊主卑臣，明分职不得相逾越，虽百家弗能改也"。可见法家骨子里也是要分高下贵贱的。只不过，它要的是一种新等级秩序，而不是周礼所代表的旧等级规范。在"禁乱止恶"的意义上，礼与法并无根本的不同，都可以成为维护伦常礼制的附庸和执行君命的工具。

汉武帝后，儒学占据正宗地位。时过境迁，昔日礼与法、德与刑的尖锐对立已不复存在，由此开始"儒法合流"，儒家"礼入于法"，法家"刑杀有别"，其结果是礼刑结合。自然，"礼入于法"有个漫长的过程，先是儒者以儒家章句注解法律条文，后来直接以儒家经义作判案依据，史称《春秋》决狱，以礼的经义补法律之不足。魏以后，儒者参与修律定法，礼制内容大量纳入法典之中，律文本身开始合"礼"化、儒家化。古代法律许多重要的制度、原则正是在此后渐渐确立的。《周礼》有八议之说，以示对权贵在法律上的优遇，魏时则以明文载入律条。晋律"竣礼教之防，准五服以制罪"，此作法体现了儒家亲亲、尊尊的原则，相沿至清。北魏法律有留养、官当之制，前者表示儒家孝养尊亲的主张，后者则表明优待官吏的原则，这两条对后世影响都很大。又如《周礼》列不孝为乡八刑之一，北齐则列"不孝"为"重罪十条"之一，后来的"十恶"即由"重罪十条"发展而来。

至唐代，古代法律终于蔚为大观，形成以唐律为代表的严整体系。而唐律中的许多条款皆源于礼，如不予赦免的"十恶"中，维护家族内部不平等关系的恶逆、不孝、不睦、不义、内乱等竟占了一半。

正因如此,《四库全书总目·唐律疏议》云:"唐律一准于礼,以为出入得古今之平,故宋世多采用之,元时断狱亦每引为据。明洪武初,命儒臣同刑官进讲唐律,后命刘惟谦等详定明律,其篇目一准终于唐。"由此看来,唐以后历朝法典都用"礼"损益条文,"修刑以复礼"原则一直被信守不渝,使得道德混于法律,变法律为道德。直到清朝末年,清政府仍以维护纲常名教和身份等级为封建法律的根本任务,当时修订法律过程中的礼教派与法理派之争,主要围绕的问题还是法律保护身份等级特权。所以,说中国法律的儒家化,或儒家思想的法典化,实际上就是以礼制原则和精神改造法律,让法律更

清代摹唐人《锁谏图》局部
美国弗利尔美术馆藏

好地发挥维护身份等级制的作用，以适应等级社会的需要。

如果说礼、法保证了等级制度，同时等级制度也赋予不同等级以不同的法律特权，那么等级地位越高，法律特权也就越大。古代的法律就是等级的法律，而等级的法律实质上就是不平等的特权，具有法律特权地位的当然是统治阶级，被统治阶级无疑不具有任何法律特权，这种贵贱间的不平等，官民间的轻罪重罚，以及贵族官僚的减免赎刑、官当抵罪等差异，就是这一章讨论的范围。

一、贵贱不等

处于等级社会顶端的君主，有超越一切法律之外和凌驾于一切法律之上的特权，他可以制定、废止、搁置、修改任何一种法律，也可以置一切法律于不顾而对任何人进行法律条款外的处置。皇帝的话就是金科玉律，各个等级都得无条件遵守；皇帝发布的诏令就是最有权威的法律形式，即使国家法律也要以皇帝"钦定"的名义颁布。皇帝又是最大的审判官，中央司法、监察（刑部、御史台、大理寺）会审的重大案件必由皇帝最后"廷审"决断。中国历代封建法律，无论是"治民"还是"治吏"，都从没有治君之法；相反，法自君出，狱由君断，君主拥有最大的法律特权，是一切等级特权的保护者。

君主为了稳定金字塔式的等级社会秩序，自然按宗室、诸侯、卿大夫、士等不同等级给予他们减免或逃避法律制裁的特权，即便是惩罚不能赦免的犯法贵族高官，也要事先奏请皇帝批准，不许擅自逮捕、审问和判决，这样，才能换取统治阶级中不同等级对君主的效忠，也才能保护统治阶级的既得利益和身份地位。于是，贵、贱和官、民之间不平等的种种法律现象由此展开。

首先，特权等级不受司法机构及普通法律程序的拘束，不能轻易逮捕、审问、下狱或出庭，至于对一般犯人的绳捆索绑，也是不允许加诸"大夫"以上贵族官吏的。《白虎通德论》卷四云："刑不上大夫者，据礼无大夫刑，或曰挞笞之刑也。"这就是说不准对"大夫"笞榜及施行其他肉刑。秦以前无笞刑，但有死、黥（脸刺墨字）、劓（割鼻）、刖（断足）、宫（去势）五刑，除死刑为大辟外，其余四种皆是残害身体的肉刑。这些残毁容貌形体而无法掩饰的奇耻大辱，当然不是"君子""大夫"所能承受的，就是对于全体特权等级也是一种侮辱。所以，为了尊礼臣士大夫，笞扑缚绑不可加之，詈骂指责也应避开"众庶"，正如汉代贾谊所说"廉耻节礼以治君子，故有赐死而无戮辱，是以黥劓之罪不及大夫"（《汉书·贾谊传》）。不仅如此，特权等级有罪也要迁就避讳而不能直言，"古者大臣有坐不廉而废者，不谓不廉，曰簠簋不饰。坐污秽淫乱男女亡别者，不曰污秽，曰帷薄不修。坐罢软不胜任者，不谓罢软，曰下官不职"（《汉书·贾谊传》）。这些话充分说明"刑不上大夫"，不但保全犯罪贵族的"尊严"，而且最终目的是保全整个统治阶级，若将一些贵族丑行公之于众，无疑会失去民众的信赖，造成不满的危机。

其次，特权等级中有篡位、弑君、弑父以及自相残杀、夺权争利等危害全体贵族安全的罪行时，虽然超出了舆论谴责和国家容忍的范围，但也不能和普通民众一样加之肉刑，而是采取"放逐"和"自尽"两种办法处置。"放逐"即对贵族不忍施之肉刑而驱逐远地的宽赦措施。"自尽"即对罪大恶极者结束生命时，由其谢冠请罪，回至密室采取吞药、伏剑、吊缢等形式自裁。这两种惩罚方法都和庶人的流放与大辟弃市不同，既不加以侮辱又不令众庶见之，有时还美其名曰"赐死"，仿佛是权力、地位的恩典。汉文帝采纳贾谊"有赐死而亡戮辱"之言，汉代大臣有罪皆自杀不受刑，罪重者只不过入狱自杀罢了。北魏时大臣应当大辟者多得归第自尽（《魏书·李彪传》）。北周常因死罪，皆书其姓名及罪状而杀于市，唯皇族与有爵者隐狱而死（《隋书·刑法志》）。唐代《狱官令》明文规定五品以上官犯罪须死时，皆赐死于家（《旧唐书·刑法志》）。宋朝的家法之一，就是不杀士大夫。一直到清代，都保留对大臣赐死的遗习。所以，《周礼·秋官·司寇》曰："凡有爵者与王之同族，奉而适甸师氏，以待刑杀。"这种"刑杀"就是《春秋·康诰》上所说的"义刑义杀"，与庶人赴市就刑不一样，似乎是"从容就义"了。

再次，对庶人平民及奴隶的法律制裁，可谓无所不用其极。除常见的"五刑"外，还有各种滥刑：

焚，即用火烧死。
屋诛，即将全家杀掉。
车辗，即将人车裂。
膊磔，即脱光衣服而碎尸之意。

坑，即推入坑中活埋。

至于鞭笞、髡刑（剃掉头发以示侮辱）、嘉石（强迫劳役）、桎梏而坐、没收为隶等，更是不计其数。《尚书·吕刑》提出"惟敬五刑，以成三德"，"明于刑之中"。这都是杀一儆百之意。为此目的，周代规定种种贱役，让受墨刑者守门，受劓者守阙，被宫者守内，被刖者守囿，使其残废体肤和损缺官能随时暴露于公众面前。而被处死刑者除受到侮辱性、恫吓性的惩罚标记外，还要被公开杀头"大辟"或死后置之集市"弃市"，受到众人的唾弃。这同"大夫"犯罪遭受"放逐""自裁"，是何等鲜明的对比。在云梦《睡虎地秦墓竹简·法

安徽寿县出土
战国鄂君启金节
中国国家博物馆、
安徽博物院藏

秦代睡虎地秦墓竹简
湖北省博物馆藏

第八章 / 等级与法律

律答问》中,"枭首""腰斩""体解""抽筋""镬亨"等死刑名目很多,充分显示了秦律对人民的残暴。汉代在"缓深故之罪,急纵出之诛"的思想指导下,镇压庶民"交手足,受木索,暴肌肤,受榜棰,……见狱吏则头枪地,视徒隶则心惕息"(《汉书·司马迁传》)。当时囊扑、水淹、车裂、磔首等刑讯处死比比皆是,《汉书·刑法志》:"当夷三族者,皆先黥、劓、斩左右趾,笞杀之,枭其首,菹其骨肉于市,其诽谤詈诅者,又先断舌。"故谓之具五刑。魏晋南北朝后又增加了绞刑、沉渊等,直到宋、明的凌迟处死,对庶民的苛刻、残暴,确实令人发指。

应当说明的是,法家虽然高喊以法治国、贵公抑私,但它从来没把君主列入法网之内;相反,法家提出法的基本职能在于明"分",即别贵贱、明等级、定职守、审赏罚等。《慎子·威德》指出法之区分首先在于天子、诸侯、大夫各有定位,不得逾越。《管子·君臣上》说:"岁一言者,君也;时省者,相也;月稽者,官也;务四肢之力,修耕农之业以待令者,庶人也。"并从生活各个方面规定等级之分。商鞅之法的基本原则就是"明尊卑爵秩等级,各以差次名田宅,臣妾衣服以家次,有功者显荣,无功者虽富无所芬华"(《史记·商君列传》)。法律既然明确规定人人不平等,怎么会有法律面前的贵贱平等?保护贵贱等级制的法只能是为专制集权政治服务,就是商鞅刑太子傅公子虔,黥太子师公孙贾,后又劓公子虔,也并不是主张法律平等,而是为了实施君主专制而不得不采取的一种措施。

如果说法律专为庶人等级而设,当然不是全面的看法,但对贵族官僚的法律优待及宽恕也是事实。这正是贵贱不等、官民不等所显示的法律差别。《周礼·秋官·司寇》就规定："命夫命妇，不躬坐狱讼。"所谓"命夫"，按郑玄注解就是贵族大夫。由于西周宗法制度与等级制度互为表里，因此周礼固定的形式和刑法的制裁力相同。秦律同样是维护特权等级的法，规定"男子赐爵，一级以上，有罪以减"；而"士伍"（庶民）则"有罪各尽其刑"（卫宏《汉旧仪》）。官吏和有"大夫"爵位的人，还可以不编为"伍人"，或虽编为"伍人"但不因四邻犯罪而负"连坐"之责。在秦墓竹简《封诊式》中，"告臣""黥妾""告子"等爰书说明，卑贱不得控告尊长，而尊长却拥有私自刑、髡其子与臣妾的特权，并可借口生子不孝请求官府处死的等级宗法权力。

汉律虽然不是秦律的简单翻版，但随着区分尊卑等级的官僚制度进一步发展，其保护等级差别特权的法律也进一步完善。宗室贵族及六百石以上官吏有罪，必须先请示皇帝，得到允许后方能逮捕审问。平帝时诏令公列侯嗣子有罪，也"耐以上先请之"（《汉书·平帝纪》）。而且不能拘刑讯，汉孝惠制系，爵五大夫、吏六百石以上及皇帝知名的官，"有罪当盗械者，皆颂系"（《汉书·惠帝纪》）。更重要的是审问之后，法司也不能依照普通的司法程序来判决，在先请之列的贵族官僚，都须得到皇帝批准才能判刑，如晁错、贾捐之、赵广汉等人都是经过奏请才处死的。为维护等级的权威，凡皇帝所享有的一切特权，臣下都不得僭越，否则按"逾制"治以重罪，据《宋书·武三王传》引汉律："车服以庸，《虞书》茂典，名器慎假，《春秋》

明诚。是以尚方所制，汉有严律。诸侯窃服，虽亲必罪。"即皇帝的器服装饰、车马乘舆，严禁诸侯僭用。淮南王刘长被废为庶民并迁处蜀郡的罪状之一，就是"不听天子诏，居处无度，为黄屋盖乘舆，出入拟于天子"（《史记·淮南衡山列传》）。由此可见，等级界限是法律严格保护的。此外，贵族、官吏如因罪监禁不得入一般监狱，家族内妻妾、嫡庶不平等地位不得混淆，子女不孝及以卑奸尊是破坏等级关系，官爵与财产的转移继承不得嫡庶不分等，都是贵贱不等的法律区别现象。

魏晋南北朝时期，不仅是"门胄高华"的士族大姓得到法律保护，各级官吏也享有法律宽松的特权。梁制"郡国太守、相、都尉、关中侯以上，……二千石以上非槛征者，并颂系之"（《隋书·刑法志》）。陈制"囚并着械，徒并着锁，亦不计阶品"。由此反证出南朝定例是大臣犯罪皆不拘系，陈作为特殊现象列出表之。北周之制，死罪枷而拲，流罪枷而桔，徒罪枷，鞭罪桎，杖罪散以待断，皇族及有爵者，徒已下皆散之，唯死罪流罪锁之。特别是魏晋法律中规定了保护门阀士族的"八议"条文，这对确认尊卑高下的等级秩序有着重要的承前启后的意义。

唐代曾在武德、贞观、永徽、开元四个时期集中地、大规模地修订法律，达到"正本澄源、永垂宪则"的目的，但唐律按照等级给予法律上的特权，正像《唐律疏议》所说"律条简要，止为凡人生文，其有尊卑贵贱，例从轻重相举"（《贼盗律》卷十八）。这明确标出，"尊卑贵贱"之人要以"轻重相举"来比照处理，例如常常为不同等级的人专设律条,"流外官殴议贵"条即为享受"议贵"特权的人而专设,"主杀有罪奴婢"条则是针对奴婢、部曲制定的。在不设专条场合则要说明是否"不限尊贵"。很显然,唐律依照身份不相同的原则,组成了四个社会等级:(一)享有无限特权的等级——帝后、太子、公主、嫔妃。(二)享有有限特权的等级——包括皇亲国戚、一切流内官、有封爵者以及他们宗亲家属等可以议请减赎当免者。(三)凡人等级——包括有贫、富、强、弱差别而无特权,却享有起码权利的平民。(四)连起码权利也不享有的等级——指部曲、奴婢及地位相当的工、乐、杂户、官户等。由法律构成这样的四个社会等级,自然按贵贱不等、官民不等享有自己的特权。

唐律规定,贵族、官员犯了法,在审讯过程中是不能随便用刑讯的,只能据三人以上的众证定罪,违背此制,施加拷讯的官员亦受处分。(《唐律疏议》卷二九《断狱》)如果牵涉到贵族、官员与庶民之间的诉讼问题,以伤害罪为例,皇亲国戚作为"金枝玉叶"是不可侵犯的,若加殴伤,不从凡论,采取加重治罪依与皇帝服制亲疏程度处置。殴皇家袒免亲者,虽无伤亦徒一年,有伤便徒二年(常人无伤不成罪,轻伤亦不至徒刑),重伤者加凡斗二等,若为缌麻、小功、大功、期亲,又各递加一等。(《唐律疏议》卷二一《斗讼》)官长与庶民既有贵贱之分,平日相遇都要意存尊敬,不同凡礼,若以贱凌贵而加殴辱行为,那就不可轻恕,律有专条,不以凡论而加重其刑。加重的程度也与官品高下成正比例,流外官以下及庶人殴三品以上官者,无伤徒二年,有伤加徒一年,折伤流二千里;若殴伤四、五品官则减三品以上罪二等,若殴伤六品以下、九品以上官则各加凡斗伤二等治罪。至于部民殴辱本地方长官,是以子民侵犯父母官,更为罪大难容。就是殴辱府主、刺史、县令的家属,因尊重父母官的关系,其处分也比常人严厉。唐律规定:打伤本地长官,无伤皆徒三年,有伤流两千里,折伤者绞死。如果是谋杀长官则入十恶中之不义,处分自然苛酷,已行者流,已伤者绞,已杀者斩。总之,唐律是以最公开的形式维护特权等级制度,从经济、文化、生活方式等各个方面确认不同等级截然不平等的地位和身份,就是采取礼治与法治的共同刑罚,使之"各安其位,各守其分",严上下之分,重天泽之辨,序尊卑之别。

宋代《真宗皇帝文臣七条诫吏碑》拓片
山西新绛绛州大堂存

宋代《元祐党籍碑》拓片
广西桂林桂海博物馆藏

宋代《戒石铭》拓片
江西修水黄庭坚纪念馆存

宋、元、明、清的法律，虽然在形式上有些变化，但基本内容都因循援用唐律，自然在各个等级之间的法律特权也以唐律为楷模。在依法拘捕上，宋神宗诏，"品官犯罪，按察之官并奏劾听旨，毋得擅捕系、罢其职奉"（《宋史·刑法志》）。明律规定，凡八议者及其祖父母、父母、妻及子孙犯罪以及京官和在外五品以上官犯罪，均须实封奏闻皇帝，一般司法官吏不许擅自勾问。（《明律例·职官有犯》）即便是直辖上司对于府、州、县官虽有处分权，他的权限也只限于笞决、罚俸、收赎、记录等项，重罪仍须奏闻后方许推问。清律援用"八议"条款扩大官吏活用的范围，其三或四辈犯罪均须奏上取旨才得勾问和判决，以便减免罪责，特别是满人犯法不归一般司法机关逮捕审理，无论大小官员都可享受这种优待。在审问刑讯上，宋代七品以上官和五品以上官者的家属，不合拷讯，但宋政和七年诏，命官命妇犯罪，三问不承即奏请追摄，情理重害而拒隐，方许枷讯。这种拷讯限制较松，并不是"有轻爵禄之心"，而是"有司废法，不原轻重"（《宋史·刑法志》），不得不采取的措施。《元律》按问官吏，毋遽施刑，惟众证已明而仍不交代者才加刑讯问。（《元史·刑法志》）明、清律的规定和唐律"应入议之人"的优待相同，不能对官吏用刑拷讯，皆据众证定罪。凡功臣及五品以上官犯罪被关押的，许令其亲人入视。《清律例》又规定三品以上大员革职拿问，不得遽用刑夹，有不得不刑讯之事，必须请旨遵行。在审判断决上，宋代特权等级中犯死罪者，依条录先奏请议，由都座集议后上奏皇帝裁决，议者只能按原情议罪，不能正决。（《宋刑统·名例律》）

五代晋、周法律都有上请规定。(《五代会要·刑法杂录》)明、清法律亦有类似议奏手续,就是八议之外的官吏虽不必经议请的手续,但仍不能由承审官径自判决。明律六品以下官虽听分巡御史、按察司并分司取问,亦只能依律议拟,闻奏后区别处置。即便是府、州、县官经上司推问以后,仍须回议奏审,才能判决。清律限制比明律还严格,不问大小官员均须依照议拟奏闻的手续,候复批准方得判决。尤其是明、清律中继承周礼中关于官员"不躬坐狱讼"的传统,"凡官吏有争论婚姻、钱债、田土等事,听令家人告官理对,不许公文行移,违者笞四十"。对此律条解释说"听家人告理所以存其体",所谓"体",就是等级制度下官僚的法定特权,只由家人出庭代理,官员不用出面。文学巨著《红楼梦》中尤二姐一案,贾蓉派家人去都察院对词,就是行使这项特权。

以上史实说明,从周礼开始一直到明清律,虽然各代词句名目变化有异,但贵贱不等、官民不等的基本内容是一脉相承的。充分说明古代法律和法庭,都是保护特权者的工具,都是等级制度下的产物。

二、官当赎罪

等级社会里对人民是严刑峻法,贵族官僚却可按等级减免刑等,逍遥法外,获有逃避法律制裁的特权。所谓"举贤不出世族,用法不及权贵";即使贵族官僚触犯刑律,也"每从宽惠","弘以大纲",

依"收赎之制"免予追究。所以，通常无论公罪、私罪，达官贵人判刑后都有优免的机会，以罚俸、收赎、降级、革职等方式抵刑赎罪，并不实际发落。这种立法往往通过"议""请""减""赎""官当"等名目，使官吏权贵具有不平等的法律特权，这也是值得进一步研究的问题。

赎刑在我国历史上出现很早，《尚书·舜典》就有关于"金作赎刑"的记载。《尚书大传》也说："夏后氏不杀不刑，死罪罚二千馔。"西周之有赎刑也可从《尚书·吕刑》"训夏赎刑"一语参证。但更重要的是，在西周奴隶制等级特权统治下，为给贵族们开脱罪责，确立了所谓的"八辟"："一曰议亲之辟，二曰议故之辟，三曰议贤之辟，四曰议能之辟，五曰议功之辟，六曰议贵之辟，七曰议勤之辟，八曰议宾之辟。"八辟是后世法律中八议的历史渊源，目的是"以八辟丽邦法，附刑罚"（《周礼·秋官·司寇》），依据当事人不同身份适用不同的审免。周礼还规定："凡诸侯之狱讼，以邦典定之；凡卿大夫之狱讼，以邦法断之；凡庶民之狱讼，以邦成弊之。"所谓典、法、成，即三部不同的法典简册，借以保证等级之间的差别。此外，据《吕刑》记载，周穆王时还建立了以铜或丝赎罪的制度，"墨辟疑赦，其罚百锾，阅实其罪；劓辟疑赦，其罚惟倍，阅实其罪；剕辟疑赦，其罚倍差，阅实其罪；宫辟疑赦，其罚六百锾，阅实其罪；大辟疑赦，其罚千锾，阅实其罪"。赎刑制度在这时确定是有可能的，但在奴隶制的周王国，真正享有赎刑特权的，只能是少数贵族高官，这就为特权等级提供了又一重政治保障，对平民、奴隶来说是办不到的。

《国语·齐语》记载春秋时期齐桓公问管仲：齐国甲兵少怎么办？管仲说："轻过移诸甲兵。"其办法是"制重罪赎以犀甲一戟，轻罪赎以鞼盾一戟"。《史记·管晏列传》还记载晏子曾以驾车的左骖赎出身陷囹圄中的齐国贤人越石父。在当时奴隶的等级制向封建的等级制过渡中，虽然早期法家反对过"礼有差等"，但实际上只借法律强制力来推行变法主张，并不反对等级特权。如李悝的《法经》明确规定，大夫之家若保有诸侯器物，便以逾制罪判处族刑。商鞅变法"刑无等级"，但对作为"君嗣"的太子也是免刑，而刑黥其师傅，可见也不是没有等级的。至于商鞅定爵位二十级，更是各依等级享有量刑服刑的优待特权："男子赐爵，一级以上，有罪以减。"连韩非也说："刑重则不敢以贵易贱，法审则上尊而不侵。"(《韩非子·有度》)可见，法家的法律也是"特权法"。

秦律赎刑种类繁多[1]，从赎耐起，有赎迁、赎刑、赎黥、赎宫等，一直到赎死，分成不同的等级。赎刑有金赎、赀赎、役赎，金赎一般适用于有一定身份的人，如少数民族的上层人物，或有一定爵位及王室宗族等。据《秦简·法律答问》规定，宗室后裔无爵位者，犯了罪也可以与有公士爵位的人一样用钱赎免。至于赀赎、役赎则广为采用，缴纳财物和用劳役抵罪的划分，进一步暴露了赎刑制度的本质："富者得生，贫者得死，是贫富异刑而法不一。"(《汉书·肖望之传》)是封建法律的等级特权原则反映。

---

[1] 张晋藩等编：《中国法制史》第 1 卷，中国人民大学出版社，1981 年，第 139 页。

秦代八斤铜权
陕西历史博物馆藏

陕西临潼秦始皇陪葬墓出土
秦代铁钳和铁桎

　　汉代耐罪以上可以通过"上请"制度减免刑罚，享有上请特权的对象是郎中或六百石以上的官吏、公侯及子孙。而耐罪以下可以通过赎免办法削减刑罚，《汉书·惠帝纪》云："民有罪，得买爵三十级以免死罪。"汉时爵一级值钱二千，三十级六万。至武帝时，募死罪入赎钱五十万减死一等。除入钱赎罪外，谷、缣等赎刑也很

第八章 / 等级与法律　　335

普遍，还有罚俸入赎的办法，如东汉桓帝元嘉时，"岁首朝贺，大将军梁冀带剑入省，陵呵叱令出……请廷尉论罪，有诏以一岁俸赎"（《后汉书·张陵传》）。女徒论罪已定，一月出钱三百归家，亦属赎刑之列。此外还有役赎，《汉书·刑法志》说"太仓令淳于公有罪当刑"，其女缇萦至长安上书说："愿没入官婢，以赎父刑罪，使得自新。"东汉时期，贵族官僚的上请特权又有所扩大，光武帝建武三年诏："吏不满六百石，下至墨绶长、相，有罪先请。"（《后汉书·光武帝纪》）而按郑玄注解来看，还包括宗室与廉吏。应请之罪也不仅仅是耐罪以上，而是不论什么罪都可以通过上请得到减免。同时，东汉赎刑进一步盛行，明帝即位就诏天下亡命殊死以下听赎，并规定：死罪入缣二十匹；斩右趾至髡钳城旦舂十匹；完城旦舂至司寇作三匹。这说明，两汉对官僚贵族特权的法律保护，比秦朝又有所发展。

魏晋南北朝时期，豪门士族势力壮大并垄断了政权，当时的法律自然以保护门阀世家为首要任务。魏明帝制定魏律，以周礼之"八辟"为依据，规定了"八议"制度，即下列八种人犯罪时享有宽宥特权：议亲（皇亲）、议故（皇帝故旧）、议贤（其封建德行有影响的士人）、议能（有大才干者）、议功（对国有大功勋者）、议贵（上层官僚）、议勤（为国服务勤劳者）、议宾（前朝的统治者及其后代）。这八种特权人物使得贵族官僚更全面地获得了凌驾于法律之上的权力，因此"八议"制度是纵容士族官僚随意迫害人民而不受惩罚与约束的特权法律保障。东晋成帝时，庐陵太守羊聃（角）"动辄杀人，简良一案,冤杀一百九十人,有司奏其罪当死",因景献皇后是他祖姑,属于议亲,竟免除死刑。而东晋初发生的"偷石头仓米一百万斛"大案,主犯"皆豪强辈",可处理时却"直杀仓督监以塞责"(《晋书·庾亮传附》)。刘宋时雍州刺史张邵贪赃掠民,依法当死,但左卫将军谢述却上表陈情说,"邵,先朝旧勋,宜蒙优待"(《资治通鉴》卷一二二),结果仅只免官而已。南齐巴东王杀死僚佐,戴僧静为之辩护说:"天子儿过误杀人,有何大罪?"(《南齐书·戴僧静传》)魏晋时的公、侯、伯、子、男五等爵,都享有"八议"特权。尤其是梁朝法律在保护特权等级方面更为突出,凡属皇室贵族和士族犯罪,一律宽免而不用刑,梁武帝认为施行八议制度"敦睦九族,优借朝士,有犯罪者,皆讽群下,屈法申之",而"百姓有罪,皆案之以法"(《通典·刑典》)。故"时王侯子弟皆长而骄蹇不法","或白日杀人于都街,劫贼亡命,咸于王家自匿"(《太平御览》卷六五二引《傅子》)。当时是"戮士族如薙茂林,戮匹庶如蹂荒芜"。尽管统治集团中有人不满这种违法乱纪行为,但为了巩固等级社会的基础,还是把"八议"作为法律中重要的制度沿袭下来。《唐六典》注谓"八议自魏晋宋齐梁陈后魏北齐后周及隋皆载于律,是八议入律始于魏也"。这就表明,南北朝都进一步发展了八议制度及适用范围。

  魏晋南北朝继续实行赎刑制度,明确规定按罪行大小交纳赎金数量,这当然只适用于有产阶级。突出的是,北魏和南陈的法律,还创立了"官当"制度,即允许以官当徒,用官爵抵罪。而当时高官显爵绝大多数为士族等级控制,所谓"官当"十分明显地符合他们的利益。陈律规定："五岁四岁刑，若有官，准当二年，余并居作。其三岁刑，若有官，准当二年，余一年赎。若公坐过误，罚金。其二岁刑，有官者赎论。"（《隋书·刑法志》）这种把当官与古代赎刑结合的办法，使官僚贵族完全可以逃脱法律的制裁，享有减罪或免罪的特权。即使有时对他们判决发落，也是"刑不上大夫"的优免，如晋律：应八议以上，皆留官收赎，勿髡、钳、笞（《唐律疏义·名例》引晋律）。免官者比三岁刑。北魏王公及五等列爵可以爵邑除罪，官品第五以上亦可以官阶当刑，免官三年以后又可以还仕，只是降原官阶一等罢了（《魏书·刑法志》）。官抵刑、爵当罪确是中国古代法律的一大特色。

杨隋李唐的崛起，用关陇新等级取代了旧士族门阀，尤其是官僚制度全面成熟，法律必然进一步保护各级官吏的身份地位。《隋律》规定的"官当"是："犯私罪以官当徒者，五品以上，一官当徒二年，九品以上，一官当徒一年；当流者，三流同比徒三年；若犯公罪者，徒各加一年，当流者各加一等；其累徒过九年者，流二千里"（《隋书·刑法志》）。这种法律特权到了唐代更加宽滥。

唐代首先是确定了更为详备的"八议"制度，据唐律可知其具体内容：

一曰议亲。注云："谓皇帝袒免以上亲及太皇太后、皇太后缌麻以上亲，皇后小功以上亲。"对象就是皇亲国戚。

二曰议故。《疏义》曰："谓宿得侍见，特蒙接遇历久者。"

对象就是长期侍奉过皇帝的故旧亲信。

三曰议贤。《疏义》曰："谓贤人君子，言行可为法则者。"就是统治阶级中的知名人士。

四曰议能。《疏义》曰："谓能整军旅，莅政事，监诲帝道，师范人伦者。"即能够治国整军的杰出人才。

五曰议功。注曰："谓有大功勋。"即为国家建树过卓越功勋的人。

六曰议贵。注曰："谓职事官三品以上，散官二品以上及爵一品者。"即贵族与大官僚。

七曰议勤。注曰："谓有大勤劳。"即为国效忠的官吏"夙夜在公""远使绝域"者。

八曰议宾。注云："谓承先代之后，为国宾者。"即指前朝已退位的国君或贵族。

由上述可知，八议制度集中地反映了封建社会用等级划分所固定下来的阶级差别，完全是高贵等级在法律上所享有的一种特权。凡属八议特权优待范围以内的贵族官僚，除"十恶"外，流罪以下减一等，死罪则根据其身份和犯罪情节由官吏集议减免，报请皇帝批准，正如《唐律疏议》所说的："若犯死罪，议定奏裁，皆须取决宸衷，曹司不敢与夺。此谓重亲贤，敦故旧，尊宾贵，尚功能也。"

那么八议之人在法律上究竟享有什么特权呢？这就是与八议相辅而行的"议、请、减、赎、当、免之法"。

所谓议，就是八议之人犯死罪者，一般官司不得裁决，皆将其罪行及应议之理由奏明皇帝，再交公卿们从轻评议，免于死刑。犯流罪以下，因罪状较轻，自可依规定予以减免。

所谓请，适用皇太子妃大功以上亲属，应议者期以上亲及孙，以及官爵五品以上的官吏犯死者上请皇帝裁决，流罪以下减一等。

所谓减，适用于七品以上官及应请者的亲属，犯流罪以下可以照例减一等，死罪则不能减免。

所谓赎，就是应议、请、减及九品以上官及七品以上官的亲属，犯流罪以下可以用金钱赎罪，事实上死罪亦可以收赎，如唐律规定死刑绞斩赎铜百二十斤，而流刑则根据远近赎铜各有等差。

所谓当，即以官品来抵销刑罚，适用于一般官吏，也就是说，一般官吏虽不享有八议优待，却能用官品的等级抵罪，如五品以上官，一官可抵"私罪"徒刑二年，"公罪"徒刑三年。九品以上官，一官则可抵"私罪"一年或"公罪"二年。如有兼官，则先以高者抵罪，再以低者抵罪。如罪小官大，抵罪以后留官收赎。如罪大官小，则余罪收赎。如因"官当"去官者，一年以后仍可降原官一等任用。因此，法律不仅千方百计保留官吏职位，更不会要其坐牢，难怪清人薛允升感叹，"其（唐律）优礼臣下，可谓无微不至矣"（《唐明律合编》）。

所谓免，就是用免去官爵的办法来比徒刑，如除名者比徒三年，免官者比徒二年，免所居官者比徒一年，是对犯有徒刑以下的官吏的一种特权优待。

诚然,"议""请""减""赎""官当"等都不适用于十恶大罪(指谋反、大逆、叛国、恶逆、不道、不敬、不孝、不睦、不义、内乱),但这些规定已清楚地表明,对贵族、官僚本人及亲属在法律上享有

湖南湘潭出土
北宋嘉祐铜则
中国历史博物馆藏

的优待，使他们犯罪之后总是可以找到各式各样的办法与途径来逃避审判与刑罚。所以，达官贵人无法无天凌驾于法律之上，而普通民众犯法之后必须引颈受戮，这种法律上赤裸裸的不平等，充分说明唐律的阶级实质和等级特权，所谓"王子犯法与庶民同罪"，纯属当权统治者的骗局。

宋律比之唐律，显得法令繁多、法网严密，但以官爵大小折抵罪刑的优待比较前代并不为薄。虽然宋朝"官当"法与唐朝一样，至多比徒三年，可是另以种种方式使其不致实际徒流，同时又设法保留犯官的职位，使其不会断送政治生命。如有二官者，例得先以职事官、散官及卫官中之最高者当之，次以勋官当之，一一折算，毫不吃亏，即使现任二官当罪之外尚有余罪，或当罪已尽后又犯法者，也可用历任官职抵当。例如一名官员现任六、七品职事官兼带六品以下勋官，犯了流罪，例减一等，合徒三年，依据"官当"法就先以六品官当徒一年，再以勋官当徒一年，又以以前任过的八品官折抵一年，正好将罪除尽。即使抵当不完罪行，也不必忧虑，法律上说："诸以官当徒者，罪轻不尽其官，留官收赎，官少不尽其罪，余罪收赎。"（《宋刑统》二《名例律》"以官当徒除名免官免所居官"）这是说官当到流罪以下又可以赎买。由此看出官吏在法律上的特权并不因解除官位而丧失，官已当尽却仍有赎罪权力，始终不能以平民对待。特别是除名免官等法，本来就不是永远剥夺官吏的仕途前程，暂时地官当期年以后，降原官一品仍可听叙官位，叙官后则又享受法律特权，所以，法律对官僚贵族永远网开一面。

明、清法律对官吏的优待不如唐、宋，官吏免刑范围只限于笞、杖轻罪，徒、流以上往往执行发配。《大明律》卷一"名例"中关于总则方面的律文，删去官当、减赎和荫法等；然而，官吏犯公罪受笞、杖，按例可以收赎或罚俸；如明制按轻重降等，笞四十以下者附过还职，五十者解除现任职务调动别叙，杖六十降一等，七十降二等，八十降三等，九十降四等，全部解除现任官，流官于杂职内叙用，杂职于边远叙用，杖一百者罢职不用。清制，官吏犯笞刑者则分别罚俸，笞十到五十按两个月或递加三个月俸赎罚，犯杖刑者与明制相同，分别降级革职。"凡进士、举人、贡、监、生员及一切有顶戴官，有犯笞杖轻罪，照例纳赎"（《清律例》卷四）。至于明、清律反映的等级特权也很突出，除法律上"八议"规定外，如郡王子孙无论犯什么罪，都"明赏罚，不加刑责"（《明会典》卷一）。清朝还扩大了"八议"适用范围，凡八议者的祖父母、父母、妻、孙均可减免罪责，贵族、品官还可用罚俸、降级、革职等办法抵罪。特别是满族居于等级中优越地位，"王、贝勒、贝子等犯者议罚；官员犯者幽系三月，议罚；庶民犯者枷号八日，责治而释之"（《清太宗实录》卷四二）。由此可知，整个满族法律地位高于汉人，这种以法律形式确认的等级界限，一直延续到清末。

总之，贵族、官僚以官抵罪及以钱赎罪，是法律特权的典型表现，官爵并不是一种职位，而是一种身份和权利，即使降级、革职，它所丧失的只是官位职权，身份地位却永不会丢掉，所以退休致仕官的法律特权亦同于现任官，这在唐、宋、明、清的法律中都有明文规定，充分反映了等级制度中的不平等。

三、良贱区分

在等级社会中，如果官吏与平民之间贵贱不等是一种范畴，那么良民和贱民之间不同区分则是另一种范畴。良民或称齐民，指士农工商等；贱民指倡优、奴婢、乞丐、皂隶、禁卒等。双方在户籍上、入仕上、刑法上，都有严格的区别，法律上明白规定他们社会地位不一致。凡名列贱籍，其生活方式就不同于平民，更不能与平民通婚，尤其是在法律上，历代立法皆采取同一原则：良犯贱，其处分比常人相犯为轻；贱犯良，其惩罚则比常人相犯为重。清楚地呈现出一幅极不平等的关系图。

商朝时期，典型的奴隶制有了发展，奴隶纯粹被当作"会说话的工具"，像牲畜一般对待，如商王祭祀，牺牲奴隶作祭品，与牛羊豕无异，至于买卖奴隶，更是普遍的社会现象。自然刑事立法，也是残酷镇压奴隶，断手刖足不当一回事。《汉书·地理志》记载箕子在朝鲜规定的犯禁八条："相杀以当时偿杀，相伤以谷偿，相盗者男没入为其家奴，女子为婢，欲自赎者，人五十万，虽免为民，俗犹羞之。"这和商朝的法律不无渊源关系，反映出平民与奴婢身份在刑律上的不同。

西周刑法明确宣布"用刑以治野人"，但庶人（工、商等平民下层）与奴隶（奚、仆、众、隶、牧、圉等农业奴隶）的等级划分已很明确，庶人还要经过审判才定刑罚，奴隶则可随意虐杀，任情施刑。春秋战国时期成文法的变化限制了旧贵族的特权，然而对"形同畜产"的奴隶还是"临事制刑，不预设法"。

商鞅变法虽然限制了奴隶占有制，但允许地主按爵秩等级占有不同数量的奴隶，尤其是经常把有"罪"的平民转化为奴隶，《法经》规定，凡是杀人犯或敢于议国法令者，均按情节轻重"籍其家及其妻氏"为官奴。商鞅则有"事末利及怠而贫者，举以为收孥"法令，

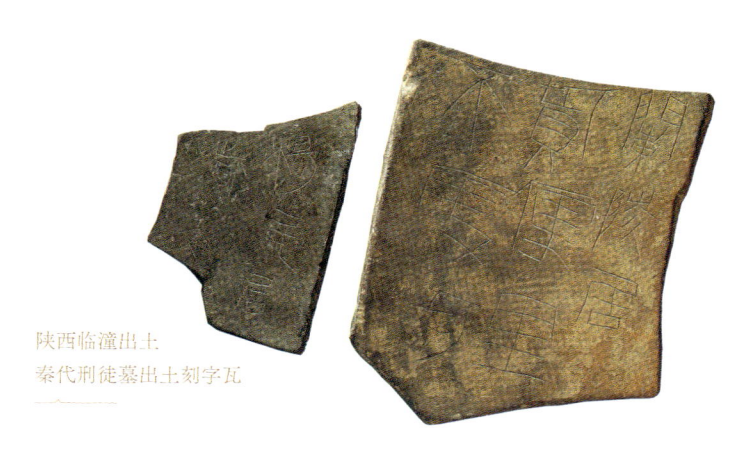

陕西临潼出土
秦代刑徒墓出土刻字瓦

秦代陶量
山东博物馆藏

第八章 / 等级与法律　　345

即全家人都没为官奴婢。在出土的秦律中，关于处罚官、私奴隶的规定很多，前者称"隶臣""隶妾""隶臣妾"等，后者称"人臣""人奴""人妾"等。官奴隶要按法律条款从事劳役和供给口粮，在官府中无劳役时可出借给"百姓"役使，"百姓欲假者，假之"（《睡虎地秦墓竹简》第四八页）。私奴隶不仅可以依法出卖，还受到主人的私刑，秦律对主人侵犯奴隶权利予以保护。在执行刑罚上，据秦律《司空律》规定，公士以下无爵的庶人，服"城旦舂"刑，不穿囚衣，不戴刑具。鬼薪、白粲不加耐的下吏和私家奴婢被主人用以抵偿赀赎债务而服城旦舂劳役，要穿红色囚衣，戴刑具，并在监督下劳动。由此可见，庶人还享有一定程度的人身自由，奴隶则完全被剥夺了人身权利，良贱的区别一清二楚。奴隶从军立功，依《军爵律》可免除自己的奴隶身份，若取得爵位，也可用爵换除亲属的奴隶身份。《司空律》规定，本人自愿戍边五年，准赎免为奴的亲属为庶人。因此，奴隶变为"庶人"或"工"（即农民或手工业者），实际上已是等级身份的上升。

两汉时期，残酷的法律以相当的规模和速度继续"制造"奴婢，当时有数量颇大的官奴婢和私奴婢，他们来源不同。官奴婢大多为犯罪者及家属没为官奴者，也有作为富人财产被没官或以战俘为奴的，元帝时长安仅官奴婢达十万人之多。私奴婢主要来自破产的农民，有自卖、掠卖、赘子、赏赐等途径，当时买卖奴婢非常盛行。这说明，汉律允许和保护奴婢贸易，也说明大量平民沦落为贱民。汉代有不许任意杀奴以及杀奴必须报官的法令，东汉光武帝建武十一年诏"其杀奴婢，不得减罪"（《后汉书·光武帝纪》）；

但违令杀奴的事例层出不穷，主人对奴婢有"专杀之威"，而奴婢射伤良人者皆弃市大辟，奴婢的生命在通常情况下实际是没有保障的。东汉马防，"兄弟贵盛，奴婢各千人以上"（《后汉书·马防传》）。权臣梁冀"或取良人，悉为奴，至数千人"（《后汉书·梁冀传》）。这反映出汉律对良人降为贱民等级并不保护，意味着被奴役的命运无法摆脱。

良、贱在法律上明文区别，是从唐代开始的。根据《唐律疏议》所划分的社会等级来看，"良人""良口"包括一般百姓农、工、商以及官吏、僧道等；"贱民""贱色"则包括官私奴婢以及官户（番户）、杂户、工乐户、部曲、客女、随身等；良人中有等第高下之别，贱民中也有明显身份界限，可谓是等级之内又有划分。良人享有起码的法律权利，而贱民连起码的法律权利也不享有。两个等级不平等如下：

（一）婚姻方面。"人各有耦，色类须同，良贱既殊，何宜配合。"（《唐律疏议·户婚下》）良贱不得相娶在当时限制极严，奴婢除可与贱民中的部曲通婚外，一律要"当色为婚"。《唐六典》司农寺条："凡官户、奴婢，男女成人，先以本色媲偶。"《唐律疏议·名例六》："部曲，谓私家所有；其妻，通娶良人，客女、奴婢为之。"良人不准以婢为妻、妾，奴婢更不许娶良人女为妻，倘有违犯，良人徒一年，奴婢徒一年半，还要"各还正之"。即令奴婢已经放免为良，也只许为妾，不得为妻，法律根本否认这种婚姻合约效力。

（二）刑罚方面。良人可享有缘坐免法，而奴婢不得从缘坐免法。

在斗讼、相殴、谋杀诸罪的刑罚加减上，良人与奴婢差别很大，如同一杀伤罪，主人不经官府而擅杀奴婢只杖一百，杀无罪的奴婢只徒一年。假若奴婢有罪，主人先请于官而后杀之者，即为无罪。而奴婢虽"过失杀主者"也要处绞刑。若奴婢殴打良人者，要加"凡人"二等处刑，官户、部曲殴打良人则加凡人一等治罪。奴婢骂詈主人要处流刑，甚至造成良人折跌肢体及瞎一目者，更要处以绞刑。而良人杀死奴婢者却减二等论罪，殴杀部曲者则减一等。再如同样犯奸淫罪，不仅良贱处罚有别，即奴婢与其他贱民也不同，按等级有轻有重。良人相奸者徒一年半，若是奸其监临内的杂户、官户、部曲妻及婢者，只免其所居一官而已。若部曲、杂户、官户奸良人者，则处刑较常人相奸各加一等。诸奴奸良人者，则要徒二年半，强奸的至流刑，因奸折伤的处绞刑。至于部曲、奴仆奸其主及亲属者处以绞刑，强奸的则斩。而良人奸他人部曲妻女或杂户、官户妻女者只减处杖刑一百，奸官私奴婢者又减一等，只杖九十；如果是奸自家部曲妻及客女者，则不坐罪。综合这些可知，良贱、主奴在刑罚上的加减差别极大，其中包含妇女贞节、奸污的贵贱意义也是极明显的。

（三）诉讼方面。主、奴之间关于诉讼方面的法律待遇也是不平等的，《唐律疏议·斗讼四》云："诸部曲奴婢告主，非谋反、逆、叛者，皆绞。告主之期亲及外祖父母者，流。……疏议曰：日月所照，莫非王臣。奴婢部曲，虽属于主，其主若犯谋反、逆、叛，即是不臣之人，故许论告。非此三事而告之者，皆绞。其主诬告部曲奴婢者，即同诬告子孙之例，其主不在坐限。"此外，唐律还规定"奴婢听为主隐"，从而成为诉讼间的主要原则。由于"奴婢同于资财"，"奴婢贱人律比畜产"，"奴婢部曲身系于主"，"奴婢合由主处分"（均见《唐律疏议》名例、盗贼、户婚等条），所以良贱之间再加上主奴关系，不平等的程度就加剧了。

以上是唐代良、贱不平等的法律责任，也表明贱民（特别是奴婢）处在社会等级的最底层，法律处分的斟酌轻重、重视名分，是以人的等级身份而定，法律本身的不平等性质由此不难想见。

唐代彩绘木箭箙
新疆吐鲁番阿斯塔那墓出土
新疆维吾尔自治区博物馆藏

宋以后至明清的法律，在良、贱方面都沿袭、发展了唐律的不平等原则，良欺贱处分轻，贱犯良惩罚重。如宋代良人杀部曲，绞，若为奴婢则不处死刑，只流三千里（《宋刑统》良贱相殴）。明、清

第八章／等级与法律　　349

杀奴婢不问殴杀、故杀俱止于绞刑。元代对于杀奴婢的处分最轻，常人斗殴杀人者，照例处绞刑，但殴死奴婢只杖一百，征烧埋银五十两（《元史·刑法志》）。一绞一杖，轻重悬殊，比唐宋律要轻得多，故元人陶宗仪撰《南村辍耕录》说，刑律规定私宰牛马杖一百，殴死驱口比常人减死一等，杖一百七，是视奴婢与牛马无异。明、清律还制定奴奸良人妇女加凡奸罪一等，强奸由绞加至斩。为了防止奴婢逃亡，宋、元时代士庶之家常常私自将奴仆黥刺。就是故意杀死无罪奴婢，宋代也只处徒刑一年半，元代只杖八十七，明、清时杖六十再徒一年。然而，明、清奴婢虽据事实告家长，也得杖一百徒三年，诬告者绞。若辱骂家长便构成重罪，按明、清律要绞；若殴杀主人，那更罪大恶极，皆凌迟处死。由此可见，宋以后良犯罪处罚趋于减轻，而贱犯罪惩治趋于加重，这也是立法原则中等级制度越来越森严的表现。

总而言之，良贱区分是中国古代法律上一条重要的等级界限，经过法律正反的对比，可以看出双方的身份地位极为悬殊，其特权得到切实保证，其无权则受到严惩，从而使贱民在实际生活中备受歧视，等级的高低、尊卑标志也更具特征。

第九章　等级与家族

家族，又称宗族。它是构成中国古代社会的基本单位，而单位的最小社会生活共同体组成形式，就是家庭。家族内部又有许多个体家庭。在古代社会中，家族常常表现为同一个男性祖先的子孙，若干世代相聚在一起，按照一定的规范，以血缘关系为纽带结合而成的一种特殊群体。

家族的雏形，在原始社会末期就出现了，当时存在众多的父权家长制氏族。进入奴隶制社会后，它又以变化了的形式继续发展，而且家族组织和国家政权是合而为一的，实际上是一种扩大了的家长制下的大家庭组织。商周盛行的宗法制度，就是人们在实践中总结出来的一套反映和维护宗族制度的规范、办法。秦汉时期的国家政权和家族组织虽已分离，家族特点也与前代不尽相同，但家族血缘关系基础上的宗法制度却仍然十分盛行，并贯穿于整个封建社会。统治阶级中，上自帝王下至官僚，凭借权力让自己的家属、同宗、同族和外戚，分享政治上、经济上的特权，一般还可以世袭。各朝代都制定了一系列制度来保障家族或叫宗族的种种特权，以此保持

唐代周昉《内人双陆图》局部
美国弗利尔美术馆藏

第九章 / 等级与家族　355

地主官僚及其子孙世代的荣华，防止地主阶级本身的分化、破产，达到既保国又保家的目的。所以，历代朝廷不仅用"旌表门闾"的办法来精神鼓励，而且还用封爵、授官、赐予财产以及免除赋税徭役之类的手段来加以扶植。宗法制度是封建政权的一种不可缺少的辅助形式，也是等级社会的一个重要组成部分和特殊现象。

由家族产生出来的族权，是仅次于国家政权的一种系统的权力。族权统治的原则就是以家族为范围的宗法关系，是由父系家长制蜕变而来的一种以血缘亲疏为法则的嫡庶系统。父祖是统治的首脑，一切权力都集中在他的手中，家族中所有人口，包括妻妾子孙和他们的媳妇、未婚女子、同居的旁系亲属以及家族中的奴婢，都在他的权力之下，所谓"天无二日，国无二君，家无二尊"（《礼记·坊记》）。家庭内父子、夫妻、兄弟之间的关系，是森严的不可逾越的从属、依附关系。家长不仅握有家内经济的支配权和家法的执行权，甚至握有家族成员的宗教权和人身处分权。从汉初开始，历代法律都规定，子女本身作为父母的私有财产可以出卖，子孙违反家长教令或敬恭有亏者可以笞责以至处死，父母在世子女不得有私财，"不敢私假，不敢私与"（《礼记·内则》）；家长还可以请求官府代为惩治，而以家长的意见作为送惩法律判决的准绳。在这种情形之下，家长的身份和地位无疑被神圣化，法律的承认和支持更使其权力不可撼动。而且家族价值大于个人价值，家族成员要为祖先生育后代，延续族系和昌大门户，以光宗耀祖，"不孝有三，无后为大"（《孟子·离娄上》）；家族的社会价值主要以门第高下为标志，那么选择配偶的首要条件是"门当户对"，双方家族门第等级相当,子女没有自由选择的余地。

由此可知,中国古代社会里,家族和家庭人际存在着宗法等级关系,辈分高和年长者为尊长,辈分低和年幼者为卑幼。据《清律辑注》解释:"父辈曰尊,而祖辈同;子辈曰卑,而孙辈同。兄辈曰长,弟辈曰幼。"尊卑长幼,是一种地位悬殊的不平等关系,并成为终身的宗法规范。至于一夫多妻的大家庭中,还有嫡庶的等级格局,即有贵与贱的悬殊区别。在这种家庭尊卑贵贱的宗法等级基础上,产生了相应的伦理规范和礼制准则,在汉代汇辑成书的《礼记》较早地和较为完整地表述了这套家庭礼制,以后各代都在此基础上,结合自己的具体情况,制定了更全面、更具体的家规、家法、家训,针对冠、婚、丧、祭等家庭中的重大活动做出定规,并对居家日常生活中的衣、食、住、行、坐、卧、迎送往来等都有严格遵循的礼仪制度,世世代代不能违制。家规、家法远比国家法律更具有内在的约束力,往往成为调节家庭、家族等级关系的工具。

家内秩序的稳定是保持社会秩序稳定的基础,因为封建国家本身就是扩展的家长制式的大家庭。作为细胞组织的无数个家长制家庭和家族,对于维护国家统治自然具有重要作用。历代统治阶级从其治理社会的实践中,深晓"天下之本在国,国之本在家"(《孟子·离娄》),先修身齐家,然后才能治国平天下,家国相通的道理是极为密切的。因而,他们除运用法律的强制力来维护"尊尊亲亲""长幼有序"的等级秩序外,还反复论证君权和父权的统一性,以渲染父权的尊严,来奠定君权神圣不可侵犯的社会伦理基础,并把皇帝说成是全国父权的化身,企图借助父权来强化君权。如"君子之事亲孝,故忠可移于君","故以孝事君则忠"(《孝经》),以及"陛下上为皇天子,下为黎庶父母"(《汉书·鲍宣传》),等等。所以"家内事故"也"依伦常重其刑","五刑之罪,莫大于不孝",违背皇帝意旨是"反天常、悖人伦"的大罪,并通过"乡议"的舆论力量,来维护家族成员之间尊卑不可逾越的等级界限和家长的统治权。特别是在社会动荡、阶级矛盾日趋尖锐时,统治者为了稳定社会秩序,更加迫切需要稳定家内秩序,除动用军队威慑和残酷镇压外,大力支持和推广用"家法"严密地束缚家族成员,使他们不去犯上作乱,责成千万个家长、族长共同执行国家的镇压职能,把巩固基层任务交给家族系统,以此约束子弟,做一个安贫乐道、俯首帖耳的"顺民"。

随着封建专制制度的发展和等级制度日趋森严,家长、族长的权力也逐渐膨胀,他们广泛地承担起统治阶级所委托和赋予的监惩族众、征调族众、裁判纠纷、交送赋税、维护风化等各种职能,依仗国和家的双重权力,完善由宗法等级关系和社会等级结构所编织的网络系统,直至渗透到每一个人的生活各个方面。

需要澄清的是,在一般情况下,家、族是有区别的。家为一个经济单位,是一共同生活团体,通常只有二三代人口,亲属范围较小。秦时民有二男以上不分异者倍其赋,又令民父子兄弟同室内息者为禁。(《史记·商君列传》)汉代韩元长兄弟同居至于没齿年龄,樊重三世共财,蔡邕与叔父从弟同居,三世不分财,乡党高其义。可见汉时三代同居者已是难能少见而为史家所书,一般人娶妻生子遂求分异则较为普遍。族则为家的综合体，在同一血缘单位下每家自为而居，它常常包括数百人口的大家，若是累世同居，范围扩大便家族不分了。但庞大的家族需要教育的原动力和经济的支持力，只有重视孝悌伦理及拥有大量田地财产的仕宦官僚人家才能办得到。对此，我们将在下面进而讨论。

一、家族裙带

以血缘关系为纽带的宗法制度，形成于商朝而确立于西周。西周的社会组织，是一种"同姓从宗合族属"的血缘实体。为了别其亲疏、示以系统，以明亲亲合族之义，首先确立了"宗"的地位。宗者，尊也；凡有所尊，皆可曰宗。宗，分大小两种，《礼记·大传》载称："别子为祖，继别为宗，继祢者为小宗，有百世不迁之宗，有五世则迁之宗。"这里所说的"别子为祖"，就是始祖。"继别为宗"，指的是由继承别子（始祖）的嫡长子一人为宗主，并按嫡长子世袭制原则推演下去，组成一个系统，是为大宗。大宗是宗族全体唯一的共宗，体系是永恒的，百世不迁。

所谓"继祢者为小宗"，指的是除嫡长子外，其余嫡子及庶子所分别组成的系统皆称小宗。小宗五世则迁，处于不断变动之中。"大宗能率小宗，小宗能率群弟，通其有无，所以纪理族人者也。"（班固《白虎通德论》卷上《宗族》）这种统率关系，确定了大宗宗子的等级地位。而且宗族组织与贵族政治相结合，形成宗法分封制，即所谓"大邦维屏,大宗维翰,怀德维宁,宗子维城"(《诗·大雅·板》)。

　　西周的宗法制度,行之于宗族内部,以家长制来编织关系网,直接表现为大宗统率小宗,宗子、族长享有立庙祭祖的特权和对族众

宋代《浴婴侍女图》
美国弗利尔美术馆藏

的直接裁判权、财产支配权和生杀予夺权。行之于国家内部，族权与君权牵混一体，表现为政治关系，周天子既是天下姬姓的大宗族长，又是西周国家至高无上的君主，分封制的等级序列，与血缘关系的亲疏远近相吻合，建立了天子统辖诸侯，诸侯统辖卿大夫，卿大夫统辖士及平民的等级结构社会。

不过，西周宗法分封制所建立起来的等级政治秩序，具有二重性。一方面，宗统与君统合一，大宗对小宗，天子对诸侯的统御隶属关系，表现为宗君的家长制；另一方面，依照宗法分封制的原则，诸侯国君、卿大夫的小宗地位又是相对的。对上，他们是小宗，但在其封国或采邑内，他们又是大宗，并如法炮制而建立"侧室"或"分族"。这种特殊的等级地位，决定了他们一旦羽翼丰满，势力强大之后，就各自为政，对上不那么服从了，这是单纯氏族、家族所没有的变态，结果是起了分散和削弱大宗的作用。春秋时期，王室衰微和各国争霸局面的出现，就是宗法分封制二重性导致的后果。所以，家臣制开始慢慢取代了宗法分封，[1] 这不但克服了宗法等级的内在矛盾，而且继续强化着族长君主权力。到战国之际，由于地主阶级的兴起，井田制的瓦解，郡县制取代了分封制，大小宗也趋于解体。可是宗法制度的许多基本原则，诸如皇位的嫡长子继承制，贵族世袭爵位，父权家长制，以及政权、族权、神权、夫权的相互渗透、补充等，又在新的历史条件下得以发展，奴隶制的宗法制度，终于嬗变为封

---

[1] 王兰仲：《试论春秋时代宗法制与君主专制的关系》，《中国史研究》1984 年第 1 期。

建的宗族制度,并成为等级结构社会的重要组成部分。

封建宗族制度行之于皇家,表现为皇帝制度贯穿着嫡长子继承制和家长制的原则,贵族享有世袭爵位的特权。行之于社会,则是封建家族的普遍存在。通常所说的三族、五族、七族和九族,就是

魏晋《庄园生活图》
新疆维吾尔自治区博物馆藏

对宗族和家族的概括,甚至连"族刑"也常是"夷三族""家灭九族""株连九族"等说法。当然,对"三族""九族"的解释不一,如有说"三族,谓父、子、孙,人属之正名"(《周礼·春官·小宗伯》注);也有说"三族,谓父昆弟、己昆弟、子昆弟"(《仪礼·士昏礼》注);

第九章 / 等级与家族

还有说"父族、母族、妻族也"(《汉书·高帝纪》注)。又如"九族",《古尚书》说"上从高祖、下至玄孙,凡九,皆为同姓";《大戴礼记》则说父族四,母族三,妻族二;《左传·桓公六年》条中杜预注更说:"九族,谓外祖父、外祖母、从母子及妻之父、妻之母、姑之子、姊妹之子、女之子,并己之同族,皆外亲有服而异族者也。"据综合考证,无论三族或九族,都是从本身算起,只是三族为上推一代(父)、下推一代(子);九族则是上推四代(父、祖、曾祖、高祖),下推四代(子、孙、曾孙、玄孙)罢了。封建时代立宗法、定丧服、处族刑等,都是依照这个准则来进行的[1]。我认为这种说法是准确的,并不包括旁系亲属。

西汉初年,虽然朝廷就十分注意扶植三老、孝悌、力田等宗法家族势力,但直到汉武帝时,宗法家族势力才日益壮大,渐次成为封建社会的阶级基础。这种家庭规模的趋向膨大,其原因有三方面:一是代田法和牛耕的推行,需二牛三人,小家庭为联合人力物力而进行家庭扩大;二是土地兼并剧烈,小家庭面临破产被吞并的境地,只有父兄相保互依,借助家庭聚合才能生存下去;三是随着"罢黜百家,尊崇儒术",统治阶级大力旌彰孝悌节义和举孝廉,儒家提倡"孝"的重要内容就是"父母在,而兄弟不异财,兄弟之义无分",这种思想对于社会聚居、家庭不分有着重要影响。所以,随着聚居家庭的增多,家族势力也日渐强大。《潜夫论·考绩》云:"设如家

---

[1] 钱剑夫:《我国古代的三族和九族》。《文史知识》1984年第7期。

人有五子十孙，父母不察精懦，则勤力者懈弛，而惰慢者遂非也，耗业破家之道也。父子兄弟，一门之计……"《后汉书·李充传》说其兄弟六人，同食递衣，其妻子欲求分异，李充跪对其母曰："此妇无状，而教充离间母兄，罪合遣斥。"于是呵斥其妇，逐赶出门。为了防止家庭鳏寡孤独，当时父母妻子三代同居或伯叔侄孙等家庭聚合方式日占优势，家族构成的规模也渐渐膨胀。

既然家族构成，在其表象背后的必是等级构成。汉代家庭的等级构成，大体上有五种类型。第一，贵族之家。他们属于统治阶级上层，主要是宗室、外戚、功臣及其后代，这些家庭有优越的政治地位，又有强大的经济力量，即世袭和食封两个重要特征。而世袭使其家族拥有其他家庭没有的传续条件，食封则给他们得以维持的经济基础。《后汉书·梁冀传》是最典型的例子。梁冀执政时，享有三万户封国，其妻孙寿也封襄成君，兼食阳翟租，年收入达五千万。他还圈占土地，霸占民财，秉政三十余年，除其家族挥霍浪费以外，至其覆灭时，资产尚有三十亿之多，相当于全国年租收入的一半。至于刘汉宗室到西汉末已达十万之多，鲜衣美食，四处行乐，具有别的等级不能得到的待遇。第二，官僚之家。他们也是特权阶层，包括功臣、儒臣以及入仕为宦、官至高位的家庭等。官僚虽不能像贵族那样减刑免罪等，但也有免除赋税徭役、任子为官世袭的特权，食俸、私田收入加皇帝的赏赐，也使家族得以膨胀起来，《汉书·史丹传》："丹尽得父财，身又食大国邑，重以旧恩，数见褒奖，赏赐累千金。"《汉书·田蚡传》记载他"治宅甲诸第，

宋代李嵩《货郎图》局部
故宫博物院藏

田园极膏腴,市买郡县器物相属于道"。《汉书·万石君传》说石奋一家,早在景帝时就有五人官至二千石,号称"万石君",其家经济实力和政治地位可想而知。正因为官僚家庭具有这些条件,所以具有庞大的家庭规模,像史丹家有"子男女二十人,九男皆以丹任并为侍中诸曹,亲近在左右"。并且"僮奴以百数,后房妻妾数十人"。经过累世同居,子孙围绕家长形成一个居住家族,而在家族中子孙必须遵守礼法,即使为吏入官,也要戴冠在侧,听从家长训导,根据不同辈分和年龄,构成一个家族的等级结构。第三,大家。也称上家、势家。指具有雄厚资财的素封地主和富商大贾之家。他们与贵族和官僚之家不同，是民不是官。但他们具有雄厚的经济力量，常常兼并占有土地，并以剥削的残酷性闻名。在当时人眼里，大家已成为社会秩序的破坏者，故有"宁负二千石，勿负豪大家"（《汉书·严延年传》）之说。《盐铁论·未通篇》云："大抵逋赋皆在大家。"崔寔《政论》说："上家累亿巨之货，斥地侔封君之土。"仲长统《昌言》说："豪人货殖，馆舍布于州郡，田亩连于方国。""豪人之室，连栋数百，膏田满野，奴婢千群，徒附万计。"这些记载都是大家的很好写照。虽然大家不是官，但"因其富厚，交通王侯，力过吏势，以利相倾"（《汉书·食货志》），"大者倾郡，中者倾县，下者倾乡里者，不可胜数"。因此，与贵族、官僚家庭相比，大家照样规模庞大，结构复杂，"妖童美妾填乎绮室，倡讴伎乐列乎深堂，宾客待见而不敢去，车骑交错而不敢进……此皆公侯之广乐，君长之厚实也"（《后汉书·仲长统传》）。第四，中家。主要指中小地主、商人和富农这一阶层。《史记·平准书》："杨可告缗遍天下，中家以上大抵皆遇告。"《汉书·陈汤传》："可徙初陵，以强京师，衰弱诸侯，又使中家以下得均贫富。"《后汉书·桓谭传》："今富商大贾多放贷钱，中家子弟为之保役……"《汉书·文帝纪》："百金，中人十家之产也。"这些材料虽未言明中家财产标准是多少，但照十金为中人一家之产，也就是十万钱是其财产水平。这样，中家的家庭规模较大家略小，"夫一马伏枥，当中家六口之食"（《盐铁论·散不足》）；一般为六七口人，生活可以温饱，还拥有一定数量的土地，属于小康家庭。但遇到大家兼并，也面临破产的危险，本身并不稳定。第五，小家。又称贫家、下户，是财产极少、生活贫困的小农家庭，为汉代农民家庭主体，这些家庭规模小，平均为"五口之家"，经济脆弱而易残破，特别是贫困者"訾不满三万"，甚至有"訾不满千钱"者，但他们却担负着大量租税徭役，超负荷的赋役重担使他们无法扩大再生产，遇到豪强吞并和天灾人祸，只能"有七亡而无一得，有七死而无一生"（《汉书·鲍宣传》）。汉代流民动辄数十万、上百万，正是小家残破的表现。由于经济的限制，小家根本没有上升等级的资格，汉代选官要以一定的资产为基础，所以小家社会地位极其低下。

从上述五种家庭类型可看出，家庭的不同等级，实际也是社会的阶级等级，而且在这些家庭中存在着严格的等级差别，除了上下辈分等级差别外，更重要的就是贵族、官僚及大家中的嫡庶之别了。嫡庶之别本是宗法社会中为了保证君统与宗统的直系继承，维护严格的尊卑等级秩序而制定的相应措施，是一夫多妻制的必然产物。汉代社会虽然与西周宗法社会性质上有所不同，但宗法制仍然发展，朝廷公开确认和保护多妻制，蓄妾和纳婢都没有限制，所以，贵族、官僚等大家庭往往妻妾众多，子孙满堂。于是，为了维护尊卑等级和爵位与家长权继承的法律正当性，区分嫡庶是很重要的。《白虎通义》解释"妻者，齐也"；与夫相并齐。"妾者，接也，以时相接也"；"以贱见接幸也"，地位明显低于妻。从礼法上看，嫡庶等级地位悬殊，《礼记·丧服传》云："妾之事女君，如妻之事姑舅等。"妾要以嫡妻为女主，处在其权力之下，而且妻妾之位不可乱，违者要受到处罚。母亲身份之嫡庶，也决定了子女身份的贵贱和地位的高低。同代宗法社会里嫡庶子女区分很严格，尊卑等级与权利地位明如泾渭，汉代的嫡子则在社会地位、爵位继承、统率家事诸方面都优于庶子，庶子为世人所轻视，如袁绍虽出身名族，就因为是庶出，故为公孙瓒上书所辱骂，十罪之一就是"绍母亲为傅婢，地实微贱"；母贱而居高位竟成了袁绍罪状之一。其实公孙瓒的母亲也不高贵，《后汉书·公孙瓒》说他"家世二千石，瓒以母贱，遂为郡小吏"，可见母贱难以做高官。如果嫡母在世，庶子必须首先奉事嫡母，而自己的亲生庶母，也必须屈情承顺。所以，母亲的嫡庶，决定了子女天生的等级地位。至于私生子、继子女、养子赘婿以及家内奴婢等人的地位就更低了[1]，他们在家庭、家族内所扮演的角色只能是步步低落，处处卑贱。

应该重视的是，在汉代，累世同居之风开始出现，从此使家族发展进入一个新阶段，一直到清末民初，累世同居之家始终存在，就像《红楼梦》中贾府那样的累世同居之家，犹如一棵年久繁茂的大树，干枝相连，纵横交错，若不清楚贾府大家族的亲疏远近关系，是看不懂这部书的。那么累世同居之家在汉代出现绝不是偶然的。秦汉以前实行宗法制的政治制度，血缘族居盛行，原因就在于社会财富受血缘族系的支配。秦汉以后，土地私有制确立，北魏至中唐以前又实行计口授田的均田制，这就给累世同居之家的生存提供了土地

---

[1] 黄金山：《汉代家庭成员的地位与义务》，《历史研究》1988年第2期。

保证。同时，这一时期重人轻地的户调制的实行，也在客观上促进了累世同居之家的发展。中唐以后，均田制彻底崩溃，土地买卖频繁，商品货币关系发展，累世同居的物质基础开始削弱；赋役制度也不断向重地轻人方向发展，从两税法到一条鞭法，再到推丁入亩，法定的以户、口为对象的赋役趋轻，为逃避赋役而累世同居的情况自然减少。因此，尽管后来的封建统治者仍大加表彰累世同居、限制别籍异财，真正的累世同居之家还是日见其少，寥寥无几了。

从魏晋到明清的累世同居之家，通常都具有以下几个特点：

一是世代久长，人口众多。氾稚春七世同居，儿无常父，衣无常主。(《晋书·儒林传》)博陵李氏七世共居同财，家有二十二房，一百九十八口(《魏书·节义传》)。义兴陈玄子四世同居，家一百七十口(《南齐书·孝义传》)。郭儁家门雍睦，七世同居(《隋书·孝义传》)。张公艺九世同居，为当时义门之最。(《旧唐书·刘君良传》附) 宋代累世同居风气更盛，江州陈氏南唐时聚族已七百口，宋时至千口，每食必群坐广堂，其后族中人口激增至三千七百余人。(《宋史·孝义传》)同居达十四世。而姚栖筠一家，同居竟长达二十余世。(《邵氏闻见录》卷十七)越州裘承询十九世无分异，信州李琳十五世同居，河中姚崇明十世同居，聚族百余人。其他五世、六世同居者更多，少者有数十百年，多者至三四百年。元朝张闰八世不分家，家人百余口。(《元史·孝友传》)婺州郑氏累代至明朝同居已十世，历二百六十余年。(《明史·孝义传》)石伟十一世同居，蕲州王燾七世同居，其他四世、五世多家存在。在这种情形之下，同居范围便

辽代《侍宴图》
山西大同辽墓壁画

扩大于家族，家庭和家族不分了。

二是同财共居，家法森严。杨播、杨椿兄弟一家之内男女百口同服，杨椿曾训诫子孙曰："吾兄弟在家必同盘而食，吾兄弟八人，今存者有三，是故不忍别食也。又愿毕吾兄弟世不异居异财。"(《魏书·杨播传》) 唐代刘良居，四世同居，"兄弟虽至四从，皆如同气，尺布斗粟人无私焉"。"凡六院共一庖，子弟皆有礼节"(《新唐书·孝友传》)。宋代池州方纲八世同居，家属七百口，居室六百区，每旦鸣鼓会食。(《宋史·孝义传》) 姚栖筠同居二十余世，"世推尊长公平者主家，子弟各任以事。专以一人守坟墓，……早晚于堂上聚食，男子妇人各行列以坐，小儿席地，共食于木槽。饭罢，即锁厨门，无异爨者。男女衣服各一架，不分彼此。有子弟新娶，私市食以遗其妻，妻不受，纳于尊长，请杖之"（《邵氏闻见录》卷十七）。元代张闰，"八世不异爨，家人百余口，无间言。日使诸女诸妇各聚一室为女工，工毕，敛贮一库，室无私藏"（《元史·孝友传》）。

三是血缘相连，独立成户。在累世同居之家中，尽管人口众多，但基本成员之间都有或远或近的血亲、姻亲关系。非亲非故的几代人在一起生活，是不能算作累世同居之家的。如魏晋南北朝时曾有"客皆注家籍"的做法和"荫客荫户制"，还曾出现过"百室合户，千丁共籍"之家，但这并非累世同居之家，《宋书·薛安都传》说其世为强族，同姓有三千余家。宋孝王《关东风俗传》谓瀛冀诸刘，清河张、宋，并州王氏，濮阳侯族，诸如此类都是一宗将近万室，烟火连接，比屋而居，但绝不是同居合家。此外，累世同居之家不仅血缘关系紧密，而且都相对独立，一般来说，在户口登记中就是一户，这也是累世同居之家的一个重要特点。因为在古代，除了累世同居之外，还有聚族而居，即"兄弟析烟，亦不迁徙，祖宗庐墓永以为依，故一村之中，同姓者致十家或百家，往往以姓名其村巷焉"（《松江府志·风俗》）。这种聚族而居，虽然也是一种血缘同居，但它既不同财，也不是一个统一的独立家庭，而是若干个血缘家庭在一个相对集中的地域内生活，与累世同居不同。

如果说秦汉以前各级领主的大家庭性质更接近于聚族而居，而非累世同居，那么宋元以后封建家庭表现有两种形式，即聚族而居的家族组织和累世同居的大家庭。前者是个体小家庭在同一个祖先的组织下，用祠堂、家谱与族田这三件东西联结起来，世代聚族而居。如安徽地区"家多故旧，自唐以来数百年世系，比比皆是"（《徽州府志》）。江西地区"皆聚族而居，族皆有祠，此古风也"（《皇朝经世文编》卷五八）。后者大家庭同居共财合食，据统计，这种大家庭在唐代只有十八家，五代只有两家，到宋代就有五十家[1]。元明两代仅受过朝廷褒奖的大家庭就有五十余家，实际存在的一定会更多。无论是家族还是家庭，都有等级的区分和阶级的对抗。例如家族内部，族长是一族的最高首领，族之下依血缘关系的亲疏远近分为房长、房头，房又统率许多个体小家庭，并设立各种职务司掌族内公共事务，如管理祠堂、祭田、祀品、族产、户婚等等。按等级来说，族长权力最大，自然也享有各种特权，而且族长大多由本族地主、乡绅担任，桂林陈氏还明确规定，只有族长、世系最高者、岁入五百元以上者、罢官在籍者、生员等族人，才有资格参加"族议"（《民国桂林府陈氏家乘》卷七《族事例》）。贫困族人连参加"族议"的资格都没有，在一层温情脉脉的血缘关系面纱下遮盖的是不平等的事实。又例如在大家庭中，家长是内部首领，在他周围的主母及各种助手，都有权畜养奴婢，有权结交官府，有权借祖宗的名义去随意惩罚家庭的任何成员。他们的地位高到可以接受朝廷的"旌善"。

---

[1] 左云鹏：《祠堂族长族权的形成及其作用试说》，《历史研究》1964年第5、6期。

许多家长本身就是封建官府的官僚或生员，控制着大家庭的财产土地，无偿占有"弟侄""子孙"的劳动成果，而子侄等成员则耕田纺织，是农民阶级，至于奴婢仆妾的地位又比家中子侄低一等，成为另一个阶层。所以，在已经形成并未分化的大家庭中，不仅有等级区分，也有两个阶级之间的剥削与被剥削关系，尽管它用血缘亲属关系掩盖起来。

正因为大家族、大家庭内部等级组织严密，配合上家族成员间

四川成都出土
东汉盘鼓舞画像砖

河南安阳张盛墓出土
隋代陶磨与执箕女俑
河南博物院藏

的经济互助、伦理上的三纲五常与三从四德、祠堂和族田以及家法家规的约束，所以起到保证国家赋役收入和辅助基层政权控制农民的作用，既削弱农民的斗争意识，维护封建礼教，又用家族之间的争斗分裂农民阶级的观念，充当国家政权的帮凶，成为专制制度的牢固基础之一[1]。宋以后各朝统治者极力鼓吹敬宗、服族，提倡家族制度，就是通过累世同居的大家庭以及家族，保持地主官僚和其子孙世代荣华，防止统治阶级本身的分化、破产，达到既保国又保家"旌表门闾"的目的。

这种"旌表门闾"或改乡里之名为"孝感""和顺"之类，只

---

[1] 徐扬杰：《宋明以来的封建家族制度述论》，《中国社会科学》1980年第4期。

是历代统治者给予的各种精神鼓励，其他提倡、鼓励累世同居之家或给予经济优惠，如赐粟帛、贷粮米、蠲课调、复徭役等，或给予某些政治殊遇，如赐官、赐出身等，提高大家庭或大家族的等级地位。而在诸种表彰之中，最荣耀的是"旌表门闾"，据史载，后晋时有个叫李自伦的，六世同居，石敬瑭敕表其门，在他"所居之前，量地之宜，高其外门，安绰楔。门外左右各建一台，高一丈二尺，广狭方正，称台之形。圬以白泥，四隅染赤，行列树植"（《五代会要》卷十五），据说连"盗贼"都不轻易侵扰这样的人家。

同时，汉魏特别是唐以后的统治者，还运用法律手段严禁父母在而子孙分家离产。《礼记》曾屡次提到父母在不有私财的话，禁止子孙私有财产在礼法上可说是一贯的要求。法律对于同居卑幼不得家产的许可而私自擅用家财，皆有刑事处分。唐律规定，"诸祖父母、父母在，而子孙别籍异财者，徒三年"（《唐律疏议·户婚》）。私辄用财者依动用价值来决定刑罚轻重，"十匹笞十，十匹加一等，罪止杖一百"（《宋刑统·户婚律》）。明、清律则以二十贯笞二十、每二十贯加一等，罪亦止杖一百。（《明律例·户律》和《清律例·户役》）当然对私自典卖家中财物更是在法律上不予承认。宋代一个时期甚至对川陕地区别籍异财者处以"弃市"的极刑，并加重对分家离居者的"罚税"。严格说来，大家族或大家庭中的子女，永远失去独立的人格，只能成为父母和整个家族利益的牺牲品，法律根本就不赋予他们这样的权利。

孔子说："其为人也孝弟，而好犯上者，鲜矣；不好犯上，而好作乱者，未之有也。君子务本，本立而道生。孝弟也者，其为人之本欤！"（《论语·学而》）移孝作忠，这是统治者深谙的道理。而累世同居的大家庭，正是培养统治阶级所需要的孝子忠臣的最好场所。史载元代郑义嗣"其家十世同居，凡二百四十余年"。"家庭中凛如公府，子弟稍有过，颁白者犹鞭之。每逢岁时，大和（郑义嗣从弟，在其死后主家政）坐堂上，群从子皆盛衣冠，雁行立左序下，以次进。拜跪奉觞上寿毕，皆肃容拱手，自右趋出，足武相衔，无敢参差者。……子孙从化，皆孝谨。虽尝仕宦，不敢一毫有违家法。"（《元史·孝友传》）这俨然是一幅封建朝廷中君臣关系的缩影，这样孝悌顺从、井然有序的"模范家庭"，正是统治者建立治理等级社会秩序所需要的。

山东曲阜孔氏宗族，也和所有家族一样，都以同宗共祖的血缘关系为纽带，规定了尊卑贵贱有等、亲疏长幼男女有别的等级名分。自北宋封孔子后代为"衍圣公"后，衍圣公作为孔裔嫡嗣的政治地位是世袭公爵、一品顶带，在家族中则是特权的大宗主。在他之下，每六十户中设族长一人，每户设户头一至三人，下辅户举一人；他们都是做过官的乡绅，而且族长、举事等在政治上一般是三、四品执事官，少数为五品；户头、户举也有特权地位，可与生员一样优恤赋役。这样，他们既是孔氏家族中的大小家长，又是社会生活中起支配作用的各级官员，阶梯式的家长制统治与宗法等级制度相适应，各级大小宗主占有高低不同的地位，拥有等级不同的特权。例如大小宗主可免粮减租，优免国家差徭，而族奴、族佃和其他贫苦

第九章／等级与家族

族人则不能"抗差不出""抗租不偿",甚至有些族众本是长辈,最后竟沦为孔府内的属员或仆役。按照宗法关系来讲,下不能犯上、卑不能凌尊,否则是僭越逾分,要加以"不敬"和"不孝"的罪名。但血缘关系一遇阶级对立现实,尊卑有别、贵贱有等的等级制度就成为阶级关系的具体表现,可以说,宗法血缘仅是外衣,而有等级的阶级统治才是实质,孔氏宗族内部极严密的等级区别充分说明了这一点[1]。

诚然,家有长,族有首,宗有主,通过家族和宗族的"亲亲之谊",还可以加强父劝其子,妻励其夫,兄弟亲朋相规的渠道,导引出所谓"化民成俗""国泰民安"的社会秩序。一人为官,光宗耀祖,荫及亲族;一人犯法,则罪坐亲族,诛灭三代。所以在中国古代社会里,夫贵妻荣,父紫儿朱,一人得道,鸡犬升天,成为一种合理合法的国家政权与宗法家族浑为一体的现象。一国即皇帝一家的天下,而一家中的贵族、官僚不仅自己有等级特权,他们的子弟亲属、亲朋故旧都可以享有相应的等级特权,无论是家族世袭长子为官,还是减免治罪刑罚,以贵荫贵、以贱袭贱的宗法血缘和家族关系始终是不变的。于是,家族、家庭中一旦有人做官,就可封赠父母妻子。例如各代对封赠皆有定制:唐宋时一品母妻为国夫人,三品以上为郡夫人,四品为郡君,五品为县君,勋官四品有封者为乡君。明清文官一品赠三代,二品、三品二代,四至七品一代,许

---

[1] 张兆麟、钟遵先:《论曲阜的孔氏宗族制度》,《中国史研究》1981年第1期。

北魏牵驼胡人和力士
山西大同文瀛路北魏墓北侧棺床立面图

多子孙尚在襁褓之中就享有封赠。正从一品曾祖母、祖母、母、妻各封赠一品夫人，正从二品祖母、母、妻各封赠夫人，正从三品母妻各封赠淑人，正从四品母妻各封赠恭人，正从五品宜人，正从六品安人，正从七品孺人。曾祖母、祖母、母，还可各加"太"字。七品以上官员经过一次考绩之后，父、祖可以其品级授予封号，称为某某大夫或某某郎。虽然这不过是徒有虚衔，却显示了他们特殊的身份和地位。尤其是五品以上授予"诰命"，六品以下给予"敕命"，更能表现"妻以夫荣，母以子贵"。

就连家庭成员使用的首饰，也必须决定于夫或子的官阶。例如金、珠、翠、玉一直是命妇的专用品，其他家庭妇女或家族女性成员不能奢望，法律限制她们随意择用，使得即使家庭富有但不是官宦人家的妇女咨叹徘徊于珠光宝气之外。宋代除了官员的命妇外，其他妇女不仅禁用销金、泥金、珍珠装缀衣服，而且不准使用小儿铃、钏、珥、环、锭等金首饰。家族中只有官宦亲属妇女才许用珍珠装缀首饰及顶珠、耳坠、璎珞等。元代规定三品以上命妇首饰允许用金、珠、宝玉；四、五品用金、玉、珍珠；六品以下用金，唯耳环可用珠、玉。（见《元史·刑法志》禁令）庶人及妻女只许用翠花及金钗鈚各一事，除耳环可装饰金、珠、碧甸，其余一律用银。明代也只有命妇才能以珠、金、翠、玉为饰；一、二品金、珠、玉、翠，三、四品去玉，五品去珠和玉，六品以下金镀银间用珠。一般家庭妇女只许用银镀金的首饰，虽耳环可用金、珠，但钏镯只能用银，至于用珍珠装缀衣履或金宝首饰结合额盖、璎珞等件，更在禁用之列，犯者问罪，其家长、丈夫、工匠都要治以重罪，饰物还要没收入官府。（见《明会典·士庶妻冠服》）清制，民间家庭妇女只许用金首饰一件，金耳环一对，其余概用银翠，不得制造花样金线装饰。（《清律例·服舍违式》）否则，家长照律治罪，饰物没收，家族其他成员也受惩罚。可见，夫贵妻亦贵，父贵子也贵，在家庭或家族内部，也要靠做官封赠才能取得特殊身份、地位和特权，"荣宗耀祖"必然渗透着官僚等级，而血缘亲属也以等级构成来体现"门第"宗法传统。

  家族宗法制度的延伸，就是与之有关系的裙带——外戚。从周朝到清朝，历代统治者为巩固其"家天下"的统治，对外戚大都封为公侯，爵位可以世袭。西周的分封制就不限于天子这一宗族，也推广到异姓贵族，在周初，和姬姓结为姻亲和军事政治同盟的姜姓，就封为诸侯，如齐、吕、申、许各国，他们都不是天子的同宗同族。

外戚封侯，两汉最盛。西汉初期，吕后临朝执政，不仅大封诸吕为侯，而且先后封吕台为吕王、吕产为梁王、吕禄为赵王、吕通为燕王，整个朝廷大权集中在吕家手中。为此，陈平、周勃诛诸吕之后，选立了母族势力单薄的文帝。但汉武帝立卫子夫为皇后，其弟卫青封将军，卫青三个儿子还在摇篮里就都封为列侯。汉宣帝母早死，即位后却立即封外祖母王媪为博平君，舅父王无故为平昌侯，王武为乐昌侯。元、成、哀帝时，王政君以元帝后当政，王家父、兄、弟、侄或为大将军，或为大司马，王氏兄弟五人同日封侯，史称"一日五侯"。同时，外戚赵飞燕家、哀帝傅皇后家都大封自己亲属。正像《汉书·何武传》中记述，从惠帝、昭帝起，皇亲霍姓家族、上官家族，都分别把持政权，前后达二十多年。东汉多以小孩继承皇位，母后临朝者六人，和帝时窦太后，殇帝、安帝时邓太后，少帝时阎太后，冲帝时梁太后，灵帝时窦太后以及皇子辩时何太后，相应的外戚窦宪、邓骘、阎显、梁冀、窦武、何进等轮番掌权，每个家族都是奢纵糜烂，以遂私欲。特别是在冲、质、桓三帝时辅政的太后兄梁冀，"一门前后七封侯，三皇后，六贵人，二大将军。夫人女食邑称君者七人，尚公主者三人，其余卿、将、尹、校五十七人。在位二十余年，穷极满盛，威行内外，百僚侧目，莫敢违命，天子恭己而不得有所亲豫"（《后汉书·梁冀传》）。纵观两汉四百年，以帝王的母族或妻族的裙带关系参政执事，确是盛行不衰。

代魏而兴的西晋也是外戚专恣。晋武帝司马炎尊宠后族，杨骏以后父任车骑将军，封临晋侯，请谒公行，其弟杨珧、杨济势倾天下，时人号之曰"三杨"。惠帝即位，杨骏进位太傅、大都督，总管朝政，"尽斥群公，亲侍左右，因辄改易公卿，树其心腹"（《晋书·杨骏传》）。后族势力强大，连皇室宗族也只能愤然怨望。北魏宣武帝即位，追念母族，征召舅舅高肇、高澄兄弟，这兄弟俩见皇帝时还举止失礼，惶恐不安，但数日间平步青云，立封郡公，富贵显赫。隋朝建立后，杨坚追封其母族高官贵爵，其舅道贵言词鄙陋、动致违忤，但还授予济南太守；杨坚姑舅兄弟吕永吉"性识庸劣，职务不理"，也被授上党郡太守。杨坚皇后独孤氏家族更是封官袭爵，前后赏赐不可胜计。冀州刺史柳机的儿子柳述娶兰陵公主为妻，得到杨坚宠爱，只一年多就让他管理全国军队。靠家族裙带既快速且保险，正像《隋书·外戚传序》云："历观前代外戚之家，乘母后之权以取高位厚秩者多矣。"

唐代外戚高爵厚禄、荣宠任官也很普遍，最突出的一是武氏家族，武则天为皇后称制，武承嗣、武三思等子侄"咸树封建，十余年间，实亦荣极"（《旧唐书·外戚传》）。仅武氏子侄封王公者十几人，还有众多的高官勋爵。二是中宗韦后家族，"既居荣要，燻灼朝野"，在韦后的支持和纵容下，子侄族弟等皆高官厚禄，威震天下。三是玄宗时杨玉环家族，杨贵妃得宠后，杨氏诸兄妹骄横跋扈，树亲党，立门威，尤其是既无学术德行又为宗族所鄙视的杨国忠，借堂妹关系使自己身价百倍，升官晋爵，官至右相，掌全国官吏任免及财政

四川彭州出土
东汉酿酒画像砖

大权，兼任四十多个职务，排斥贤能，挥霍无度，贪功生事，终于造成了"安史之乱"。

宋以后外戚地位和特权都有所削弱，明清时又加甚。明代虽无外戚之祸，但封侯者比比皆是，椒房贵戚借宠广占庄田，免减赋役，田宅伎妾无数。除经济优待外，政治上加官晋爵者也为数众多，母族或后族的子孙显赫一门，在当时也是盛行无比。如宣宗孙皇后家族"长封侯，次皆显秩，子孙二十余人悉得官"。宪宗万贵妃家族"备戚属，子姓皆得官"，其弟万通"庶子方二岁，养子方四岁，俱授官"（《明史·外戚传》）。外戚受封赐爵，既非因功勋劳绩，又非因德高才俊，就是凭借宫掖之亲的家族裙带关系飞黄腾达的。汉、唐以来许多人对外戚的危害不断予以抨击，但都没有从家族延伸关系上去认识，没有意识到后族得到重用是和皇室家族分不开的，所以，只要封建宗法家族存在，外戚作为其延伸的寄生物就不会绝迹。

二、门阀士族

汉代以后到魏晋时，累世同居、聚族而居的社会阶层中，愈来愈讲究"世系""同宗"，宗法关系被扩展到一切方面，从而使宗族制度以门阀士族的家族组织作为其表现形式，"门阀"由此成为等级社会中盛行发展的重要现象，南则王谢褚沈，北则崔卢李郑，至唐犹然。

任何一种固定的等级身份的形成都不是一朝一夕的事情，据研究，魏晋门阀士族，就其一个个宗族而言，只有少数具有东汉世家大族渊源，经过社会大动乱和频繁的易代纠纷，多数属于魏、西晋地位上升的新出门户。[1] 旧族门户为了自矜世代承继的地位，保持等级身份特权，不仅着意渲染家族的权势，而且有意压低贬抑新出门户，骄矜作态，人为地划分士庶等级界限。唐长孺先生认为"士庶区别在晋、宋之间似乎已成为不可逾越的鸿沟，然而那只能是表示士族

---

[1] 田余庆：《论东晋门阀政治》，《北京大学学报》1987年第2期。

集团业已感到自己所受的威胁日益严重,才以深沟高垒的办法来保护自己"[1]。无论是旧门楣还是新贵显,都以自己作为分化出来的特殊等级而自命不凡、高人一等。

门阀士族这种典型的封建宗法等级制度的出现,当然是随着地主阶级内部力量发展的不平衡而独占或享有世袭特权的,就其等级性和宗法性两个十分明显的特征来说,它是以法律的形式确保地主

五代归义军节度使曹议金家族女性供养人像
敦煌莫高窟第 61 窟壁画

---

[1] 唐长孺:《南朝寒人的兴起》,《魏晋南北朝史论丛续编》,生活·读书·新知三联书店 1959 年版。

世家按家族系统世袭门阀权势，并成为直接支配政权的贵族统治阶层。它的形成，前提条件一是新出门户的军功庶族地主按照功勋大小"明尊卑爵秩等级"；二是各级官吏组成的官僚队伍依权力大小分享特殊的等级待遇；三是宗室外戚通过宗族与婚姻关系攫取权势而变为上层等级；四是儒宗名士以"经术传家"而成为标榜于世的高贵社会等级。当然，门阀士族不仅是在地主阶级内部按官爵划分为不同的等级，而且按血缘家族或宗族继承特权，从而形成冠族、望族、甲族、著姓的高贵门第，并渗透到官僚制度中，从任子荫庇到选士"论族姓阀阅"都对这种世袭化起了推波助澜的作用，特别是名士控制选举的实际权力后，"随所臧否，以为与夺"，加之他们本身大都出于大姓冠族，自然极有利于特权阶层进入官僚群，使政权结构门阀化。这样，实行以阀阅家世为选士标准和地方门阀大族控制选举权的二者结合，就愈发使门阀世袭特权固定下来。

曹魏建立时提出的九品中正制，"盖以论人才优劣，非为世族高卑"（《宋书·恩倖传序》）。九品中正制颁行之初，门第阀阅不是唯一标准，才能还受到一定程度上的重视，州郡察举还占有较重要的位置，但北方统一和曹丕即位后，由于九品中正制把选官大权交给了朝廷权贵和地方大族，为保证士族"世禄"而规定门第作为定品的条件，于是给予高门子弟以优先入仕特权，抛弃了汉代选官中的推荐、考察、试用等方法，因此不可避免地逐渐变为高门大族确定等级的工具，促进和加速了门阀制度的确立。

门阀制度确立于西晋的表现是，维护士族门阀经济特权的占田荫客制是这时实行的，土地所有权是一切权利的基础，太康元年颁布的《户调式》第一次以法律的形式确定了门阀地主在占田、荫族、荫客诸方面所享有的特权，规定"各以贵贱占田"，官吏第一品占田五十顷，以下按品级递减五顷；南朝时又扩大到对山林川泽的占有，如刘宋大明中"占山令"："官品第一、第二，听占山三顷；第三、第四品，二顷五十亩；第五、第六品，二顷；第七、第八品，一顷五十亩；第九品及百姓，一顷。"（《宋书·羊希传》）这虽然和历代按官品高低占田据山的情况本无多大区别，但是由于九品官人法保证了门阀大族世代高官的政治特权，这就使得经济特权也成为世袭性的了。而且"士人子孙"不管做官不做官，都可以享受荫族特权，这样"士人"就扩大成为"士族"，世代簪缨，门庭显赫。

其次，维护士族门阀政治特权的选官基础在这个时期最终形成。朝廷在州郡设置负责将当地人物评为九品的"中正"，长期为高门大族把持，故家世被看重甚至成为唯一标准，政府依据乡品高低授予相应的官职，到晋初终于出现"上品无寒门，下品无势族"的局面。门阀士族垄断选官仕途后，他们的子弟不分愚智，自可凭借门第，充任清要之职，做官的起点既高又快，如黄门郎、中书郎、散骑郎、秘书郎、著作郎、太子和诸王官属，以及公府掾属等，特别是大士族而又有封爵的，开始就当散骑侍郎，东晋时秘书郎四员皆为甲族起家之选，他人不能得此，故当时俗谚说："上车不落则著作，体中何如则秘书。"开始做官的年龄，士族与寒门也大有差别，"甲族以二十登仕，后门以过立试吏"（《梁书·武帝纪》）。据《晋

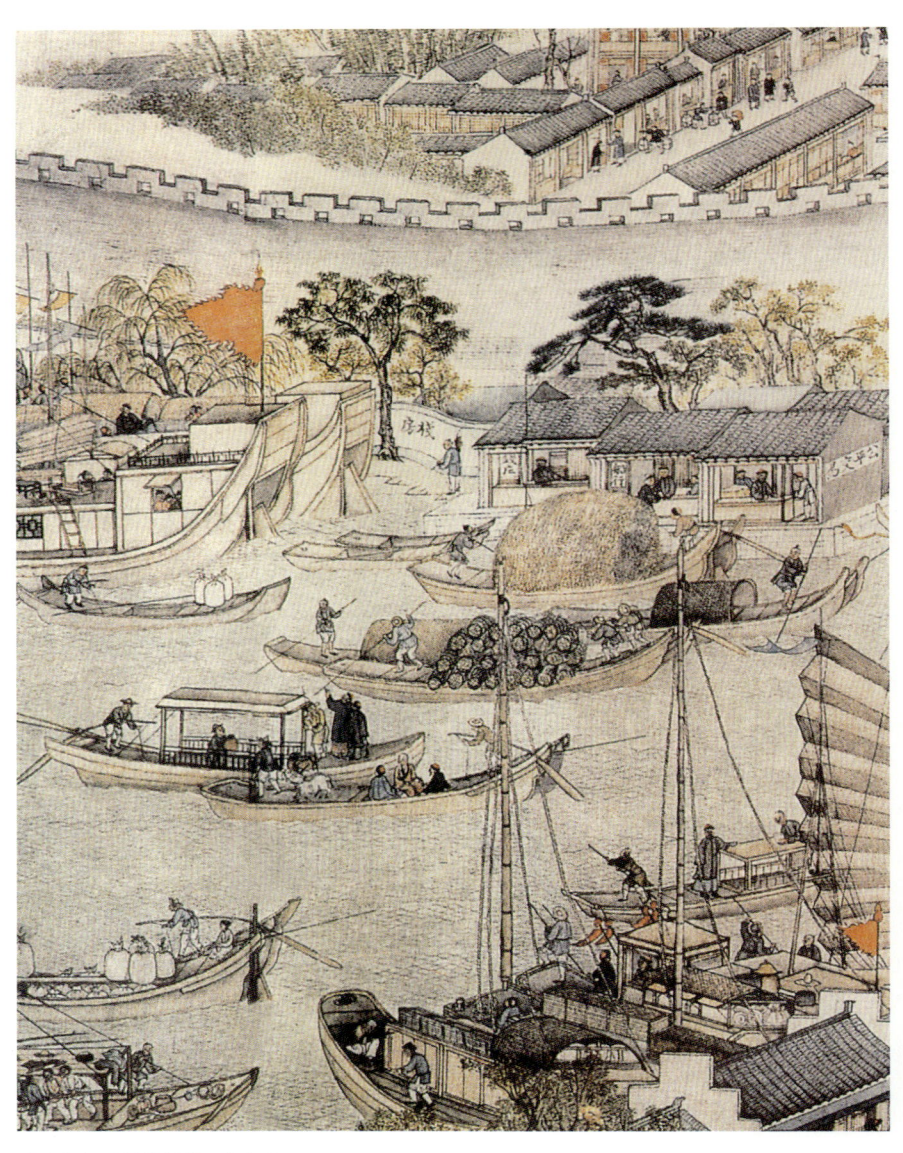

清代徐扬《姑苏繁华图》局部
辽宁省博物馆藏

书》中可以确认为高级士族子弟者统计，百分之九十二由吏部铨选和公府辟召入仕，他们"平流进取，坐致公卿"。如何遵"少有干能，起家散骑、黄门郎"。傅畅"年未弱冠，甚有重名，以选入侍讲东宫"。王恭"少有美誉，清操过人，自负才地高华，恒有宰辅之望"。"起家为佐著作郎，叹曰：'仕宦不为宰相，才志何足以骋！'固以疾辞，俄为秘书丞。"（《晋书·王恭传》）这些高门子弟根本不必经过察举，凭依门第而得中正高品，即由吏部直接授予官职。《晋书·段灼传》云："今台阁选举，途塞耳目；九品访人，唯问中正。故据上品者非公侯之子孙，即当涂之昆弟也。"所以，九品中正制是用以维护士族门阀独占的特权利益的。

再次，随着多数门阀家族在这个时期最终形成，士庶的界限也是从这时起不断严格起来的。"世胄蹑高位，英俊沉下僚"（左思《咏史》诗）；"举贤不出世族，用法不及权贵""富强者兼岭而占，贫弱者薪苏无託"；这一类士庶之间的划分不仅在清流美选的国家政治事务中存在，而且在士庶"婚宦失类"的社会生活中发展，连户籍上也分为"黄籍"（世族官僚）和"白籍"（庶民百姓）。这样，特权者永远是高门士族，寒庶者永远处于低卑等级。

南渡之后建立的东晋，则是门阀制度发展的鼎盛时期，地域性与宗法性结合的加强，使南北大族垄断最高权力形成寡头政治，并严格按品级分配权利，不但使门阀特权恶性膨胀，而且造成排他性日益严重的"士庶天隔"现象，这是因为宗法性和地域性都具有强烈的狭隘的特点，表现了特权占有的本质。例如当时"郡姓""吴姓""侨

姓""虏姓",都以"历世著名"家族为代表,终东晋之世,先后由王、庾、桓、谢四大家族主宰朝政。柳芳说:

> 过江则为"侨姓",王、谢、袁、萧为大;东南则为"吴姓",朱、张、顾、陆为大;山东则为"郡姓",王、崔、卢、李、郑为大;关中亦号"郡姓",韦、裴、柳、薛、杨、杜首之;代北则为"虏姓",元、长孙、宇文、于、陆、源、窦首之。

马端临在《文献通考》中也说:

> 自魏晋以来,仕者多世家。逮南北分裂,凡三百年,而用人之法,多取之世族,如南之王、谢,北之崔、卢,虽朝代推移,鼎迁物改,犹卬然以门地自负,上之人亦缘其门地而用之,故当时南人有"三公之子傲九棘之家,黄散之孙蔑令长之室"之说;北人亦有"以贵袭贵,以贱袭贱"之说。

这些血缘性的门阀家族,以其根深蒂固的等级权势,垄断从中央到地方的显要官职,"势倾天下"。他们无须建功立业,单凭其高贵的血统便可确定其等级地位,故到了南朝,他们便以不涉世务为"清",以有才干办事为"浊",甚至以立军功为"耻",有些人连书也懒得读,史称"明经求第,则顾人答策;三九公讌,则假手赋诗"。平时宽衣博带,涂脂抹粉,"出则车舆,入则扶持",

以显示自己的高贵身份，同时也是保持既得利益的表现。这样，社会上日益严格士庶之分，"士庶之际，实自天隔"（《宋书·王弘传》）；"士庶区别，国之章也"（《南史·王球传》）；士庶的等级区别竟被提高到天理国法上来。士族可与皇族通婚，绝不能与庶人寒族通婚，南北朝都是士族内部自相通婚。东海王源因嫁女于富阳满氏，沈约特别上章弹劾他说："王满联姻，实骇物听。"（《文选》卷四十）因为王家是世族，满氏是寒门，不能结亲，以防等级混淆。甚至士庶交往都不可以，宋孝武帝时，路太后的内侄孙路琼之到士族王僧达家中拜访，王僧达不与他说话，在路琼之走后还烧掉他所坐之床。纵然是皇亲，只要出身庶族寒门，士族也不屑于和他交往，足见等级之严格。

北朝门阀势力也是大步发展，虽然姓族高卑、士庶区别有所变化，但清河崔悦、颖川荀绰、河东裴宪、北地傅畅等都是魏晋以来的第一流高门，北魏太武帝统治时，宰相崔浩企图"齐整人伦，分明姓族"，即清定流品，区别士庶。孝文帝迁洛后实行重定士族、新编门阀序列，一方面使鲜卑贵族封建门阀化，另一方面与汉族门阀大家合流，并制定依据先世官爵判别姓族高低的新标准，《魏书·官氏志》载太和十九年诏令云："其穆、陆、贺、刘、楼、于、嵇、尉八姓，皆太祖已降，勋著当世，位尽王公，灼然可知者，且下司州、吏部，勿充猥官，一同四姓。"除这八姓定为一等贵族外，其余依官爵大小来定等级高卑，《新唐书·柳冲传》记载柳芳说："郡姓者，以中国士人差第阀阅为之制，凡三世有三公者曰膏粱，有令仆者曰华腴，尚书、领护而上者为甲姓，九卿若方伯者为乙姓，散骑常侍、太中大夫者为丙姓，吏部正员郎为丁姓，凡得入者谓之四姓。"北朝这一做法突破了"士族旧籍"的限制，提高了非士族的门户等级，从而扩大了北方门阀世族的队伍。于是，门阀制度在北方延缓了衰落的过程。西魏北周虽已"罢门资之选"，但直到隋代才废止了九品中正制和荫户制度，高贵等级的各种特权逐渐削弱。

"百足之虫，死而不僵"。尽管门阀制度正在迅速走向衰落，但存在于人们头脑中的门阀意识却仍在顽强地发挥着作用。唐初，唐太宗新修《氏族志》，"不须论数世以前，止取今日官爵高下作等级"（《旧唐书·高士廉传》）。因此，重新刊定的《氏族志》以皇族为首，外戚次之，山东旧士族被降为第三等，"凡二百九十三姓，千六百五十一家，颁于天下"（《资治通鉴》卷一九五）。这实际上是企图重建一套门阀制度来划分门户等级，以区别士庶在经济、政治、文化上的地位，所以既是阶级的区分，又是不同的等级区别。当然，唐太宗那套"止取今日官爵高下作等级"的做法本身就是对魏晋以来老门阀制度的否定，在客观上对庶族寒门有利。而唐太宗建立新门阀制度的努力很快又被武则天所否定，因为武则天为了巩固其统治，一面对唐朝开国元勋和关陇士族进行无情打击，一面又大量进用寒人入仕做官。同样，武则天也试图把她当朝新贵的地位固定下来，她下诏改修《氏族志》为《姓氏录》，并以"皇朝得五品官者皆升士流"为原则，五品官位者都被列入士族，武氏家族被定为第一等，门阀旧族虽有名分，实际上却被降低了等级。这一时期科举制度业已发展为选士的重要途径，且寒门可以军功进入士族行列，这就彻底打破了原来士庶等级的界限。可见，唐太宗、武则天的门阀观念，不过是一种新条件下的封建等级观念而已。中唐以后，"风教又薄，谱录都废，公靡常产之拘，士亡旧德之传，言李悉出陇西，言刘悉

礼佛家族人像
敦煌莫高窟第 130 窟壁画

出彭城，悠悠世胙，讫无考按，冠冕皂隶，混为一区"（《旧唐书·高重传》）。《通志·氏族略》说："自五季以来，取士不问家世，婚姻不问阀阅，故其书散佚而其学（谱学）不传。"门阀制度到唐末五代彻底消失了。但封建的等级和特权仍然存在，门阀状态也仍然出现，诸种世袭性门阀等级特权还以不同形式重现，一直到封建社会末期。可以说，门阀士族的作用恰恰就在于使各阶层之间的等级差别和界限凝固化，甚至使统治阶级内部的等级差异也永远凝固起来，以维持自己的特权利益。正像有的学者已指出的："封建官僚的门阀化，是很多因素造成的，如封建伦理道德观念、家族观念以及天道观等，但官僚们凭借特权，由贵而富，由富而贵，互助作用，乃是官僚门阀化的最根本原因。各封建王朝官僚之间实际存在的阀阅等第，正是建立在大小有别的特权基础之上的，因而封建官僚门阀化的现象，成了历代王朝无法医治的顽症，这也说明门阀现象是封建专制制度本身造成的。"[1]

三、家谱世系

家谱是以记载父系家族世系、人物为中心的历史图籍。它作为维护世家大族特权和巩固宗法家族统治的工具，曾起过其他著述所不具有的作用。固然家谱有着人口消长、战乱流徙、婚姻仕宦、田

---

[1] 叶林生：《论特权与封建官僚的门阀化》，《社会科学》1980年第1期。

产赋役、世系繁衍等政治、经济、文化史料价值，但它扬善隐恶、淆讹攀附、人自为说、妄扯祖先等内容，更是为了提高家族、家庭门户等级的粉饰手段。

南宋学者郑樵《氏族略》指出："自隋唐而上，官有簿状，家有谱系。官之选举，必由于簿状；家之婚姻，必由于谱系。历代并有图谱局、置郎、令史以掌之，仍用博通古今之儒，知撰谱事。凡百官族姓之有家状者，则上之，官为考定详实，藏于秘阁，副在左户。若私书有滥，则纠之以官籍，官籍不及，则稽之以私书。此近古之制，以绳天下，使贵有常尊，贱有等威者也。所以人尚谱系之学，家藏谱系之书。"（《通志·氏族略》）可见，家谱玉牒的作用就是辨等级，分贵贱。

家谱牒书之源，由来久远，从殷商的甲骨文辞中已可窥其端绪。周代有"小史"专官"掌邦国之志，奠系世，辨昭穆"（《周礼·春官》）。司马迁"读牒记，黄帝以来皆有年数"，于是以《五帝系谱》《尚书》集世纪为《世表》。以此而推，谱牒肇自周代，其确凿之据为《世本》。《世本》记黄帝至春秋时君王诸侯大夫的系谥、名号、居（都邑）、作（制作）等，其中《帝王谱》记尧、舜等帝王传授系统，《诸侯谱》记鲁、齐、晋、秦、楚等三十三国国君谱系，《卿大夫谱》记当时卿大夫四十五家世系，《氏姓篇》则记一百四十九家姓氏的世系。《世本》乃先秦重要史籍之一，被尊为谱牒开山鼻祖。据说诗人屈原曾任楚国三闾大夫，"掌王族三姓，曰昭、屈、景，屈原序其谱属，以厉国士"（王逸《离骚注》）。谱牒产生于周代，是因为嫡长子继承的宗法制度被确立，与之相适应的"尊祖敬宗"血缘崇拜，由天子至士民层层分封的等级分配关系确定，从而实现等级宗法制统治秩序的目的。于是乎用来"考支派序昭穆，明嫡庶别亲疏"的谱牒便应运而

山西忻州九原岗北齐墓壁画
北齐《墓道楼阁图》

生了。所以谱牒是宗法等级制度下的产物，尊世系、辨昭穆、别贵贱、继传统的功能是无疑的。

秦代除皇帝外，谱牒之事不再设立专官，此后历代相沿。汉代自武帝后，君臣等级与血缘尊亲观念进一步加强，谱牒作为强化等级社会统治的有力工具更得以发扬光大。"叙九族，袭亲属"蔚成风气，当时出现了《帝王年谱》《氏族谱》《万姓谱》《邓氏官谱》等。魏晋六朝之世，门阀士族极度膨胀，"不考人才行业，空辨姓氏高下"，官之升降，"世重高门，人轻寒族，竟以姓望所出，邑里相矜"（《史通·邑里》）。"有司选举，必稽谱牒。"唯其如此，这一时期可谓谱学的黄金时代。当时士族高门与庶族寒门是不容逾越的等级，而且等级身份代代相袭，家谱牒书成为强宗世族政治做官、经济占田的得力工具，修订宗族谱牒不仅是自诩门第高贵，而且以此排斥素族寒微，宋孝武帝就因出身"细族孤门"，遭到袁粲的欺凌；萧道成在南朝宋时，以军功迁散骑常侍兼镇军将军，进封公爵，地位不可谓不高，但写信给袁粲等，书中犹自称"下官常人"，他做了南齐开国皇帝，临终遗诏还说"吾本布衣素族，念不到此"（《南齐书·本纪》）。侯景投奔南梁后，请求和王、谢通婚，梁武帝回答"王谢门高非偶，可予朱张以下访之"（《南史·侯景传》）。王导、谢安等后代都是江南头等名门望族，不是侯景所可高攀的。但寒门庶族也不会安居于低卑等级，他们别觅出路，利用通婚、贿赂、结交、请托等多种方式，改换门庭，荫庇于世家大族之下，故"改注籍状，诈入仕流"（《南齐书·虞玩之传》）。士族高门为维护自己的等级利益，自然对谱牒尤为重视，以谱牒作为一系列等级隔离措施的根据，不但官品依谱牒区分上下清浊，婚姻上也依谱牒衡量交往通亲与否，连士庶各应穿什么颜色和款式的衣服，也要依谱牒定出明文的条例，以防等级混淆、尊卑瓦解。因此，魏晋南北朝修谱之风极盛，从事谱牒著作和谱学研究的学者大量涌现，像晋朝的挚虞，综括各地名门大族之家谱编成《族姓昭穆记》等。贾弼编《姓民簿状》广集百家之谱，"甄析士庶无所遗"。其孙贾渊著《姓氏要状》，又为竟陵王子良撰《见客谱》书称："三世传学，凡十八州世族谱，合百帙七百余卷，该究精悉，当世莫比。"此外，像傅昭的《百家谱》，王僧孺的《百家谱》，元晖业的《后魏辨宗录》，姚最的《述系传》等，共计各种族谱家牒五十余种，一千三百多卷，确实成为世家大族区分等级的有力工具。

隋唐时期废"九品"，行科举，作为选举仕进依据的谱牒理当摒弃。但是，士族门阀观念仍旧炽行朝野，因而郑樵宣称"姓氏之学最盛于唐"（《通志·氏族序》）。如果说魏晋六朝谱学的突出特征是鲜明的门阀观念和森严的等级界限，那么唐代沿袭这种观念和界限继续炫耀家庭出身与众不同的高贵，只不过是前者为"官之选举"，后者为"涌入士流"，形式相同而本质稍有变化。唐代家谱牒书出现的新特点是：谱书多为官修，在评定族姓标准上，一改往日门第等级而为皇姓第一，外戚第二，其余仍旧。不久又改为依据当朝官品高低重新评定等级，在一定程度上否定了旧的门阀制度。唐朝统治集团重视谱系之学，组织修撰大型谱牒著作，唐太宗亲自主持编纂的《氏族志》"合二百九十三姓，千六百五十一家，分为九等"（《唐会要·氏族》）。初唐之新贵，魏晋以来的旧望世家，尽收其中，原则是"参考史传，检正真伪，进忠贤，退悖恶，先宗室，后外戚，退新门，进旧望，右膏梁，左寒畯"。三十年后，"耻其家代无名"的李义府看透了出身寒门的武则天的心思，联合士族出身的许敬宗上书皇帝，重改《氏族录》为《姓氏录》，也按九等收姓二百三十五，二千二百八十七家，其中皇后四家，一品官吏为第一等，文武二品与知政事三品为第二等，其他按官品类推，止于五品，以军功士卒升五品者也可入谱。至此，寒门士人步入官场者都能在这部"崇树今朝冠冕"的谱牒中实现新的等级地位。《氏族志》颁行后近七十年间，"门胄兴替不常"，唐中宗时修改其书，到玄宗时柳冲等撰成《姓族系录》，依据士庶变化重新区分等级，这是唐代最后一部重要的大型官修谱牒。肃宗之后士庶界限日渐缩小，谱牒作为官方工具的作用也不断走向衰落，但私修家谱却兴盛起来，贾至的《百家类例》、林宝的《元和姓纂》、刘知几的《刘氏家史》《谱考》、王方庆的《王氏家牒》，等等。当然，《皇室永泰谱》和《皇唐玉牒》等官谱仍然很有影响，即使私撰，不仅"旧族纪其先烈，贻厥后来"，而且"荜门寒族，百代无闻，而驵侩挺生，一朝暴贵，无不追述本系，妄承先哲"（《史通·邑里》）。时人竟以谐谱为荣，无疑还是想获得高贵身份或寻求入仕之门，据朱国桢《涌幢小品》卷九统计："唐之宰相，最重世族，裴氏、崔氏、张氏最著。裴氏五房，宰相十七人；崔氏十房十七人，张氏十七人，韦氏三房十四人，……杨氏、杜氏皆十一人，王氏三房十三人，郑氏二房九人，……卢氏三人。李氏最繁，陇西四房，宰相十一人，赵郡六房十七人。"可见，世家大族的特权影响还在，刊正全国姓氏、区分门第高下的谱牒（不论是官修还是私撰），仍有着重要的意义。像刘知几常以自己是帝王之后、

河北邺城北吴庄出土
南北朝张景章造观世音像

彭城名族而自豪,提倡"凡为国史者,宜各撰《氏族志》,列于百官之下"。甚至如李守素明辨姓氏,时谓"肉谱"者。所以,"矜尚门阀"的优越感在唐代依然不同程度地存在着。有的人一遇问及自己出身,竟然丧魂失魄,"殆不能步,色如死灰"(《资治通鉴》卷一九五)。

《新唐书·宰相世系表》序云:"唐为国久,传世多,而诸臣亦各修其家法,务以门族相高。其材子贤孙不殒其世德,或父子相继居相位,或累数世而屡显,或终唐之世不绝。"尤其是"唐宰相三百六十九人,凡九十八族"中,士族出身者有一百二十五人,因而士族和庶族入仕登宰辅之位者,都同样热衷于"修其家法",这正是唐代谱牒发展的社会原因,也是当时官修向私撰转变的原因之一。至于谱系之学和婚姻门第的关系就更为密切,作为一种典型的封建等级观念是不会轻易退出历史舞台的。

唐末五季,兵连祸结,门阀士族销声匿迹。入宋以后,由于进士入仕制度的继续扩大,以知识和官爵作为划分阶层的标准更为重要,谱牒区分门第高低的社会政治作用进一步缩减。修谱续牒主要注重族内世系、婚姻、亲疏远近关系和敬宗睦族的伦理道德教化,以及统一宗族内部的思想和言行,而不复讨论门户品级和宗族之间高下等问题。尤其是以程朱为代表的理学家倡导"管摄天下人心,收宗族,厚风俗,使人不忘本,须是明谱系世族与立宗子法"(《张载集·宗法》),这正是谱牒赖以滋生的温床。但是,修谱在宋代发生了重大变化,除皇家玉牒专置官员"序宗族,纪族属,岁撰宗子名以进"外,家谱均由私家编撰,当时诸如家谱、宗族谱、支谱、世谱、家乘等层出不穷，卷帙浩繁，同时还产生了专门记载人物生平事迹的"年谱"体裁。欧阳修的《欧阳氏谱图》和苏洵的《苏氏族谱》，以其"世次荒远，不敢漫为附会，凡所推溯，断自可知之代，最得《春秋》严谨之旨"（《章氏遗书·高邮沈氏家谱序例》）；从而成为私谱之圭臬，欧、苏创造的谱式使私谱体例规范化，后世遂以此为榜样。

宋代谱学著作较有名的有：王安石的《许氏世谱》，司马光的《宗室世表》，钱明逸的《熙宁姓纂》，黄邦俊的《群史姓纂韵》，徐筠的《姓氏源流考》，郑樵的《氏族略》等。当然，因为家谱、族谱在这时主要不是用来夸示门第，而是结合本族成员，"以忠事君，以孝事亲，以廉为吏，以学立身"，故有些谱牒考订不够精确，有些追溯五世以上的祖先事迹会遇到贫贱的经历，于族人脸上无光，也只好采取"小宗之法"，即只记五世之内的政治、经济地位变迁，[1] 以此来维持家族组织。所以宋代还是"以官为家"的家谱较多，"世家族系"的族谱较少。

降及明清，朝代几经更迭，新贵族代替旧贵族，新官僚集团代替旧官僚集团，宋代以来的等级界限又有所发展，《明史·功臣世表》叙云："（唐）房、乔远势，首让世封，是以英、卫子孙，齿于甿隶。而宋代勋阶祇崇虚号，……初无世及之文，非复承家之旧。至明祖开基，乃旷然复古。"所以修谱之风更盛，遍及各个家族，往往是

---

[1] 朱瑞熙：《宋代社会研究》，中州书画社，1983年，第106页。

一修再修以至多次重修和续修，修谱成为各宗族活动中之重要大事。明清统治者也深知家谱有利于维护封建等级社会秩序，故虽属私家之事也予以鼓励和倡导，如《孔子世家谱》在宋以前只收录直系长子长孙，北宋始合修族谱，支庶兼采，明中期曾规定每六十年的甲子年大修，刊印谱籍；三十年小修，仅做登录以俟大修。孔谱历经明清沿至民国，条规森严，违则除籍，清咸丰年间入谱者已满四万，其包罗内容之富，划分等级之清，均堪称私谱之冠。康熙和雍正帝都号召过修撰家谱，云："笃宗族以昭雍睦"，"修族谱以联疏远"。清代旗人袭爵、出仕，需要有官方认定的家谱做证，如乾隆敕撰的《钦定八旗满洲氏族通谱》八十卷，每一姓氏下总书地名和官阶事实，故旗人修谱者也很多。

元明清的谱学著作如元陈栎编《新安大族志》，明凌迪知撰《历代帝王姓系统谱》《万姓统谱》，清汪辉祖撰《史姓韵编》，张澍撰《姓氏寻源》，李魁第辑《姓氏族谱合编》等，内容包括世系、郡望、恩荣、官爵、冢墓、艺文等，尤其在划分等级的嫡庶、官职、田地等谱录上，是非常严格的。

至于等级社会的高层——皇室贵族，其玉牒的修纂另有一套严格的规矩，历朝皆由皇族中选人充任，唐宋为宗正寺卿，元称大宗正府扎尔呼齐，明设宗人府，清也同样。修谱时，玉牒馆置总裁、纂修等官，从大学士、翰林院官中挑选担任，玉牒一份"进呈御览"，尔后藏之皇史宬，其余两份恭贮于礼部和宗人府，耗资巨万，兴师动众，确定宗族内不同等级，作为发放俸禄、封赐官爵、指婚定名的基本依据，提供相关的等级身份资料。

可以说，我国的谱牒绵亘数千年，伴随着封建等级社会兴衰隆替，其划分、确定等级是另外任何一个国家都无法望其项背的，其体现的等级观念也是其他著述所无法代替的，它在研究等级社会发展史上具有特别的意义。

第十章 等级与礼仪

春秋时期晋国的随武子曾说过:"贵有常尊,贱有等威,礼不逆矣。"(《左传·昭公十二年》)卫国的北宫文子在回答卫侯"何谓威仪"这一问题时也说:"君有君之威仪,其臣畏而爱之,则而象之,故能有其国家,令闻长世。臣有臣之威仪,其下畏而爱之,故能守其官职,保族宜家。顺是以下皆如是,是以上下能相固也。卫诗曰:'威仪棣棣,不可选也。'言君臣、上下、父子、兄弟、内外、大小皆有威仪也。"(《左传·襄公三十一年》)以后的《礼记》则把等级与礼仪说得更加明白,《坊礼》说:"夫礼,坊民所淫,章民之别。"《乐记》说:"礼义立,则贵贱等矣。"这里所说的"礼",既有政令制度的范畴,更有仪式礼节的内容,并衍化为后世之日常礼教。

古代等级社会里非常重视礼仪的功用,首先是因为"礼不下庶人",礼的本质是等级制,而等级观念对礼仪的浸染几乎无所不在,因而只有显贵达官及士大夫们有讲礼的资格,庶人对礼是不大认真的。《荀子·富国》说"由士以上,则必以礼乐节之"。表现等级不可逾越而又上下安于这种等级的礼仪,固然只在统治阶级内部举行,然而它真正的作用是使人们从各种礼仪中，形象地感觉到贵贱尊卑的等级差别出于天帝的安排。"揖让周旋"，"仪容动作"，都是让人们在进退、登降、坐兴、俯仰上遵守等级差别，起着使等级身份凛然不可侵犯的作用。因此，礼仪不是凭空的创造，而是在现实等级社会生活中逐渐完善、升华出来的。

其次，统治阶级注重礼仪无所差忒，将具体礼仪提炼为一种礼典，并对礼典仪式加以装潢和粉饰，成为一幕幕庄严肃穆、令人敬畏的场面，稍有差错就被视作僭越、犯上、篡夺，《左传·成公十三年》载刘康公的话："民受天地之中以生，所谓命也。是以有动作礼义威仪之则，以定命也。"然而，只有人们自觉地依照等级差别，才能"礼尚往来"，才能注重各个等级相互的关系，"往而不来非礼也，来而不往亦非礼也"（《礼记·曲礼》）。等级差别是唯一重要的，还需要用礼仪进行协调，"礼之用，和为贵"（《论语·学而》），从而使礼仪既有等级的不可侵犯性，又表现上下尊卑安于差别的和谐性。人之所以为人，就是因为有礼，人只要尽了自己等级的为人本分，就是完人，"君子行礼，不求变俗"，在日常行为中将礼仪凝固成民风习俗，实践于等级生活中，即使是繁文缛节也泾渭分明，不断施行。

礼仪有两点功用："定亲疏，决嫌疑，别同异，明是非"；"毋不敬，俨若思，安定辞，民安哉"（《礼记·曲礼》）。固然其积极方面使人讲礼貌、顺人情，但其消极方面是使人在恭敬节让中遵守等级区别的"天道"，维护宗法等级社会秩序，成为人们的精神枷锁。

一、揖拜跪趋

当人类处在原始群落中的时候，虽无尊卑贵贱之分，但人与人之间已有了一定感情的意向，见面后本能地四肢着地，有意无意地用一些象征性动作来表示他们的意向，一来变换一下体位可以休息，二来体现出互相间的敬意。久而久之，见面四肢伏地的动作就成为社会生活的一种习惯，并常常被用作巩固社会组织和加强部落之间联系的手段。有人认为这就是跪拜礼的雏形[1]，这是很有道理的。

进入阶级社会以后，统治阶级对这种前肢着地、后肢弯曲的习惯加以改变和发展，逐渐形成正规的"礼"。况且当时人们皆席地而坐，所谓"两膝著地，以尻著踵而稍安者为坐"。这种坐姿对于行跪拜礼，是很方便的，"伸腰及股而势危者为跪，因跪而益至其恭，以头著地为拜"。以跪拜作为一种礼节，自然而然地得以延续。同时跪拜礼俯首低视、双手及地的姿势，对受礼者的人身安全也颇具防范作用。至于"膜拜"，则是"举两手，伏地而拜"，表示没有不轨之图，受礼者及其随从居高临下，可及时采取安全措施对付处于劣势的跪拜者。

随着奴隶社会等级制度日益森严，各种礼仪礼节也日益繁杂化、规范化、经典化，仅跪拜礼一节就被分为九种格式。据《周礼·春官·大祝》记载："一曰稽首，二曰顿首，三曰空首，四曰振动，

---

[1] 姚荣涛：《跪拜礼的起源与消亡》，载《古代礼制风俗漫谈》，中华书局，1983年。

五曰吉拜，六曰凶拜，七曰奇拜，八曰褒拜，九曰肃拜。"各种不同等级、不同身份的社会成员，以及在各种不同的场合，所规定使用的跪拜礼都是不一样的。例如"稽首"，是最隆重的"臣拜君之礼"，地位相等的人们之间通用"顿首"；而"吉拜"则属于"常祭之礼"；"肃拜"为妇女答拜的正礼；等等。特别是跪拜礼逐渐由互相致意演变成一种表示臣服的礼节，"拜，服也；稽首，服之甚也"。行跪拜礼的，总是臣服者、卑贱者，并日见其明显地被掺入了一种人格侮辱的成分，以至"卑躬屈膝"成为损人尊严的贬义词。当然，九种跪拜礼中只有四种作为正拜，即稽首、顿首、空首、肃拜。但是作揖打拱，手持兵器而先屈一膝之拜以及穿戎装甲胄者不拜跪等也很普遍，《礼记·少仪》中说"武车不式，介者不拜"即是。此外，周代还有袒和肉袒之礼，是拜会之礼中的致敬者。袒就是袒露臂膀，遇丧事与割牲都有袒袖之礼。《史记》中所说的周武王伐纣克殷，微子持其

陕西西安东郊唐墓出土
唐代彩绘跪拜女俑

祭器到周武王军门，肉袒面缚，跪膝行前，表示臣服。《左传·僖公六年》"许男面缚衔璧，大夫衰绖，士舆榇"，这仍是指露臂肉袒，反缚二手，跪地而行，并饰以丧服，按男爵、大夫、士等不同级别致以尊卑次等的敬礼。

西周之后，依天子、诸侯、职官等级规定的跪拜之礼、朝会之礼、相见之礼、彼此酬酢等各种礼仪渗透到社会各阶层，并为儒家所提倡推崇。秦代虽用法家学说治国，但也在"收其礼仪，归之咸阳"的过程中，"采其尊君抑臣之礼"的部分，"以为时用"。西汉初，叔孙通征鲁诸生三十人制礼，大抵因循秦朝礼仪，有所增损。汉高祖七年十月，长乐宫建成，诸侯群臣朝贺时俯仰进退皆按礼而行，自诸侯王以下莫不震恐肃敬，至礼毕无敢欢哗失礼者。于是，

河南三门峡出土
战国跪坐人漆绘铜灯
河南博物院藏

陕西临潼秦始皇帝陵陪葬坑出土
秦代跪姿俑
陕西省考古研究院藏

陕西咸阳景帝阳陵陪葬墓出土
汉代彩绘陶跪坐女俑

第十章 / 等级与礼仪　411

刘邦深有感触地说："吾乃今日知皇帝之贵也。"(《汉书·叔孙通传》)此后，叔孙通编定的《汉礼仪》就成为汉朝通用的礼制，一直到东汉末年还流行于世。像"二千石以上上殿称万岁"的朝会之礼，拜皇太子的"三稽首"礼，拜诸侯王公的"三顿首"礼等(《东汉会要》卷六《礼》)，都是按等级身份制定的仪式。据汉代画像石来看，当时两膝着席而坐，股臀坐于足跟之上，乃是汉人普遍生活习俗，跪与坐之别在于：臀着足跟是坐，若将身引直而起，则谓之跪。如再将身略屈而首至手则谓之拜，倘若头至地则谓之稽首。这种坐、跪、拜的礼仪自然是按身份不同在不同场合使用的。

值得注意的是，在尊卑贵贱的等级社会里，男尊女卑也是社会规范的重要内容，因此，汉以前的女子拜仪也是跪拜。如《战国策·秦策》记载，苏秦游说秦惠王碰壁回家后，其嫂连饭都不给他做。后来苏秦当了赵国宰相，路过家乡洛阳，全家人出城三十里迎接，其"嫂蛇行匍伏，四拜自跪而谢"。《汉书·周昌传》记载，汉高祖刘邦要废太子，被御史大夫周昌劝阻作罢，躲在东厢的吕后听到后，"为跪谢曰：'微君，太子几废'"。《后汉书·列女传》也云，皇甫规死后，其妻妙龄容美，丞相董卓用厚礼去迎娶，皇甫规之妻"乃轻服诣卓门，跪自陈情，辞甚酸怆"。这种女子跪拜礼到隋代还盛行，《隋书·礼仪志》记载北朝后齐拜贺皇后的礼仪时说："皇后兴，妃主皆跪；皇后坐，妃主皆起；长公主一人，前跪拜贺。"女子跪拜礼的改变，是在唐代武则天改制时。武周政权建立后制定礼仪，将女子的拜姿改为正身直立，两手当胸前微动，微俯首，微曲膝。这种拜仪在唐宋时称为"女人拜",同时常常口称"万福",所以到明清时就把女人拜叫"万福礼"。诚然,在等级相差较大或隆重典礼场合时,女子为表示恭敬仍行跪拜大礼,与一般的应酬习惯是截然有别的。

与跪拜礼相辅相成的是宾主相见的礼节——拱手作揖。《论语·述而》:"揖巫马期而进之。"《周礼·秋官·司仪》:"掌九仪之宾客摈相之礼,以诏仪容、辞令、揖让之节。"可见,拱手作揖早在春秋以前已蔚然成风,为此,《仪礼》与《礼记》还专门列有"士相见礼",具体规定了主客相见、大夫相见以及天子诸侯相见的仪式礼节(《曲礼》或《郊特牲》)。这样,作揖礼逐渐演变成爵官显宦之间的相见礼,并有了让道躲避、侍立两旁等烦琐规定。例如《汉官仪》说,丞、郎见令、仆射,执板拜,朝贺对揖。丞、郎见尚书,执板对揖,称曰"明时",郎见左、右丞,对揖呼曰"左、右君"。御史中丞、侍御史行复道中,遇尚书、丞、郎皆避车,执板住揖。丞、郎坐车举手礼之,车过远乃去。两晋宋齐梁陈延续这种揖令,隋唐时又称为"叉手礼"。据《事林广记》载"叉手法"云:"以左手紧把右手,其左手小指则向右手腕,右手皆直其四指,以右手大指向上,如以右手掩其胸,不得着胸,须令稍离,方为叉手法。"其距胸前二三寸。《唐语林》载:"华阴杨牢……登时叉手咏曰……"柳宗元也有"入郡腰常折,逢人手尽叉"诗句,温庭筠作赋爱"凡八叉手而八韵成",故时号温八叉。叉手的礼节一直到宋代都很盛行,成为一种见面礼俗。

唐代对相见礼有严格规定，命令上下官吏见面时必须执行。《唐六典》卷四载：

> 凡百官拜礼各有差。文武官三品已下，拜正一品；中书门下则不拜。东宫官拜三师，四品已下拜三少。自余属官于本司隔品者皆拜焉。其准品应致敬而非相统摄则不拜。谓尚书都事于诸司郎中、殿中主事于主局、直长之类，其品虽卑则亦不拜，若流外官，拜本司品官。
>
> 凡致敬之式，若非连属应敬之官相见，或自有亲戚者，各从其私礼。诸官人在路相遇者，四品已下遇正一品，东宫官四品已下遇三师，诸司郎中遇丞相，皆下马。凡行路之间，贱避贵、少避老、轻避重、去避来。

这种以行政法典确定品官之间的等级礼仪，是前代所不详备的成文法，表明等级制度进一步加强。所以，史书中有许多唐人违礼

陕西蒲城唐让帝惠陵出土
唐代跪拜俑

的记载。例如太和中，御史中丞温造"道遇左补阙李虞，恚不避，捕从者笞辱"（《新唐书·温造传》）。武则天垂拱初年，三品宰相苏良嗣"遇薛怀义于朝，怀义偃蹇，良嗣怒，叱左右批其颊，曳去"（《新唐书·苏良嗣传》）。先天时，玄宗女婿长孙昕与御史大夫李杰"遇于道"，仗势殴辱李杰，因而违礼被杖杀。宝历初年，御史中丞王播路遇尚书左仆射李绛，"不之避"；"绛引故事论列"，被下迁太子少师。（《新唐书·李绛传》）代宗时，少尹鲍防"与知杂御史窦参遇，导骑不引避，参谪其仆"（《新唐书·鲍防传》）。元和十一年京兆尹柳公绰"方赴府，有神策校乘马不避者，即时搒死"（《新唐书·柳公绰传》）。"故事，京兆避台官。（京兆尹李）实尝与御史王播遇，而驺唱争道，播钩责从者，实怒，奏播为三原令，廷辱之。"（《新唐书·李实传》）元和时京兆少尹郭行余"尝值尹刘栖楚，不肯避，栖楚捕导从系之"（《新唐书·郭行余传》）。宣宗时，"校理杨收道与三院御史遇，不肯避，朝长冯缄录其驺仆辱之"，遭到集贤院大学士的抗议，从此著令"三馆学士不避行台"（《新唐书·马植传》）。其实，像这样的法令在唐代还有，例如："凡御史以下遇长官于路，去戴下马，长官敛辔止之。出入行止，殿中以下视以为法，先后有罚。"（《新唐书·百官志》）"大和三年，两省官同定左右仆射仪注：御史中丞已下，与仆射相遇，依令致敬，敛马侧立待。""御史大夫与仆射道途相遇，则分道而行。旧事，左右仆射初上，御史中丞、吏部侍郎已下罗拜。"（《新唐书·李汉传》）由此可见，按官位大小、品级高低施行的见面礼，在唐朝多次议定，下吏绝对不能冒犯上官，这是"礼"的本质。

宋承唐礼，下级见上级、卑吏见尊官或彼此相见时，除重大的跪拜、磬折诸礼外，以立正叉手为礼，如果撒手则为不敬。如岳飞被陷害入狱，初时对狱吏立身不正而撒其手，吏即击杖叱其曰"叉手立正"。此种敛身叉手礼与唐代仪俗相同，有拱手作揖的意义。又《老学庵笔记》载："旧制，朝参，拜舞而已，政和以后增以喏。然绍兴中，予造朝已不复喏矣。淳熙末还朝，则迎驾、起居，阁门亦喝唱喏，然未曾出声也。"这种唱喏也有作揖的意义。凡作揖时要立稳而稍阔其足，揖拜时须曲身眼看鞋头，方称有仪。如果是唱喏完，则应随时叉手于胸前。南方妇女行礼颇像周代规定的肃拜，屈膝缩身，敛手至地；北方妇女则拱手做退状，像是坐地的样子。虽然宋代妇女一般不行跪拜叩礼，但在重大礼节时必须两膝跪地，以表示恭恭敬敬。

陕西凤县出土
宋代跪拜文吏俑

金代着公服时用汉人拜仪，着便服时各用本族拜仪。金朝女真人的拜仪，先袖手微俯身，稍复却乃跪左膝，拱手摇肘三下为拜，但跪时必须摇袖下拂膝上，以表示对尊贵者的致敬。而元代蒙古族遇大事要免冠解带行跪礼，平时行礼则交抱为揖，左跪以为拜，见尊贵则膜拜，特别要脱帽为敬。

明清时期随着君主专制制度的高度发展，统治者为了宣扬君尊宦卑，强化皇权的至高无上，十分注重礼法，并形成一整套繁文缛节的君臣相见礼仪，以及官员间的高卑之礼，《明史·礼志》记载的礼节就有近百种，如臣下见皇帝的大朝仪、常朝仪、诸司朝觐仪、进书仪、接诏仪等，举凡都是搢笏鞠躬、俯伏跪唱、五拜三叩头等，臣僚人格的卑下在礼节上反映得一清二楚。特别是"品官相见礼"规定：

> 凡官员揖拜，洪武二十年定，公、侯、驸马相见，各行两拜礼。一品官见公、侯、驸马，一品官居右，行两拜礼，公、侯、驸马居左，答礼。二品见一品，亦如之。三品以下仿此。若三品见一品，四品见二品，行两拜礼。一品二品答受从宜，余品仿此。如有亲戚尊卑之分，从行私礼。三十年令，凡百官以品秩高下分尊卑。品近者行礼，则东西对立，卑者西，高者东。其品越二、三等者，卑者下，尊者上。其越四等者，则卑者拜下，尊者坐受，有事则跪白。(《明史·礼志十》)

其他如官员相遇回避、让道而行、引马侧立、分路而行等诸礼，都是依品秩递差或按爵位职官大小论定。又如属官见上司要作揖或行拜礼，而上司只需拱手答礼。至于民间士农工商的相见礼，也要序尊卑，幼见长于道必拱立于旁，俟其过后才能弛礼，子孙见尊长、生徒见其师、奴婢见家长等皆按等第次序，久别行拜礼，近别行揖礼。这些"格上下、修贵贱"的礼仪无疑是集前代之大成。

清代为显示皇权尊严和等级差别，礼节烦琐达到古代社会的高峰，在大典礼时臣僚要行三跪九叩首之礼，其最为严重的，就是大臣等被召见时叩头还需要碰得砖地咚咚发响。次有二跪六叩首和一跪三叩首礼，官员入室见君主必先去帽而后跪拜。往往行完礼后站起来，还要再叩三个大头谢赏，才算完毕。此外又有打跹、请安诸礼，请安礼要屈右膝，或左膝前屈、后腿弯，作蹲身垂手状。满族无作揖、打恭礼，如遇尊长须双膝着地，名曰跽安。弟向兄请安则以双手扶之，名曰接安。平行者则各屈一膝以谢。凡遇有诏敕颁下，全家具着本等级品官服饰，跪迎门外，入内后行三跪九叩首礼，然后跪捧诰敕起而恭藏。至于官员尊卑之间，行礼也比前代严重，有跪在道右，让道而行，作揖长拜等礼。这对文武百官来说也是一件苦差事，有的由于"跪拜良久"竟至当场暴死，有的由于"误踏衣袂"而仆倒在地，年逾花甲仍得长时侍立，整个行礼时都得小心谨慎，唯恐失仪，否则"即指名拿参，交刑部治罪"（《清文献通考》卷一二七）。

最后提及的是"趋"礼节。趋，原意是快步行走。在一些特定场合，卑者、贱者、晚辈、主人要用趋即快步走的方式向尊者、贵者、长辈、宾客表示恭敬。据《论语·乡党》载，孔子接待外宾"趋进，翼如也"。意思是快步前进的姿态，漂亮得像鸟儿展翅。孔子朝见鲁君，也是"趋进，翼如也"，然后再上殿跪拜如仪。《论语·季氏》中还记有孔鲤两次"趋而过庭"，即快步走向庭中以表示对父亲的敬意。《左传》载晋、楚鄢陵之战时，晋将郤至遇见楚君，跳车"免胄而趋风"，即摘下头盔后，快步如风地走向楚君致敬。汉以后各种礼仪越来越烦琐，正史《礼乐志》中记载朝贺礼时，其仪注仍免不了"趋"，甚至低头弯腰地小步快走。例如唐代天宝时，御史大夫王铁很受玄宗宠爱，但王铁见李林甫时"趋进俯伏"，表示自己的敬畏。贞元时，按"故事，尹当避道揖"；京兆尹李实却不肯向监察御史王播作揖，并贬斥之，王播被贬后"趋府谢如礼"。如果说上述"趋"都是表示敬礼，那么

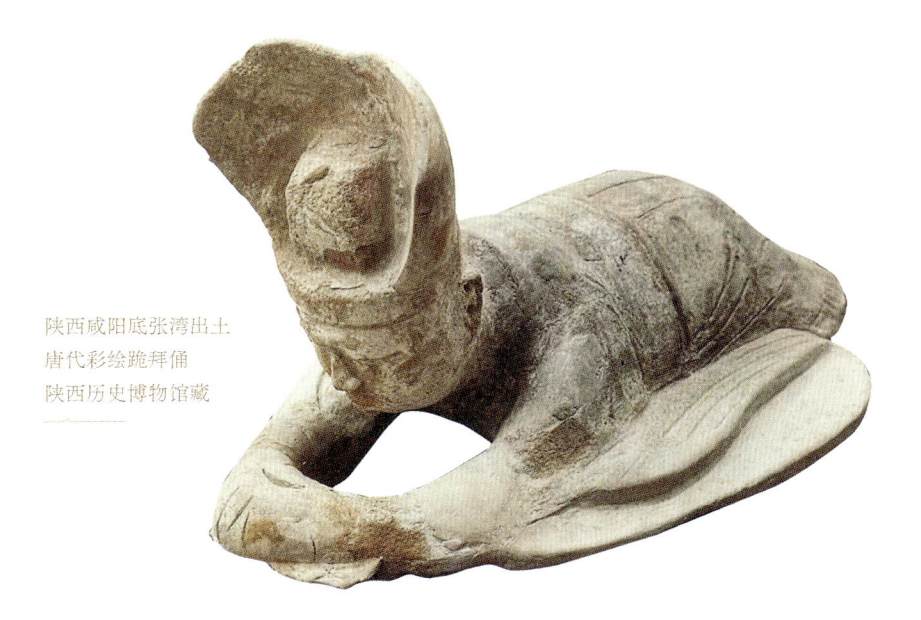

陕西咸阳底张湾出土
唐代彩绘跪拜俑
陕西历史博物馆藏

"入朝不趋"则是优礼,像西汉萧何、汉末曹操、曹魏末的司马师、东晋末的刘裕、北周末的杨坚,都享有"不趋"的特权。从中也反证出只有个别大臣才能"不趋",其他臣僚当然是"必趋"。宋以后,君权愈尊,臣位愈卑,"入朝不趋"的特例更属罕见,清朝臣下朝见皇帝,都要放下马蹄袖,急行数步,跪下参拜。下属见上司也采取这种"趋"的礼节,并成为法定的传统礼仪。

总之,揖、拜、跪、趋都是人们行为的规范——礼,目的是用来明尊卑、别贵贱、序长幼、分宾主的,是等级制度愈来愈森严的产物,就连太平天国也规定苛细的等级仪节,东王见天王要跪拜,下一级王见上一级王也要下跪,上级官员出轿,下级官员和士兵必须回避或跪于道旁,违者"斩首不留"。"各尊官自外入,卑小官必须起身奉茶,不得怠慢。"这些都是太平天国元年和八年两次颁布《太平礼制》的内容,并号召全体官兵"学习为官称呼问答礼制",不得擅自逾越[1]。

二、座次方位

以座次方位来显示人物的尊卑地位和贵贱身份,是古代等级社会礼节仪式的范畴。既然礼仪所施及的对象不同、场合不同,座向自然也就不同。例如朝礼,君臣关系以"面南"为尊,面北为卑;

---

[1] 倪正太:《试论太平天国的封建等级制》,《江淮论坛》1980年第6期。

师礼，师徒关系则以"面东"为尊，面西为卑；宾礼，亦以"面东"为尊，面西为卑。有时还能以"面北"为尊，如士大夫礼，臣僚关系则有尊左的，也有尚右的，历朝并不统一。但尊左与尊右不仅涉及官职的高低、正副，也延及吉事、凶事、宴会、席次、乘车、契券、兵符、国别、民族、右职、左迁等繁杂的问题，即同一等级内也有左右不同等第的区别。以下，从三个方面来看尊卑的次序和左右的高低。

（一）"面南"尊君与"面北"称臣

《庄子·天道》说："夫虚静恬淡，寂寞无为者，万物之本也。明此以南向，尧之为君也；明此以北向，舜之为臣也。"又《孟子·万章上》说："舜南面而立，尧帅诸侯北面而朝之。"根据这两则材料，可知传说的两位圣明君主尧与舜坐向是不同的，当尧为君主时，他是坐北朝南的，舜则坐南向北。当尧禅位舜时，尧则要率领诸侯（部落酋长）们居南向北朝见舜了。这种君向南方、臣向北方的习惯，是从尊天开始的。殷商以前，人们无法解释许多自然现象，于是凭空想象有主宰世间万物的偶像"天帝""上帝"，甲骨卜辞认为天帝可以"令风雨""降灾祸""呈祥瑞"，可以授予权力、国土，可以生万民、保胜利、转安危等等。天既然有主宰一切的威力，人们对天的敬畏、尊崇可想而知。所以，商周以后，"顺天遵命"成为整个社会的思想基础，统治阶级为了巩固自己的政权，把自己称为天的儿子，是"承天受命"管辖万民的。汉代董仲舒总结这一点说："天子受命于天，诸侯受命于天子，子受命于父，臣妾受命于君，妻受命于夫，诸所受命者，其尊皆天也。"(《春秋繁露·顺命》)显然，天命高于一切的思想中，已包含尊卑贵贱的等级观念。统治阶级又巧妙地利用了天地对立的关系，把尊天思想和周代"八卦"附会在一起，创造了一套乾为天、君、父，坤为地、臣、母的理论。

《易经·系辞上》曰："天尊地卑，乾坤定矣。"说明了天地乾坤的尊卑上下关系。这种以先天八卦为基础推演出来的方位尊卑观念，从此广泛流传。因为先天八卦图以乾位对南方，坤位对北方，按阴阳五行原理，则南火北水、南阳北阴，天子居阴向阳，既镇阴邪又向明而治，从而使天子坐北朝南达到"政治通明"。因此，臣下见天

辽代《散乐图》
河北张家口辽代契丹贵族墓壁画

子必须北向而拜。

君王面南、臣僚面北的起因在甲骨文中也有表现,殷人很注重方位的尊尚,据《尚书·皋陶谟》载:"天叙有典,敕我五典五惇哉,天秩有礼,自我五礼有庸哉。"这段话是皋陶同舜、禹的一次谈话中提出的,皋陶认为"礼节仪式"是上帝为了区别天子、诸侯、大夫、士、庶人五种人的身份等级而传下来的,虽然这种记载可能有后人的掺伪,但尊卑礼仪的意识应该是较早的。《史记·五帝纪》云:"黄帝既为天子,始立制度,染五采为文章,以表贵贱。"五采指五色,也代表着一定的方位,即东为青色,西为白色,南为赤色,北为黑色,中为黄色。用色彩别贵贱,也就是以方位区别尊卑。周代制礼作乐,进一步通过了君子面南、臣子面北的礼仪,"是故礼者,君之大柄也"(《礼记·礼运》)。从此,面向南坐发展成"称帝""执政"的代称,面向北方则成为称臣、臣服之换言。统治者"面南临朝以听天下"被历代王朝视为不可动摇的等级区别信条。

(二)尚左与尚右

"左右"有丰富的尊卑等级的内涵,而孰尊孰卑各不相同。后世学者为尊左尊右争论不休,目前尚无定论。例如有人认为古人最初是"尊左"[1],其理由是:左为吉,右为凶。"吉事尚左,丧事尚右。"(《老子》)左为阳,右为阴。"左阳道,嘉庆之事,故言宜之;右阴道,为忧凶之事,不得言宜,故变言有之。"(《诗·裳裳者华》正

---

[1] 黄发忠:《尊左与尊右的源与流》,《文史知识》1985年第6期。

义）左为男，右为女。"凡男拜尚左手，凡女拜尚右手。"(《礼记·内则》)"男子行左，女子行右。"(《荀子·号令》)左为东，右为西。"东为左，西为右"(《尚书》孔传)。这四个方面对"左尊右卑""男尊女卑""阳尊阴卑"做了归纳，并进一步指出古人以左为尊的例子，如《逸周书·武顺》："天道尚左，日月西移。"《礼记·曲礼》孔疏，"车上贵左"，"左尊；故昂：右卑，故垂也"。但也有人不同意这些看法，提出考辨，[1] 认为春秋战国时期官制以右为尊的国家有周王朝、郑国、晋国、齐国、赵国；以左为尊的是楚国、秦国；宋国的尊左尊右则以时世为移易。这种考据更有说服力，反映了当时各国官制尊卑贵贱是比较混乱的，并没有一个整齐划一的模式。

秦人尚"左"，主要反映在丞相的左右分职上，《史记·秦本纪》载武王二年，"初置丞相，樗里疾（即樗里子）、甘茂为左右丞相"。樗里子的左丞相居于甘茂右丞相之前，以后丞相人员虽有升降更换，但左右尊卑却是不能颠倒的。汉代尊左尊右也是随着时间的推移、帝王的更迭而有所差异，从惠帝到文帝这段时间内，官秩以右为尊，以左为卑，主要表现在丞相分职时，王陵担任右丞相，即正职；陈平担任左丞相，即副职。从武帝到平帝一百二十多年间，官秩则以左为上，以右为下，主要反映在"左将军"序于"右将军"之前的。如《汉书·冯奉世传》记载，永光二年，元帝商议陇西羌人叛乱的对策，冯奉世以"右将军"职率军出讨，凯旋被朝廷"更为左将军"，

---

[1] 姚国旺：《春秋战国时期官制尊左尊右考辨》，《文史知识》1988年第2期。

"更"正是提拔、升迁之意。《汉书·史丹传》记其因援成帝有功,把他由右将军升迁为左将军。以"左"职为尊这一现象一直沿袭到魏晋以后。

唐代以侍中为左丞相,中书令为右丞相。又称侍中为东台左相,中书令为西台右相。当时门下省高于中书省,侍中职责"掌出纳帝命,缉熙皇极,总典吏职,赞相礼仪,……所谓佐天子而统大政者也"(《唐六典》卷八)。而中书令"职掌军国之政令,缉熙帝载,统和天人,入则告之,出则奉之"(《唐六典》卷九)。尚书省左右仆射各一人,也行丞相职,其左丞为正四品上,右丞为正四品下,孰高孰低不言自明。宋代基本袭用唐尊左的习惯,绍兴时吏部还特别设立尚书左选右选、侍郎左选右选职,将文武百官按职位高低分属四选管理。陶宗仪在《南村辍耕录》卷二七中说宋人尚左风气时,言王安石因新经盛行而为圣人,配享位于颜子下,即左为颜子与王安石,右才是孟子,王安石比孟子还高了一等。戴埴作《鼠璞》也说:"汉代以右为尊,本朝皆不以右为尊,此为何耶?"宋代士大夫的怨言,表明宋朝尊左抑右的不平等。

元代以右为尊,凡官阶之序,曰右左,不称左右,曾专任右相,而不置左相。科举也分右榜左榜,蒙人居右第一,汉人居左第二。明朝初期照依元制尚右,以李善长为右丞相,徐达为左丞相,但很快制定百官礼仪,一律以左为尊。洪武三十年规定,凡是官员相遇,品低者居右行礼,品高者居左答礼。清朝同样尊左为尚,满人担任左职,汉人出任右职;满人大学士为一品官,汉人大学士则为二品官;

吏部以满人为二品侍郎，汉人为三品右侍郎。

以上各代说明，中国古代社会里"尊左"是正宗，"尊右"不过是分支，由于语言约定俗成等原因，造成"古人以右为尊"的误解。其实，尊左与尊右的内涵意义是一致的，都是由古人座次的君臣尊卑、上下之礼所带来的。由于自然因素和堂室制度以及昭穆制度等形成的左东右西、左尊右卑的思想观念，自然影响到座次方位的排列，除"陛下南向称帝"（《史记·留侯世家》）外，"凡高者贵其左"，"下者贵其右"（《淮南子·缪称》）；"坐在阳则上左，坐在阴则上右"（《礼记·曲礼》郑注）；"尚左者，建旗公东上，侯先伯，伯先子，子先男，而位皆上东方也"（《礼记·觐礼》郑注）。这些说法都明确指出君尊左、臣尊右或王侯居东为贵、公卿居西为卑的礼仪。《史记·廉颇蔺相如列传》记载，蔺相如为上卿"位在廉颇之右"，臣右是君之左，在东面故尊也。朝廷位次有两种情况。"天子当依而立，诸侯北面而见天子曰觐；天子当宁而立，诸公东面、诸侯西面曰朝"（《礼记·曲礼》）。皆以东为尊，故清初顾炎武在《日知录》里通过史料归纳，得出"古人之坐，以东向为尊"的结论。《史记·项羽本纪》写鸿门宴的座次方位："项王、项伯东向坐，亚父南向坐，沛公（刘邦）北向坐，张良西向侍。"司马迁之所以不惜笔墨写出每个人的座次安排，就是突出表现项羽东向而坐以尊者自居的骄傲，让刘邦北向坐成为以卑自居的宾客。

此外，以东向为尊在史书中还有充分反映，比如《史记·淮阴侯列传》说井陉口之战，韩信俘获广武君李左车，请他东向坐以便施礼求教。《史记·周勃世家》说周勃瞧不起儒生，每召诸生说士，就自居东向座位而谈。《史记·武安侯列传》说田蚡"尝召客饮，坐其兄盖侯南向，自坐东向"，即不因其兄在场让座而屈辱了自己丞相之尊。至于堂内进行的各种礼节，据《仪礼·大射礼》看，则是"堂上宾位座次以南向为尊"。

（三）宾师"东面"与主徒"西面"

所谓"分宾主坐定""按师礼事之"，是指接待宾客、师长，一般是使居西席，亦称宾席，东向。主人、门徒、弟子则居东席，西向。其座位向东者为尊，向西者为卑。堂室之前筑有东阶、西阶，就有接待宾客、师长以分别尊卑贵贱的实用价值。这种习惯表现为两个方面：一是常席重"设"，即礼节不隆重的平常席位，摆设时如果陪席为南北对向，则以坐西向东者为尊，如果陪席设东西对向，则以坐南向北者为尊，符合《礼记·曲礼》"席南向北向，以西方为上；东向西向，以南方为上"。二是礼席重"向"，即"礼坐有宾主，宾主必相向，故相向者，以向为主"。凡是朝会典仪、迎宾待客、尊长敬师、礼节必须隆重的礼席上，一定要以东向为尊。因此，常席和礼席有严格区分，前者限制不严，后者则有固定仪式，但都以区分左右、东西尊单为礼节重点，时时处处要注意礼节的等级。总之，"面东""面西""面南""面北"以及上下、左右等座次方位，在等级社会的特定礼仪中，是表示人物尊卑身份和贵贱地位的特殊习俗，它所包含的"崇高、上等、尚贵"（如左尊）等义和"偏、邪、不正常"（如右卑）等义，一直延续到封建礼制的终结。

三、称谓尊谦

称谓，也是中国古代礼仪制度中的一个重要内容，"直呼其名""无敬触讳"或不按排行序辈都会被认为是一种失礼的行为。称谓作为社会交往礼仪中一种个人的标识符号，还带有别长幼、分尊卑、辨亲疏、明贵贱的功能。因而，在古代称谓习俗中，不同程度地凝聚着等级社会的一些特点，无论是名字、爵号、谥号、庙号、尊号、年号，还是尊称、谦称、职称、讳称、官称、排行、室名、别号，都有着尊卑、上下、贵贱之分，各种称谓无不打上等级的、时代的烙印。

先看尊称。在古代，臣下或百姓在任何场合都不得直呼君王之名，作为等级上层顶峰的皇帝，一般情况下被称为天子、上帝、圣人、至尊、人主、陛下、社稷主、明主、圣君、人君、大王等，代称也有大驾、万乘、龙种、天颜、朝廷、大行等，皇帝自称亦有朕、君、大君、寡人等特定的专用词。如果皇帝死了，除用"宫车晏驾""千秋之后""崩""薨"等用语外，还有谥号、庙号、尊号等。谥号是对帝王一生行为的总结性评价，如他一生功勋就授予昭、敬、恭、庄、襄、烈等美谥，如他志向未申就给予怀、悼、哀、隐、闵等平谥，如他违背礼义就定为炀、戾、暴、昏、荡等恶谥。这样的盖棺定论，既是对亡灵的安慰或谴责，也是礼法褒贬的标准。当然，皇帝的谥号只能由礼官议定，并由继位皇帝参加，因而历代皇帝多为美谥。西汉时期，又在帝王谥号之前加上庙号，这是专门用在宗庙内立室奉祀时的称号，一般开国之君称太祖、高祖、世祖，以后的叫太宗、世宗等，例如刘邦叫太祖高皇帝，杨坚叫高祖文皇帝，李渊叫高祖武皇帝，前面太祖、高祖是庙号，后面文帝、武帝是谥号。从唐代开始，皇帝又有尊号，生前即由臣下奉上，如唐玄宗的尊号为"开元圣文神武皇帝"，宋太祖受尊号为"应天广运仁圣文武至德皇帝"，清那拉氏的尊号由"慈禧"增加到"慈禧端佑康颐昭豫庄诚寿恭钦献崇熙皇太后"，全是阿谀奉承之词。尤其是汉武帝时，"万岁"被定于皇帝一人专用，从此，万岁成了帝王的代名词，如他人越级僭用，就是谋逆、大不敬，故只有皇帝才能使用"天册万岁""万岁

隋代《仪仗图》
陕西潼关税村隋墓壁画

通天""万岁登封"等尊号。

由于皇帝尊号的确定,其妻妾和皇室成员也都有专门的尊称。如皇帝的父亲称"太上皇",母亲称"皇太后",正妻称"皇后",庶妻则有"贵妃、淑妃、德妃、贤妃"(是为夫人)、"昭仪、昭容、昭媛、修仪、修容、修媛、充仪、充容、充媛"(是为九嫔)以及宝林、婕妤、美人、才人、良娣等称号,儿子称"太子""皇嗣""皇子""储君",儿媳称"妃",女儿称"公主",女婿称"驸马"等,这些称谓都与他们的身份地位有关,包含有特定的、很强的等级性意义。

达官贵人依其品、阶、爵、勋相应的地位、身份,也有繁杂的分高下、别尊卑的尊衔。第一,称官职。官职是社会地位的标志,在官场之外称呼姓名时系以官职,无疑是一种尊称,若在姓后加"公",如丞相曹公、相国令狐公等,更表示崇高的敬意。杜甫在评论前辈作家成就时,有过"清新庾开府,俊逸鲍参军"的名句,庾开府即指庾信担任过西魏、北周的骠骑大将军、开府仪同三司,鲍参军指鲍照曾任南朝刘宋临海王参军,都是对他们称官职。在魏晋南北朝和隋唐时期以职官相称很盛行,并且称其一生中最高的官职,如杜甫曾先后任过右卫率府胄曹参军、左拾遗、华州司功参军、检校工部员外郎等职,故人们称他为杜工部、杜拾遗。又如刘禹锡先后任过屯田员外郎、郎州司马、州刺史、主客郎中、礼部郎中、太子宾客等,故一般只称他刘宾客。这种称官职的风气一直到清代不衰,明清时期又用古官名来代替现职官称谓,如称翰林为太史,称兵部尚书为大司马,称刑部尚书为大司寇,称吏部尚书为太宰,称礼部尚书为大宗伯，等等。第二，称地望。为了不直呼其名，以其出生地即地望相称，也是对对方的一种尊称。汉魏以后，士人重阀阅，姓氏前必须加以郡望，到唐宋时虽然门阀衰落，但仍奉行称郡望习俗，如：唐代骆宾王曾任临海县丞，人称骆临海；韩愈是河北昌黎人，就被尊称为韩昌黎；柳宗元是山西河东人，就被尊称为柳河东；王安石是江西临川人，就被尊称为王临川。一直到清末，李鸿章被称为李合肥，张之洞被称为张南皮，康有为被称为康南海，袁世凯被称为袁项城，都是因为他们的出生地分别是安徽合肥、河北南皮、广东南海、河南项城等。因此，称地望言王必琅琊、言李必陇西、言张必清河、言刘必彭城等，实际上是门阀等级制度的遗存现象。第三，称谥号。文武百官和公侯诸王是古代各个王朝给谥的主体，因而历代对官员赐谥资格都有规定，西汉是列侯以上，东晋是公卿以上，唐代是三品以上职事官，此法沿用至清末，所以有谥号者大都是公卿大臣等有社会地位的人，并且往往是一些美谥，故后人不呼其名而称谥号，表示对其尊敬。如韩愈谥文，后人称其为韩文公；司马光谥文正，后人尊称其为司马文正公；等等。此外，还称"公""孤"等虚衔，即太师、太傅、太保为"三公"，少师、少傅、少保为"三孤"，汉晋以后这种荣誉虚衔发展到十二种名义，故许多著名高官头衔中都有"公""孤"系列的加衔，如明代张居正加太师，洪承畴加太子太师，清代丁宝桢加太子太保（宫保），等等。人们在称他们虚衔时，也是表示尊敬。至于在礼仪性场合、书信奏言中、著书立说里，对高官显爵者更是有着广泛的尊称，如公、卿、明宰、君侯、阁下、大僚、高明、麾下、足下、阁老等，就是一般官吏也被尊称为大官人、郎官、郎君、衙内、相公、大人等等。这些称谓虽然从秦汉到明清之间含义多次变化，但等级的差别却始终存在。

士大夫等级中的大儒、隐士、选士、举人等，也有特定的尊称。如"子"，原是五等爵中的一种，后成为男子的尊称，孔子、墨子、老子、季文子，《穀梁传》注称"子者，人之贵称"，"匹夫为学者所宗亦得称子"。又如"先生"，是对年长有学问的人的尊称，《礼记·曲礼》云"从与先生，不越路而与人言"；注曰："先生，老人教学者。"《韩诗外传》云："古之谓知道者曰先生，何也？犹言先

唐代《步行仪仗图》局部
陕西三原李寿墓壁画

醒也。"唐代规定,凡"养德丘园,声实明著,则谥曰先生"。文人学者亦可自称先生。再如"夫子",《尚书·泰誓》云"勖哉夫子",是当时作为各级统军贵族的称呼,夫指百夫长、千夫长之类的军官,与"子"合称后,谓大夫以上官爵兼有教官职能的人,因而后来以夫子为教师的尊称,孔门弟子即称孔子为夫子,科举时代又进而尊称举主为夫子。此外,"师"在商周时是一种官称,后来有了教师的意思,比如乐师、工师等,其中年老资深者即称为老师,科举时代的生员、举子对座主和学官也称老师。总之,由官爵泛化为尊长尊师的称谓,是形成士大夫等级尊称的主要途径。

再谈谦称。谦称也叫卑称,用于第一人称。国君和诸侯经常自称"孤"或"寡人",就是一种谦称。《老子》曰:"人之所恶,唯孤、寡、不谷(即不善),而王公以为称。"《孟子·梁惠王》曰:"寡人之民不加多。"朱熹注曰:"寡人,诸侯自称,言寡德之人也。"但实际上自秦以后,皇帝自称"朕",称"孤""寡"者并不多见,也就是说高贵者的谦卑称谓已转用于低贱者。

在官吏即文臣武将以及文人士子的阶层里,虽不像平民百姓那样低贱,但在谦称中,特别是对皇帝和王侯显爵的自称里,常用臣、仆、卑官、鄙人、不才、不敏、下官、卑职、学生、晚生、愚、猥等自贬之词,以表示自己与上层贵族等级的差距。"臣""仆"在先秦时是对奴隶的称呼,即所谓的"男为人臣,女为人妾"。汉以后被用为自谦之词,《史记·高祖本纪》:"吕公曰:臣少好相人。"《集解》引张晏曰:"古人相与语,多自称臣,自卑下之道,若今人相与语,自称仆也。"又如司马迁在《报任少卿书》中的"仆非敢为也"。魏晋之后，官员在帝王面前可自称"臣"，也可谦称"仆"，有时为了表示更谦恭，还可自称小臣、微臣、山臣等，妇女见官也要自称臣妾某氏。但为了防止僭越，南北朝以后唯官员与君主之间可用"臣"的称谓，一般人不准以此相称谓，所以，"臣"与官员画了等号，而低级官吏一律改称"下官"，有些吏民更以"在下"表示自卑谦称。唐代官吏按《唐六典》规定："百官于皇帝皆称臣"，也可以自称"仆"，但以"卑官""卑职"谦称的也很多，元代终于成为官场中自卑称谓的习俗，一直沿用到晚清，因此有人对这种等级卑谦称谓行用不辍感到不满，拟联语讽刺道："大人，大人，大大人，大人一品高升；卑职，卑职，卑卑职，卑职万分该死。"

未入仕的文人儒士，对掌握自己进入官场命运的达官权贵也不惜低声下气，常以"生""小生""学生""后学""我党""我辈""我等"或自称名字、学名等，来表示谦虚。《史记索隐》云："自汉以来，儒者皆号生，亦先生省字呼之耳。"科举时代，更有自称侍生、门生、晚生者，既表示自己作为后辈要侍候座主、学官，又表示自己醒悟后学的愚笨，更显示谦卑的态度与礼节。

平民百姓由于等级地位较低，对贵族、官吏常用的谦卑之词有：在下、贱人、贱子、鄙人、鄙夫、鄙叟、野人、老夫、老身、小子、吾曹、吾徒、愚仆、孥儿等等。而高于平民百姓的其他等级，在称呼民众时常用的称谓带有鄙视的含义，如庶人、生人、俗人、布衣、白人、白丁、白身、褐褐、贱口、田翁、村夫、圉人、匠人、伶人、商侩、野汉、庸夫、愚郎、竖子、僮仆、侍儿、贱隶等，这些称谓大都是对无地位、无文化、无道德之人的贬称。特别是秦汉的男奴女婢，到后来常作为骂人、鄙贱之词，而处在社会最底层的奴婢也皆自称为奴。宋代以后，奴、奴家渐成为妇女的自称。明代以后太监对皇帝自称奴才。清代除汉官自称臣外，武官、满族近臣全对皇帝自称奴才，还有"老奴""贱奴"等自卑称谓。

妇女处在男尊女卑的等级社会里，自然身份地位随夫而定，如富贵官宦之家多行一夫多妻制，则正妻外，还有妾、侧室、偏房、小星、如夫人、如君、小姬等称谓。妇女卑谦自称也有荆妻、拙荆、

陕西高陵泾渭镇李晦墓出土
唐代三彩风帽俑

山荆、贱荆、内人、内子、贱内、小妇、奴妾、贱媳、山姑等等。自谦时再加上愚、贱、小、下等卑称，更显示出地位的低下。就是官宦人家，妇女的称谓也要依其身份而定，如"夫人"这个称号，先秦时是诸侯之妻的专称，西周时曾是君主之妾的名号，汉代是列侯之妻才称夫人，唐代是三品官以上之妻与母诰封夫人，明清一二品官员的妻皆封夫人。由此，夫人称谓有严格规定，普通妇女绝不能越级称此尊号。又如"太太"，明朝中丞以上官员的妻子才能称之太太，以后变为官僚士大夫妻子的通称。

唐代彩绘胡人牵驼俑
陕西考古博物馆藏

以上通过尊称和谦称两个方面的分析，不难看出，称谓尊谦实际上就是等级制度的贵贱表现，正像史书上划分的那样，"天子之妃曰后，诸侯曰夫人，大夫曰孺人，士曰妇人，庶人曰妻"（《礼记·曲礼》）。皇帝死用"宫车晏驾"，大夫死用"捐馆舍"，庶人死用"填沟壑"（《史记·范雎蔡泽列传》）。"天子有疾称不豫，诸侯称负兹，大夫称犬马，士称负薪"（《春秋公羊传·桓公十六年》何休注）。皇帝称万岁，王公称千岁，一般人只能称百岁。唐段成式《酉阳杂俎》卷一还说："秦汉以来，于天子言陛下，于皇太子言殿下，将军言麾下，使者言节下、毂下，二千石言阁下，父母言膝下，通类相言称足下。"一级比一级低。因此，无论是婉辞用语，或是尊谦称谓，都显著地体现了等级社会中不同人物的区别。

最后需要提及的是，在中国古代称谓中，姓氏也有等级差别。早在周代就以姬姓为标准，将天下诸侯划分为同姓、异姓、庶姓三等，并在礼仪上制定这三类国家亲疏贵贱的差异。魏晋时期"九品官人法"以"家世"为重，姓氏的贵贱分等达到极盛，中原郡姓有崔、卢、李、郑，关中郡姓则以韦、裴、柳、薛、杨、杜为首，南方吴姓是顾、张、朱、陆，南迁侨姓是王、谢、袁、萧。每姓内部又以甲乙丙丁划分等级。北魏孝文帝令鲜卑人汉化改姓，又制定了宗室八氏十姓和各部官员的三十六族九十二姓，按官品大小定出高低等级。唐初太宗定《氏族志》，分九等评定全国家族，以皇族李姓为第一等，外戚之姓为第二等，山东旧世族为第三等……唐高宗时又重定《姓氏录》，再以官品高下列出等级。宋代《百家姓》中，赵是"国姓"名列第一，钱是吴越王钱镠的孙子归宋封王，以下的孙、李、周、吴、郑、王六姓，都是后妃姓，可见其顺序也以政治地位尊卑为依据。明代编《皇明千家姓》，以朱姓居首；而清代《御制百家姓》则改以孔姓为尊。此外，历代亲王还赐姓以示等级荣宠，可见，姓氏的贵贱尊卑之分是当时社会政治生活中的大事。

姓氏既有等级之分，那么名字自然也有上下、长幼、尊卑的称呼礼俗。上级可以称呼下级，而臣民绝不能直呼或直书君王之名，因此实行严格的避讳制度，不仅讳称皇室成员，也讳称家族尊长，还为圣贤（如孔孟）避讳，采用改字、缺笔、空白三种方式来替代尊崇者的名字，以保持等级制度中的个人崇拜。在家族长幼中，以伯、孟、仲、叔、季的排行法，来区别元长、次幼，从而使名字序辈称谓能起到区别祖宗血脉、长幼尊卑和权利义务的划分作用，因此不仅寄名避凶，还有取名禁忌，这样的例子在史书中俯拾皆是，不再一一论列。

在两千多年的等级社会里，尊谦称谓以及泛化的姓氏等级避讳习俗等，曾经是一门显学，也是不可缺少的"礼"学，它所起的作用，无非是巩固和强化了等级制度，从而使尊卑贵贱的观念深入各个阶层之中，维护了封建统治的秩序，这应该说是它的主流。

余论

研究古代等级社会的历史反思

中国古代社会历经战乱兵燹、兴衰隆替，绵延数千年，直到跨入近代门槛时，发展最充分、最完备而又世代相沿的核心制度，是等级制度。而等级制度在古代中国人眼中，就是神圣、尊贵的"官"。成功者，被信任者，必委以官职，事业成功却无官职的人，则往往会感到脸上无光。人们追求和向往的，就是入仕做官。官的特权、官的等级、官的待遇实在太具有诱惑力了，某些人无法不趋之若鹜。中国古代虽然入仕参政有多元途径，但唯有步入官场、攀上官座方是有价值的正途。从这个意义上说，古代中国是一个官国，等级与相应的权力意味着一切。

倘若将中国古代社会视作一个大型的金字塔式的等级结构，那么"官"在这其中无疑起着举足轻重的作用。官在等级社会关系中所确立的地位和作用实际是双重的：一方面，他是国家政体和社会活动的重要载体。与其他社会阶层（士、农、工、商、吏）一样，具有独立的社会分工和社会职业，即维护君权、管理政体、治理人民等，他将这些活动当作包含独立存在价值的至上事业，视作赖以生存、自我确证的职业本位。另一方面，他又是国家政治实体中不可或缺的重要力量。他将"读书做官"传统价值观奉为圭臬，用个体的得天独厚的文化素养入仕改良现实政治，在国家政治生活中拥有毋庸置辩的决策参与权和实行措施权，必须成为皇权的官僚机器。因此，官在历史舞台上发挥着政治与社会的双重功能。

王亚南先生在他的名著《中国官僚政治研究》中指出：中国官僚政治延续悠久，它几乎悠久到同中国传统文化史相始终；官僚政治的活动，同中国各种社会文化现象如伦理、宗教、法律、财产、艺术等方面，发生了异常密切而协调的关系，并有着支配作用的深入的影响，中国人的思想活动乃至他们的整个人生观，都拘囚锢蔽在官僚政治所设定的樊笼中[1]。

这样的分析是颇有见地的。王亚南先生从西欧贵族官僚化和中国官僚贵族化的总体感上做了比较，又从社会生产力和经济利益的发展方面进行了揭示，提出了社会性的官僚主义政治是同一定的社会条件休戚相关的。中国的官僚政治可能增大"技术性的官僚作风，却不可能单在技术上去谋求根治"。这是因为，在政务同事务不分的情况下，官僚式官吏不是对国家和人民负责，因而处处欺上瞒下，寡廉鲜耻，对着老虎是绵羊，对着绵羊是老虎。究其根本，正如书中第22页一针见血地指出："在专制政治出现的瞬间，就必然会使政治权力把握在官僚手中，也就必然会相伴而带来官僚政治。官

---

[1] 王亚南：《中国官僚政治研究》，中国社会科学出版社1981年，第38页。

僚政治是专制政治的副产物和补充物。"而专制政治的特点是"圣心独断",操"予夺之权",行"不测之威"。国家大事不但同老百姓毫不相关,就连大臣所能谈及的范围也很有限;而所谓国家大事,最根本的就是要维持帝王的"万世一系"与各级贵族官僚的特权等级。在这种情况下,为虎作伥,卖身投靠,都是为了有等级的功名利禄。王亚南指出:"长期的官僚政治,给予了做官的人、准备做官的人乃至从官场退出的人,以种种社会经济的实利,或种种虽无明文确定,但却十分实在的特权。那些实利或特权,从消极意义上说,是保护财产,而从积极意义上说,则是增大财产。"(第112页)中国历代官员的俸禄,其主要原因是"厚高官而薄小吏"。中国的清官戏能够久演不衰,反过来也说明贪官之多,专制君主要求臣僚的首先是"效忠",而不是"清廉",并且愈到近代,贪污之风愈烈,民谣曰"三年清知府,十万雪花银";"清"知府尚且如此,"贪"官就可想而知了。"天上神仙府,人间丞相家",亦非虚言。上行下效,无官不贪,以至于民不聊生,官逼民反,于是又演出了农民战争的另一幕。这样,"分久必合,合久必分"的治乱交替就成了一部二十四史的基本规律。从本质上看,这无疑是"由于中国二千年的社会动乱,始终是农民的,而不是市民的"。更重要的是,"官僚政治是一种特权政治。在特权政治下的政治权力,不是被运用来表达人民的意志,图谋人民的利益,反而是在'国家的'或'国民的'名义下被运用来管制人民、奴役人民,以达成权势者自私自利的目的"。王亚南先生的这些分析确实独辟蹊径,富于启发性。遗憾的是,他没有对社会等级结构进行更大视野的研究,所以他似乎也未穷尽谜底的全部。

我们反观宗法等级社会结构,就会发现它是如何通过封建礼教、科举制度和宗法纲常这三张大网将人们的身心紧紧笼罩起来,使之成为黏附于宗法等级制度的官僚或工具。

第一张大网:"定为一尊"的儒家学说。

"溥天之下,莫非王土,率土之滨,莫非王臣。"(《诗经·小雅·北山》)"天下有道,则礼乐征伐自天子出;天下无道,则礼乐征伐自诸侯出。"(《论语·季氏》)这是孔子大一统思想的集中表述,并以其"补世之砖"而运用于后世,成为中央集权大一统主义的经典箴言。而大一统社会的特点之一是意识形态结构的高度一元化。唯有如此,才能用统一的思维模式将千百万儒生士大夫和其他人员造就为定型化的国家官僚,依据"天无二日、民无二王"的学说和伦理原则,实现对整个社会生活的治理。在先秦不过是诸子百家中一家的儒学,被秦始皇看作是邪说横议,汉高祖甚至取儒冠以溲溺,之所以在汉武帝后独得统治者青睐,被奉为神圣不可侵犯的封建经典,原因之一就在于它有助于陶铸大一统所需要的官僚。尤其是儒家思想就其政治内容来说是一入世哲学,孔孟都主张有志之士从政当官,他们本人亦身体力行,一再表示有用世之志。"孔子明王道,干七十余君,莫能用"(《史记·诸侯年表》)。"干"即入仕之意。孟子曾自夸:"如欲平治天下,当今之世,舍我其谁也?"(《孟子·公孙丑下》)在孔孟的职业价值中,做官"治人"是上层的大道,是劳心者士人的事业；求知"活物"是下层的小术，是劳力者小民的本分。孔子三个月没有君主任用他，就惶惶不可终日，急于驾车载着礼物奔走诸国求仕。他曾责骂请求"学稼""学为圃"的学生樊迟为没有出息的"小人"。孟子更直言不讳地宣称："士之仕也，犹农夫之耕也"（《孟子·滕文公下》）。士子当官犹如农夫耕地一般是天然本分。孟子还认为"士之失位也，犹诸侯之失国家也"。儒家将入仕做官的意义上升到行义的高度。《论语》中记载了孔子的门生子路对一位隐士的评论："不仕无义。长幼之节，不可废也；君臣之义，如之何其废之？欲洁其身，而乱大伦。君子之仕也，行其义也。"由士而仕，由"修身齐家"进而"治国平天下"，在等级权力结构中发挥"官"的功能，以匡助国君替天行道，成为中国古代各阶层成员最为理想和最为规范的自我角色认同。在这样入仕做官理想的感召下，无数人拥挤在"学而优则仕"的狭窄通道上，终生不倦，乐此不疲。

第二张大网：终南捷径的科举制度。

汉代察举制度和魏晋九品中正制度虽然具有网罗人才做官的功能，但却往往排斥清贫士子而重视豪门贵胄，只有隋唐以来逐渐完备、成熟的科举取士制度，才机会均等地网罗各阶层人物入仕当官，这与儒家"有教无类"精神相表里，人人都可以通过科举入仕改换自己的等级身份与社会地位。古代各个王朝之所以耗费大量人力、财力、精力主办科举考试，甚至皇帝亲自入堂登殿主持面试，乃欲达到一箭双雕之目的，一是为国家官僚机器寻觅人才，不断从各个阶层汲取新鲜血液，"天下英雄尽入吾彀中"（唐太宗语，《唐摭言》

卷十五《杂记》),从而保持国家机器的适当活力。二是通过科举取士自然更新官僚队伍,调整社会等级秩序,使社会各个阶层松弛不断紧张的阶级矛盾和利益冲突,完善新的等级制度。为了吸引人们参加科举,政府不惜以功名利禄诱之,一旦中举入仕,便享有异于庶民百姓的种种优待,俨然是一社会特殊等级。而且使天下英雄只求仕途做官,无暇他顾,更要紧的是使他们的思想都纳入钦定的标准模式,习惯和赞颂宗法等级制度,扼杀其个性和异端念头于萌芽之中。尤其是清贫布衣和高官厚禄之间的选择是如此的严峻,要么享有特权,要么丧失特权,以致很少有人在名利的诱惑面前无动于衷。"下品"或"寒人"要有上达的机会,只有视科举为唯一正途或终南捷径。这样,在科举制度下,全国公私学校皆以教人科举入仕为宗旨。政府官学"考其学业,科举之外无他业也;窥其志虑,求取功名之外无他志也"(《经世文续编》卷六五《学校篇》)。以自由讲学标榜的私人书院,受政府多方掣肘,且难以抵挡科举的冲击,几经盛衰,到明末仍沦为科举的附庸,至清朝已与官学区别甚微,至于家塾、文塾、教馆等,更是应付科举的预备场所。莘莘士子除科举入仕之外,几无栖身之地,就是喜爱"奇技淫巧""坚白之辩"的科学家们,也无不是依靠科举入仕后的官势权位,才能取得一席之地的。许多官场失意或者科场黜落的士大夫们,隐退的归宿也绝非是书舟学海,"进则兼善天下,退则独善其身",在政治与学术的选择中,向往的仍是名利厚禄。在中国古代等级森严的社会里,一个人的志向去处无非上、中、下三途:上途乃登科入仕做官,这也是儒家梦寐以求的理想境界；中途是设馆执教或兼并土地为财主，这是不得已而为之了；末途乃是经商或者务农种地，更有怀才不遇之叹了。无论是荣登庙堂还是屈居乡间，都得直接或间接地依附封建官僚政治，这就使人们入仕当官的心理永远不会平静，改变低微等级的愿望也长久不会消逝。

第三张大网：宗法伦理的政治关系。

在中国古代社会，封建等级制度与宗法家族制度交织，在社会关系中形成一张宗法性的伦理政治关系网络，它体现在观念形态上就是"君君、臣臣、父父、子子"的三纲五常说。本来在统一的专制政治局面和严格的等级制度秩序下，始终存在着民心诚服与官民调和的困难，为解决这个矛盾，自汉武帝君臣起就多方设法执行儒家的纲常教义。从表面上看，只有君臣关系是有关政治的，而父子夫妇则是有关家庭的，但中国纲常伦理教义的真正精神，却正好在于它们之间的政治联系。中国一般读书人都记得"天下之本在国，国之本在家，家之本在身"的格言，把这条传统格言的表示方式变换一下，就是"心正而后身修，身修而后家齐，家齐而后国治，国治而后天下平"（《礼记·大学》）。儒家认为，从积极一面讲，"君子之事亲孝，故忠可移于君；事兄悌，故顺可移于长；居家理，故治可移于官"（《孝经·广扬名》）。从消极一面讲，"其为人也孝悌，而好犯上者鲜矣,不好犯上而好作乱者,未之有也"（《论语·学而》）。所以，孔子说："惟孝友于兄弟，施于有政，是亦为政，奚其为为政？"（《论语·为政》）意思是在家里孝顺父母，友爱兄弟，就有政治作用，就等于从政，不一定非要立在政治舞台上。这种家族政治化或国家家族化，正是伦理政治的精髓。而且家族政治有一种连带责任，一人做官，满门有荣；一人犯法，九族株连；结果是父劝其子，妻励其夫，劝或惩都为的是大家安于现状，在等级秩序中求得富裕尊荣，家族平安而天下自然太平。因此，每一个人就像伦理纲常大网络中的一个网结，不得不依附于各种关系而生存，与上下、前后、左右结成须臾不可分离的联系。在家要孝敬父母，求学要服从先生，做官要尽心忠君，以至告老还乡还得对家族和地方履行一个绅士的义务，很少有人能够在行动和意识上冲决这个宗法伦理政治网络以及与此相应的纲常教义。在官场中间弥漫着浓郁的人情世故气息，关系学成为做官和升官、保官的处世秘方。

上述这三张大网制约和影响着所有古代的中国人，在宗法一体化的等级社会结构中，人们不敢对现存社会等级秩序挑战，读书为了登科、入仕、做官，无心旁及官途之外的事业，政治上、经济上的人身依附关系十分严重，而且它不仅仅是一种观念形态或世俗形态，宗法等级制的存在是以国家政权为基础的，其功能的发挥又是"以礼入法"用国家暴力机器为后盾的，任何人欲摆脱这种宗法等级制度都是不可能的，人们只能修复、再版这个等级结构的基因，却无法在观念或现实中斩断与它的关系，要想在宗法等级结构的社会背景下超越自我，这实在是太难了。社会体制和等级格局的变革没有发生，由士而仕、参政做官的根深蒂固传统也就不会异化。

循此而求索，那就是建立在宗法等级制度基础上的官僚政治体制，造成了中国古代社会长期止步不前，尽管各个王朝的兴亡交替一个接着一个，无论是祚长命短者，还是骤衰长活者，宗法等级结构却总是稳固不动，巍然屹立。那么这种在宗法等级土壤中产生的官僚政治，究竟对中国社会构成了什么实际结局呢？如果没有必要划分得过细，我们可以把它列为五重层带。

一、强化专制集权

一切官僚政治都是专制政体的附庸，它的头上顶戴着至高无上的天子，天子既是政治上的"共主"，又是宗法上的"共祖"，按照他率领的公、侯、伯、子、男五等爵位和由他构成的天子、诸侯、大夫、士的等级，组织起"金字塔式"的专制集权统治，《左传·昭公七年》二月云："天有十日，人有十等，下所以事上，上所以共神也。故王臣公，公臣大夫，大夫臣士，士臣皂，皂臣舆，舆臣隶，隶臣僚，僚臣仆，仆臣台，马有圉，牛有牧。"这幅等级君臣制的图景，通过一级臣属一级，一级忠于一级的关系，加强了中央集权，并成为以后官僚政治的摹本。透过等级序列的实质，就会发现天子既扮演为地主的大头目，又扮演为官僚的总头目，在他以下的各类官僚士大夫则是利用政治权力统治人民的小皇帝，假托圣旨、创立朝仪、制作律令等，帮助天子建树绝对支配权力，使专制集权神圣不可动摇，结果是使社会出现一个等级分明的秩序，抹杀了不同部门的性质、职能和特点，只有"官"的单一模式，不同阶级、阶层只能通过唯一的官僚政治渠道反映自己的利益要求,而不受任何臣属制约的君主能参天地把握社会,又是政治治乱的枢机和决定力量,个人具有无上的权力,拥有全国一切事物的最高裁决权,连处死别人都称之为"赐死",君主处于等级体系中的绝对地位。即使君主受到天、人和名分、伦理道德的制约,但这些理论又是对君主地位的维护与肯定。全国所有的官僚和平民都必须依附君主专制集权体制生活,言论不敢偏离正统等级观念,行动不敢跳出"君臣父子"的窠臼,沉湎于现存的宗法等级结构中,强化着君主在大一统官僚政治中的专制特权,连官制体系的权衡损益和官吏权责的划分定等,都得考虑君主的大权独揽,更不要说官吏的征召任用了。中国官僚政治的成熟发达,正是以等级最高层的君主作为统治布局的。

二、官吏超额冗滥

在等级制度下,各级官署及其吏员的生活待遇均以官品划线,刺激人们不择手段以达到提升官级的目的,使机构设置、官员定额、官位职数失去自我约束的机制,这就必然导致官署膨胀和官吏冗滥。"官冗之患,所从来尚矣"(《续资治通鉴》卷八十一)。所谓官冗,一种是官员的委任逾制超额,如唐中叶的"员外官""试官"和"斜封官"的添置;另一种是官署的设置叠床架屋,如宋代的"枢密院""兵部"和"殿前司"齐立并设。自秦汉以后,官冗就成为中国古代官制中一直割不掉的赘瘤,西汉时为数七千五百人的官僚骨干队伍（不包括吏员）统治了将近六千万人口，到明初却要二万四千六百余人的官僚规模才能统治同样数量的人口，而清初官僚队伍则又发展为二万七千余人之多。尽管历代统治集团中都有人对"官冗"深表忧虑，他们谔谔抨击"授官之滥"，切切吁请"裁抑冗滥"，但结果总是收效甚微，于事无补。官僚队伍的急剧扩大，与封建专制统治者拓宽统治基础有关，它要考虑中下层阶级的力量，安抚笼络其他阶层，尤其是出现统治危机时，滥封官吏，出卖官爵，赏赐军功，吸收外族贵族等，大批官吏入流，造成了尸位素餐的冗滥局面。但是，专制君主昏庸恣肆地制造"冗官"毕竟是一时的，更多的刺激扩散仍是悬殊差别的等级制度，封建社会上层建筑的突出特点就是"官为贵"，在那个时代，皇帝的"至尊"地位自不能言，就是各级官吏也被称为"父母官"，司"牧民"之责，地位显贵，待遇优厚，而广大百姓则被视为"草芥小民"。人们想要晋升社会地位，只有通过提拔做官，因而对"官"的地位看得很重，这样，有名有利的官场即使冗官成灾也在所不惜。官吏的冗滥增加了国家的财政开支，也压缩了政府的赋税来源，官僚以品级的政治特权掠夺经济利益，聚敛财富的贪污、受贿、勒索等种种手段应时而出。所以，官冗现象的存在和恶性膨胀是等级制度带来的巨大惰力。

三、阻碍经济发展

"做官发财"是宗法等级结构之上的官僚群体的普遍思想。为了发财，拥有经济实力，官僚们不仅免除赋租，还免除徭役，还要兼并土地，强夺民田。虽然封建政府限定贵族官僚的田地数目与依附人口，但实际上他们利用特权广占民田，其数额仍十分惊人，并不多缴纳赋税，而是把经济负担全部转嫁到贫苦农民的身上，这就造成了对简单再生产的破坏，主要表现在对农民征收繁重的赋税和征发沉重的徭役上。居于等级统治地位的上层官僚，为满足他们无止境的挥霍享乐，贪婪地吞食着赋税，常常连不在恩遇之内的和未能参政的普通地主，也作为搜刮的对象。君主专制国家从阶级本质上讲，无疑是代表地主阶级的，但在财产再分配时也常常侵犯许多地主的利益，以致在同一等级内部亦出现一些异化现象，许多次农民起义中竟有地主分子参加，除了政治受压抑外，其经济的原因就在于此。当然，官僚们为了能够长久获取财富和政权的稳固，有时也调整赋税数量，并关心农业生产，但目的是为了更多地搜刮，对农民的直接赋税与徭役权是上层等级成员永远不会舍弃的。等级之间的种种矛盾，又造成了君主专制政体下官僚队伍的不稳定性，而作为一个以权力为中心的时代，有了权就有了一切，所以每一个官僚在他为政期间，无不拼命搜刮，将民膏民脂一部分自己挥霍享受，另一部分奉献朝廷，作为邀功请赏和拉关系的资本，给社会经济正常发展造成极大障碍。加之专制集权国家压制工商业，制约着商品经济的发展，使得简单再生产极为脆弱，稍遇政治风暴，军队和官僚几乎是按几何级数增长，更加重了小农经济的负担，迫使大量劳动力离开了土地，不是无补偿的徭役就是无限制的贫困破产，社会经济当然不能发展，整个社会也就陷于长期的缓慢的痛苦的滞重之中。

四、不利人才涌现

在宗法等级秩序下，各类人才的选拔都以其血缘门第作为唯一标准，这不仅使他们的政治、生活待遇不可避免地低于世族官僚，而且违背他们各自不同的成长规律，压抑他们对社会发展创造的积极性，阻碍他们才能的发挥，导致大批人才涌向仕途，官吏队伍日趋膨胀，而社会发展所需要的各种人才，无论在数量还是在质量上都严重不足。特别是等级贵贱的理论与规定，首先使人丧失了独立的人格，人一生下来就是他人的或等级的从属物，爵位、官品、门第、户等的贵贱尊卑限制了人的升降与流动，个人的尊严与自由更是无从谈起。虽然儒家思想中确实有强调个人尊严和人格独立的一面，如"三军可夺帅也，匹夫不可夺志也"（《论语·子罕》）；"从道不从君"（《荀子·臣道》）；"事君者从其义,不阿其惑"（《国语·晋语》）。并由此产生出不少极有韧性、绝无媚骨的优异之士，但从历史总体看，只能说这是个别现象。儒家经典的藩篱不是把人引向个性解放，而是引向个性泯灭。人们不敢怀疑尊卑贵贱的不平等分别，而是彼此遵守伦理纲常，"君仁臣忠"，"君义臣行"，"上惠下和"，以及"贵贱有等，长幼有序，朝廷有位"等道德教条限制了人的全面发展，但圣贤道德也是按等级使用，绝不能通用，孝只对子孙，慈只对父母，忠只对臣僚，仁只对君王，因为道德的作用就是专门辨别等级，是宗法等级支配制下的道德伦常。这样，每个人都是"三纲五常"礼制网结上的一个小结，从而把人作为"孝"和"忠"的工具，成为高贵等级的从属物而存在，要想有所发展就得入仕做官，而且通过自我克制做大官，其他人才都是等级之外的抽象名词，丧失推动社会的创造能力。

五、激化社会矛盾

在漫长的古代社会里，君尊民卑、官贵民贱的以等级森严为标志的官僚体制，窒息了社会的生机和活力。层层叠叠的官衙行署，大大小小的地方官员，都可以向人民发号施令，医生、手工业者被斥为"巫医百工"，文学家、艺术家被贬为"三教九流"，广大民众则被视为"难养之人"，等级的隶属关系长期难以突破，民对官的伺候状态无法改变，尽管也有一些官吏要为"民作主"，但实际上君臣官民士庶的上下序列从不会颠倒，而且所有的人统统纳入宗法等级网络中，为衣食住行都制定出一套严密的等级规章，并在日常生活里渗进安于等级现状的伦理内容，这就必然抑制衙署官僚以外各行各业社会职能的正常发挥，给生产力的发展以至社会进步带来消极影响。同时，还助长了贵族世家的惰性，纵容了"官僚作风"，机构臃肿、冗官泛滥、人浮于事的弊端层出不穷，大批优秀人才被压抑和摧残，在"官本位"的等级体制下，等级级别与个人的生存发展攸关，生为上流等级便可通行无阻，沦为下层等级便寸步难行，狭窄的仕途上又挤满了从政的士人，若不能改变自己的等级身份和社会地位，不仅祸及眼前，还会殃及子孙，而且社会愈贫穷落后，"官"的地位愈重要，权与利紧密相连，自然引起社会下层的怨气和不满，遇到饥饿灾荒和王朝衰落之际，社会矛盾就急剧激化，政治动荡或农民起义必然孕育着对旧有等级的突破，必然引起不同等级间的冲击与更换，甚至连一些破落贵族后代与中小地主也投奔"揭竿而起"者，脱离旧的等级领主，依附于另一个改朝换代的"真龙天子"，以晋升到新的上层等级。因此，从历史的发展看，等级的对立、冲突和转化一代接着一代，循环反复，一直延续到近代中国社会。建立在层次分明的宗法等级结构中的官僚政治，无疑应对社会矛盾激化负有重要责任。

概而言之，从上面五重层带来看，遥相对立的等级制度上的官僚政治，造成了社会的严重弊端，并暴露出无穷的危害，特别是随着社会历史的演变，它与新体制、新制度和新规范之间的冲突和矛盾日益尖锐，已经成为中国社会进步的突出障碍，成为历史的局限和包袱。

具有历史底蕴意义的是，中国古代等级制度和封建官僚政治源远流长，虽然封建王朝早已崩溃，官僚机构也已垮台，但是与宗法等级结构有历史联系的某些思想意识，如等级观念、特权观念、依附观念、出身血统观念以及家长制作风等，仍继续危害社会甚至一度恶性重现。这种传统意识的遗存，在中国有深厚的积累和土壤，不仅在中国近代化的过程中成为严重的障碍，也在中国现代化的发展中造成阻力。近代以来的许多思想家、政治家、社会活动家都在不同程度上思索，没有人的思想观念、心理素质的转变，维新就会失败，革命就会夭折，尽管他们离开政治经济的变革来谈这个问题时，有时失之于偏激，但也确实道出了一个真理，中国社会走向现代化的进步，必须彻底肃清宗法等级制度所遗留下的种种不良观念，这应该说有着重要的社会意义。

后记

在这个人人看手机消遣或追剧、看视频的时代里,大家还需要读纸质书吗?需要重拾阅读翻书的快乐吗?尤其是面对一本30余万字的严肃学术著作时,还有时间去认真阅读吗?随着网络平台的快速发展,人们可以广泛涉猎各种知识,也可以"短平快"消费各类文化信息,近年的屡次调查都显示全国国民阅读态势不容乐观,晦涩的理论著作已成为"亲民"的障碍,在泛娱乐化时代里,理性思考还能保持多少余味呢?

读书真的离我们越来越远了吗?我们还能回到那个到处找书借书的年代吗?答案是肯定的。书是知识的载体和智慧的阶梯,给了无数人心灵的居所,无论我们走得多远,都应坚信纸质的图书不会消亡,数字化的信息代替不了落在纸上的文字。

据我一生的读书经验来看,读书对人有着潜移默化的影响,书中不同的观点与解读,时常引人深思或共鸣,只要坚持阅读,久而久之,独立思考、看透事物本质的能力就会提高，尤其是经典著作，都是被无数爱读书的人检验过的好书，而被经典熏陶过的火眼金睛一眼就能看出书的良莠。

我是属羊的命缘，1955年出生，当读者看到这本书时，我就70岁了，人生七十古来稀，在我准备写作本书之前，阅读了前辈同行大量著作，把自己的思考一个字一个字手写填入稿纸方格里。感谢陕西人民出版社副总编辑关宁、编辑部主任韩琳主动提出要重新出版这本著作。

多年来我对社会史研究投入了极大的热情，在《西北大学学报》1994年第1期发表了《中国社会史研究的时代特色与启蒙价值》，立即被《新华文摘》1994年第5期全文转载，算是对我从事理论研究的认可。《浙江社会科学》1996年第5期发表了《探索语言背后的社会史》，又被《新华文摘》1997年第3期全文转载。因而，我多次参加了全国社会史学术会议，还任过中国社会史学会常务理事。并与周天游先生合作在《历史研究》1995年第1期上发表了《新趋向：中国社会史研究的认知》，综述了社会史未来发展的方向。

严格说来，大学里并没有一门独立的"社会史"学科，但是五光十色的社会史涉及多个方面，触类旁通，仰观俯察、待人接物都是学问，引导人们形成圆融旷达的健全品质。

退开一步，天高地阔，学术研究还需要许多因缘际会。跨世纪后许多学子在社会史方面深度开掘，已经使社会史研究焕发出别样的光彩，产生了很多卓尔不群的学术成果，好文章、好课题层出不穷，人文性、知识性使得小细节彰显出大文化，贴近民众的社会史研究变得更注重书写活的历史，突破陈规，走出重围。

行到水穷，记忆不会灭绝；卧看云起，历史自在人心。

2024 年 5 月 20 日